LE JOUR OÙ J'AI SAUVÉ LE MONDE

Tout ce qui doit arriver, arrivera.
Tout, ce qui, en arrivant, entraîne l'arrivée d'autre chose,
provoquera l'arrivée d'autre chose.
Tout ce qui, en arrivant, entraîne que ça arrive de nouveau,
arrivera de nouveau.
Enfin, pas nécessairement dans l'ordre chronologique.

Douglas Adams, *Globalement inoffensive*

À mes grands-parents et à mon chat,
parce qu'on ne peut pas tout sauver.

404 éditions
Un département d'Édi8
92 avenue de France, 75013 Paris

Illustrations intérieures : G. Pariset
Illustrations des icônes : © Freepik, Goodware, /NajmunNahar, /juicy_fish, /srip, /Smashicons, /surang, /dDara

Corrections et relecture : Ségolène Estrangin
Maquette de couverture : Axel Mahé
Maquette intérieure : Romain Poiré
Suivi éditorial : Ludivine Irolla

ISBN : 979-1-0324-0371-6
Dépôt légal : août 2023
Achevé d'imprimer en août 2023 par Normandie Roto Impression s.a.s. (2300875)

AVANT-PROPOS DE L'EDITEUR

Tous les événements relatés dans ce livre sont vrais parce qu'ils ne se sont jamais produits.

Bien sûr, afin d'éviter de placer quelques personnes dans l'embarras et soucieux de rester en bons termes avec notre service juridique, nous avons tout de même modifié les lieux et les noms, et parfois non, pour davantage vous induire en erreur.

RÈGLES DU JEU

Pour avancer dans la journée de Jim, il suffit de suivre les indications qui apparaissent dans le corps du texte, ***de cette façon***. Ainsi, ***Allez au 1*** signifie sans grande surprise que vous devez continuer la lecture au paragraphe n° 1.

Ces indications peuvent être facultatives (vous avez la possibilité d'aller à tel ou tel endroit) ou impératives, auquel cas vous serez obligé de suivre la direction indiquée. Lorsqu'un choix est possible, prenez la direction qui vous intéresse. Sauf mention contraire, il n'est pas possible de faire demi-tour et d'opter pour un autre choix (on ne pourra pas vous empêcher de tricher, mais vous devrez vivre avec cette honte secrète tout le reste de votre vie).

De plus, les indications prennent effet à l'endroit où elles se situent dans le texte. Si vous suivez l'une d'elles et qu'elle se trouve dans le corps de texte, le reste du paragraphe ne doit pas être lu et les événements qui y sont décrits ne se produisent pas.

Vous verrez aussi apparaître parfois de petites icônes suivies d'une indication. Ces dernières signalent une direction qu'il n'est possible de prendre que si vous connaissez la signification de l'icône qui la précède.

Par exemple si vous lisez ***Allez au 30,*** vous pouvez vous rendre au paragraphe **30** uniquement si vous avez noté la signification du symbole . Dans ce cas, le texte vous indiquera clairement si vous *pouvez* ou *devez* suivre l'indication.

Tous les symboles utiles sont regroupés dans le paragraphe **INDICES à la toute fin du livre.** De temps à autre, vous serez invité à noter à côté de l'un des symboles la signification de celui-ci, ce qui vous permettra ainsi de débloquer l'accès à plus de paragraphes. En revanche, si vous n'avez pas noté la signification d'un symbole, vous ne pouvez pas suivre une indication qui le mentionne. Oui, c'est la deuxième fois qu'on le dit, mais c'est important.

L'avancement dans le livre tient compte du passage du temps. Vous verrez donc en en-tête la mention de la plage horaire en cours (10 heures pour 10 heures à 12 heures, 12 heures pour 12 heures à 14 heures, etc.). Cette mention vous permet de vous situer dans la journée et est également utile lorsque vous vous déplacez, notamment avec le plan se trouvant au paragraphe 7. Généralement, vous pourrez visiter un seul lieu sur une plage de deux heures.

Par ailleurs, n'hésitez pas à cocher les numéros des paragraphes où vous êtes déjà passé. Cela vous aidera sans doute à trouver votre chemin dans ce dédale spatiotemporel.

De même, vous pouvez cocher les indications avec symboles que vous avez déjà testées.

La pagination suit les numéros des paragraphes. Pour trouver les **Indices**, rendez-vous dans les toutes dernières pages du livre.

Voilà, vous savez tout (les symboles, les indications, hein ? Ne me le faites pas répéter une troisième fois !)

Ne perdons pas un instant de plus, car la journée risque d'être longue.

Rendez-vous au prologue.

PROLOGUE

Impression de flotter, comme un cube de guimauve dans un chocolat au lait trop chaud. Je crois que j'ai pris la cuite la plus monumentale de toute ma vie… Qu'est-ce que j'ai bien pu faire hier soir ?

– Jim !

Bloody hell… j'en tiens une bonne… Est-ce que je dors ? Je ne sens rien. Rien, sinon mon cerveau… une éponge dans du vinaigre.

– Jim, réveille-toi !

Allez, courage… Refaire surface… C'est joli, ces lettres. « Jim, Jim, réveille-toi. » Oh là là ! Je crois que le moment est encore loin où j'aurai dessaoulé.

– Jim, bordel ! Ceci n'est pas une cuite.

Hé ho, ce n'est pas la peine d'être grossier, hein ! On peut quand même… Mais… Mais !?

– Qui me parle ?

– Ah, quand même ! C'est Cassandra.

– Hein ? Cassandra ? Mais comment ? Qu'est-ce qui m'arrive ? Je ne sens pas mon corps, je ne vois rien, à part le texte qui s'affiche dans mon esprit comme si je lisais un écran.

– C'est parce que je suis connectée à ton interface. Nous pouvons encore agir, Jim.

– Connectée à quoi ? Est-ce que… oh non ! Le portail ! les aliens ! C'est horrible, Cassandra ! Les envahisseurs ont gagné !

– La partie n'est pas...

– Cassandra ! Je suis trop nul ! j'ai échoué ! je n'ai pas pu empêcher la chute de l'humanité !

– Oh, bon sang ! Ferme-la, Jim ! On n'est pas là pour se lamenter ! Si tu me laisses le temps de t'expliquer au lieu de pleurnicher, on peut encore trouver une porte de sortie.

– Tu crois ?

– ...

– Alors ?

– Je reprends : oui, nous avons encore une petite chance de l'emporter. Mais pour cela, il va falloir m'écouter et ne pas flancher devant les révélations successives. Parce que ça risque de faire beaucoup. Vraiment. Alors essaie de ne pas trop m'interrompre avec des cris et des exclamations apeurées.

– Euh... OK ?

– Bien. Accroche-toi. Je ne vais pas prendre beaucoup de précautions. Pour commencer, si tu me lis et que tu ne vois rien d'autre ni ne sens ton corps, c'est parce que ton cerveau est actuellement conservé dans un bocal, auquel je suis connectée pour te parler.

– QUOI ? Mais c'est horr...

– QU'EST-CE QUE J'AI DIT ? On se tait et on m'écoute ! Ou si tu préfères je te désact...

– AAAAAHHHHHHHH !

– Tes paramètres vitaux sont en train de s'affoler, Jim.

– Je suis un cerveau dans un bocal ! Oh non !

– Ben justement, ce n'est pas vraiment le bon moment pour faire un AVC. Attends, je vais essayer quelque chose...

– Non ! Ne touche à r... Gargl... Brbrbrb

– Et… voilà.

– Il s'est passé quoi ?

– J'ai modifié ton niveau d'adrénaline et d'autres trucs. Tu devrais être plus attentif maintenant.

– Tu peux faire ça ? Tiens, je devrais être en train d'enrager, mais bizarrement ça ne me fait plus ni chaud ni froid.

– C'est le but. Et, oui, manifestement, je peux faire ça. Nos amis envahisseurs conservent ainsi les cerveaux qui les intéressent. Et si tu veux tout savoir, le mien aussi. C'est bon ? Je peux continuer ?

– Oh ! euh… oui, ça va, je… j'écoute.

– Je suis sérieuse.

– Non mais vraiment, j'écoute, là.

– Bien. Commençons par le début. J'ai besoin de savoir comment ça s'est passé. Tu m'entends ? Dis-moi tout ce dont tu te rappelles. Il y a sûrement un détail important qui peut nous aider.

– Tout ça est très vague !

– C'est l'un des effets de la mise en bocal, et puis, il y a aussi… enfin bref. Qu'est-ce qui te vient à l'esprit, là, quand tu y penses ? C'est important, Jim. Très important. Ne pense plus à maintenant. Fais comme si rien ne s'était encore passé. Concentre-toi.

– OK, OK ! Je…

– Fais le vide dans ton esprit. Oublie-moi. Oublie le bocal. Oublie où tu es. On recommence tout. Depuis le début. Depuis le premier matin. Laisse les images venir et dis-moi ce qui te vient.

– Je… je vois… Je vois… Oui ! ça devient plus net ! Ça a commencé avec…

Le 1, sans trop de surprise.

LE JOUR OÙ J'AI SAUVÉ LE MONDE

8 HEURES

1

Le bruit métallique de la boîte aux lettres qu'on referme me tire de la lecture du journal. Je jette un œil par la fenêtre, juste à temps pour voir la camionnette rouge de la Royal Mail s'éloigner dans le vrombissement relatif de son moteur électrique.

Un colis ? Tiens donc ! Je ne me rappelle pas attendre quoi que ce soit.

Afin de ne pas blesser le conformisme des habitants de Copper Heights et notamment celui de Ms Thompsons, ma très respectable voisine d'en face, mais aussi pour éviter de me les geler dans la fraîcheur matinale caractéristique des Midlands, j'enfile le vieux peignoir de feu mon grand-père sur mon splendide pyjama et sors. Bien entendu, cette aimable vielle bique est déjà dehors, occupée – *clac ! clac !* – à tailler ses rosiers.

Aussi discrètement que possible et croyant bénéficier d'un surcroît de furtivité grâce aux chaussons que je n'ai pas pris la peine d'échanger contre mes habituelles sneakers, je m'avance dans la courte allée vers le portail. Au passage, je ne peux m'empêcher d'éprouver une certaine gêne devant l'état du jardin, qui, par défaut d'entretien, désole depuis maintenant plusieurs mois les respectables résidents de mon quartier. Tout en rehaussant par contraste le prestige de celui de ma non moins respectable voisine.

Tel un ninja des temps modernes, j'ouvre sans bruit le portail et me glisse subrepticement vers la boîte aux lettres.

Elle contient, comme je l'avais imaginé, un petit colis ainsi que quelques enveloppes.

Bien. Maintenant demi-tour et repli stratégique vers la maison...

– Quelle belle journée, M. Howell, n'est-il pas ?

Kaï ! Ninja mon œil.

Je me retourne, affublé de mon sourire le plus faux vers la délicieuse Ms Thompsons :

– Ah, Ms Thompson ! Bien le bonj...

– C'est une matinée splendide pour sortir, bien qu'un peu fraîche !

Le bref coup d'œil qu'elle a daigné darder vers moi lui a donc suffi à ranger ma robe de chambre molletonnée dans la catégorie des tenues inappropriées pour se montrer hors de chez soi.

Je lui aurais bien cloué le bec d'une réplique cinglante, mais, sans doute intimidé par le « *clac ! clac !* » du sécateur dont elle se sert pour élaguer ses rosiers avec une joie et un entrain manifestement pervers, et amputé moi-même de tout esprit d'à-propos, je me contente de bégayer un :

– Oui, euh... il... euh...

– Nous n'avons pas l'habitude de vous voir de si bon matin ! (*Clac !*)

– Ah, ah, euh... certes non, je...

Mais déjà Ms Thompson me fait sentir que j'ai moins d'intérêt que la découpe des buissons épineux qui ornent son jardin bien ordonné. Je renonce à finir ma phrase, maudis mon absence totale de répartie et m'en retourne sans fierté particulière dans mon antre.

Ha, ha ! Qu'est-ce donc que ce colis ? Qui est bizarre d'ailleurs. Pas d'adresse, pas d'expéditeur. Juste une petite boîte en carton.

Comment le royal facteur a-t-il su où le livrer ? Je ne l'ai d'ailleurs pas vu faire. Est-ce vraiment lui qui a déposé ce paquet ?

En tout cas, le colis est là. Ainsi que quelques lettres (je n'ai pas relevé mon courrier depuis plusieurs jours). Je les pose la table du salon, non sans remarquer l'une d'elles, qui porte le logo de mon éditeur. Flûte ! Sûrement une relance ! Hum… je regarderai ça plus tard.

Je me rassois donc et repousse le journal et les reliefs de mon petit déjeuner pour faire de la place à cette curieuse boîte, attrape le premier objet coupant à ma portée – le couteau à beurre, donc – et m'empresse de dégager le possible précieux contenu de sa gangue de carton.

Oui, vous l'avez sans doute déjà compris à l'évocation de la lettre de mon éditeur. J'emploie des tournures désuètes émaillées de mots incongrus tels que « vrombissement » ou « gangue ». Je suis donc écrivain, et je m'appelle Jim. Jim Howell.

J'ouvre enfin la boîte, atteint d'une forme de perplexité qui se transforme peu à peu en agréable surprise : un dictaphone ! Enfin… quelque chose qui ressemble à un dictaphone. Modèle militaire, avec camouflage tactique, anti-détection et synchronisation automatique par Bluetooth avec un téléphone appairé. Rien que ça. On dirait un de ces attrape-gogos vendus sur Internet genre la « nouvelle lampe torche qui fait fureur à Denton ». Je ne sais pas qui a eu cette idée. Moi, dans un moment d'égarement ? Mon éditeur ? Walter ? Maman ? Je sais bien qu'elle est un peu à l'ouest, mais elle ne s'est encore jamais trompée sur la date de mon anniversaire.

Ce truc est parfaitement inutile…

Ou rigoureusement indispensable ! C'est exactement ce dont j'ai besoin, en fait ! De quoi noter mes idées à la volée, l'intime de mes pensées, les fulgurances de mon esprit ! Avec ça, je pourrai sans difficulté accumuler du matériel pour mon livre !

Et accessoirement rattraper mon retard.

Si vous avez une impression de déjà-vu à la lecture, allez au 2. Sinon, continuez.

Bon, il est déjà 10 heures et je suis toujours chez moi.

Ce qui nous emmène au 8.

2

Si c'est la première fois que vous relisez le 1, rendez-vous au 3. Si c'est la deuxième, rendez-vous au 4. Vous pouvez marquer ce paragraphe avec une croix ou tout autre signe de votre choix pour vous en souvenir. Marquez d'une nouvelle coche la seconde fois.

Toutes les fois suivantes, allez directement au 5.

Allez au 486.

Ça va ? vous suivez ?

3

Tiens, il y a déjà quelque chose d'enregistré.

« Le bruit métallique de la boîte aux lettres qu'on referme me tire de la lecture du journal. Je jette un œil par la fenêtre, juste à temps pour voir la camionnette rouge de la Royal Mail s'éloigner dans le vrombissement relatif de son moteur électrique. »

NOM DE ZEUS !

Il me faut un certain temps pour comprendre ce que j'écoute. Je veux dire, le comprendre VRAIMENT. La voix, *ma* voix, racontant le déroulé de la journée. *Aujourd'hui !* Comme si la journée *s'était déjà produite*.

C'est totalement ahurissant ! Serait-ce une blague particulièrement élaborée ? Mais comment est-ce possible ?

Tous les moindres détails sont là : ma sortie en robe de chambre, les commentaires passifs-agressifs de Ms Thompson, le colis lui-même.

Mais le pire, c'est qu'il y a aussi ce qui se passe *après !* Ce qui, semble-t-il, n'est pas encore arrivé : le coup de fil de mon éditeur et mes excuses alambiquées.

Et puis la fin… ! L'angoisse m'étreint la gorge rien que d'y penser !

À cet instant précis, le téléphone sonne. Je reste d'abord sans réaction, abasourdi et comme paralysé par l'enjeu. Mais comme la sonnerie continue, je me décide à m'approcher du vieux combiné, sans encore oser décrocher. Et si c'était Lester ? Et si c'était là la preuve que quelque chose d'extraordinaire est en train de m'arriver ?

Je n'y tiens plus ! Je décroche.

– Jim à l'appareil, dis-je d'une voix tremblante.

– Ah ! Jim ! Parfait. C'est Lester !

Je raccroche par réflexe et crois défaillir. Mon éditeur, comme prévu par le dictaphone ! Comme sur l'enregistrement de cette journée à la fin de laquelle je meurs !

Hébété, je jette un œil hagard vers la pendule de la cuisine. Il est 10 heures, je suis chez moi et je crois que je deviens barge.

Rendez-vous au 9.

4

Tiens, il y a déjà quelque chose d'enregistré.

« *Il me faut un certain temps pour comprendre ce que j'écoute. Je veux dire, le comprendre VRAIMENT. La voix, ma voix, racontant le déroulé de la journée.* Aujourd'hui ! *Comme si la journée* s'était déjà produite. »

NOM DE NOM DE ZEUS !

C'est déjà incroyable de trouver ses propres paroles enregistrées dans un dictaphone qu'on vient tout juste de recevoir le matin dans sa boîte aux lettres et qu'on n'a jamais vu avant. Ça l'est encore plus de constater que ma propre réaction à cette découverte est elle-même enregistrée sur le dictaphone.

Tellement ahurissant et vertigineux que je me rends compte que je n'ai même pas l'impression de perdre la boule. Alors que manifestement, si.

Bon, je me suis quand même évanoui dans la cuisine.

Je me suis fait un peu mal à la tête d'ailleurs, mais j'ai l'impression que ça m'a remis les idées en place. Façon de parler.

Donc, si je résume, j'ai déjà vécu cette journée. Deux fois. Et je suis mort aussi, deux fois. Ça commence à faire beaucoup pour une seule journée.

Il n'y a qu'un moyen de savoir si ce que je vis est réel ou non. Sortir, tenter de nouvelles choses, voir ce qui se passera. Et puis, je connais deux choses à éviter pour ne pas mourir aujourd'hui. Ce n'est pas donné à tout le monde.

Il va être 10 heures. Je suis chez moi. Il faut que je fasse quelque chose.

Pour commencer, rendez-vous au 10.

5

« Mec, quand j'ai appuyé sur le bouton stop, il m'a fallu un peu de temps pour me remettre de ma stupeur. Stupeur qui m'avait saisi à l'écoute de ma propre stupeur enregistrée sur le dictaphone. Ta stupeur. Celle que tu ressens en ce moment même.

Toutefois je ne vais pas épiloguer sur mes émotions car, semble-t-il, je l'ai déjà fait. Donc, tu es mort. Et la journée a recommencé. Au moins deux fois. Tu peux penser que tu deviens maboul. Tu l'as déjà pensé, en fait. Tu l'as même enregistré sur ce dictaphone. Tu peux aussi courir dans tous les sens à perdre du temps et à flipper. Mais ça aussi, tu l'as déjà fait.

Et donc, je me suis dit que cela serait plus efficace de te faire un petit topo directement que tu pourras consulter chaque fois que ça recommence. Car ça va recommencer, au cas où tu en douterais. Sois-en sûr.

Pour résumer, il y a deux possibilités. La plus probable : je – enfin, tu – suis devenu complètement barge, façon psychotique à tendance paranoïaque, auquel cas tu ne dois surtout pas louper ton rendez-vous chez le psy.

Sinon, tout est vrai, et là, deux choses à retenir :

Tu as désormais une réserve de temps infinie pour écrire ton livre. Enfin, si tu notes des choses quelque part. D'ailleurs, ton éditeur va t'appeler vers 10 heures (je dis ça si jamais tu doutes que c'est bien moi, enfin, je veux dire, que c'est bien toi qui as enregistré ce message et que tu as encore besoin d'une preuve ; ne perds pas de temps à lui répondre). Par conséquent, tu vas laisser tomber ton projet pour le moment, car…

Second enseignement : il se passe quelque chose de sacrément tordu. Je ne sais pas comment mieux te le dire, mais le bus de la réalité est en train de te foncer dessus et il va falloir que tu te débrouilles pour savoir qui conduit et comment l'éviter. Bref, utilise au mieux ta journée, collecte le maximum d'informations et peut-être qu'au bout d'un certain nombre de répétitions tu arriveras à voir le tableau d'ensemble et pourquoi la journée se rembobine.

Car il doit bien y avoir une raison. Il y a bien quelqu'un ou quelque chose qui se débrouille pour que cette journée recommence, pour que le dictaphone revienne chaque fois dans ta boîte aux lettres, tu ne crois pas ? Il faut s'accrocher à cette idée en attendant d'en savoir plus.

Le mieux pour l'instant, comme je vais le faire, c'est de reprendre toutes les informations qui semblent importantes dans un même fichier audio que tu compléteras au fur et à mesure de ta progression. Je vais aussi placer cette piste au début des fichiers du dictaphone, comme ça, tu auras directement ce topo lorsque tu le mettras en route la prochaine fois.

Note aussi que tu peux mourir souvent et de bien des façons.

Il est 10 heures et tu es toujours chez toi. Il faudrait que tu te bouges, non ? »

Notez dans les INDICES (à la fin du livre) devant l'icône que vous mourrez très souvent puis rendez-vous au 6.

6

Bon, vous commencez à avoir déjà un peu roulé votre bosse et connaissez désormais la chanson.

À partir de maintenant, le moment où Jim découvre qu'il a déjà vécu un certain nombre de fois la même journée passe en accéléré. Rendez-vous directement au 7 pour ce nouveau jour qui (re) commence. Et tentez de nouvelles choses.

7

Consultez le plan, regardez la colonne horaire qui vous a été indiquée et rendez-vous au paragraphe du lieu où vous souhaitez que Jim se rende.

Si vous changez de quartier, vous devez au préalable passer par la station d'arrivée du quartier où vous vous rendez. À l'inverse, si vous êtes déjà dans le quartier, vous pouvez choisir directement une destination à l'intérieur de celui-ci.

Ainsi, Jim peut de chez lui (Copper Heights) aller au Lavomatic sans passer par Slee Station. En revanche, s'il va à Concordia Square (Downtown), il passera au préalable par Central Station.

Si vous avez le sentiment d'avoir exploré toutes les possibilités liées à une station à un horaire particulier, barrez la case correspondante. Vous pourrez désormais vous rendre directement au lieu de votre choix dans le quartier sans repasser par la station.

Par exemple, l'arrêt The Cross à 10 heures n'offre pas de possibilité particulière hormis de permettre l'accès au stade olympique ou au Royal Hospital. Après y être passé au moins une fois, vous pouvez barrer le numéro 32 dans la table et, quand vous êtes invité à vous rendre au 7 pour 10 heures, aller directement au 38 pour le stade ou au 43 pour l'hôpital.

8 heures

		10 H	12 H	14 H	16 H	18 H	20 H
Copper Heights	**Slee Station**	80	118	221	212	332	369
	Chez moi		90	210	219	327	368
	Dans les rues de mon quartier	22	81	185	226	292	336
	L'épicerie Penjabi's	17	91	177	261	316	370
	Le Lavomatic de Josh	26	95	192	220	311	340
Crossing	**The Cross**	32	99	198	227	306	358
	Stade olympique	38	86	204	235		
	Royal hospital	43	106	184	249		
Eastern	**East Station**	36	77	169	262	291	350
	Près de chez Suzy	55	82	144	276		
	Magasin Oldies but Goldies	42	92	160	270	330	
Downtown	**Central Station**	68	112	190	221	325	371
	Central de police	72	119	182	228	320	348
	Concordia Square	24	122	167	250	315	
	Bibliothèque	20	102	159	257	310	
	Pub The End of the World	28	87	127	260	300	
Wornwood	**Wornwood Station**	34	76	189	247	285	345
	Chez maman	40	83	195	265	329	
	Dr Schaefer	63	108	207	279		
	Food truck Smoky Hot	66	115	150	216		
Grey Hills	**Hill Station**	70	123	141	223	314	341
	Observatoire	73	113	202	230		
	Cimetière	58	103	208	238		
South Bank	**South Station**	53	93	188	258	289	337
	Friches industrielles	49	88	180	266	284	
	Fête foraine	45	75	165	275		

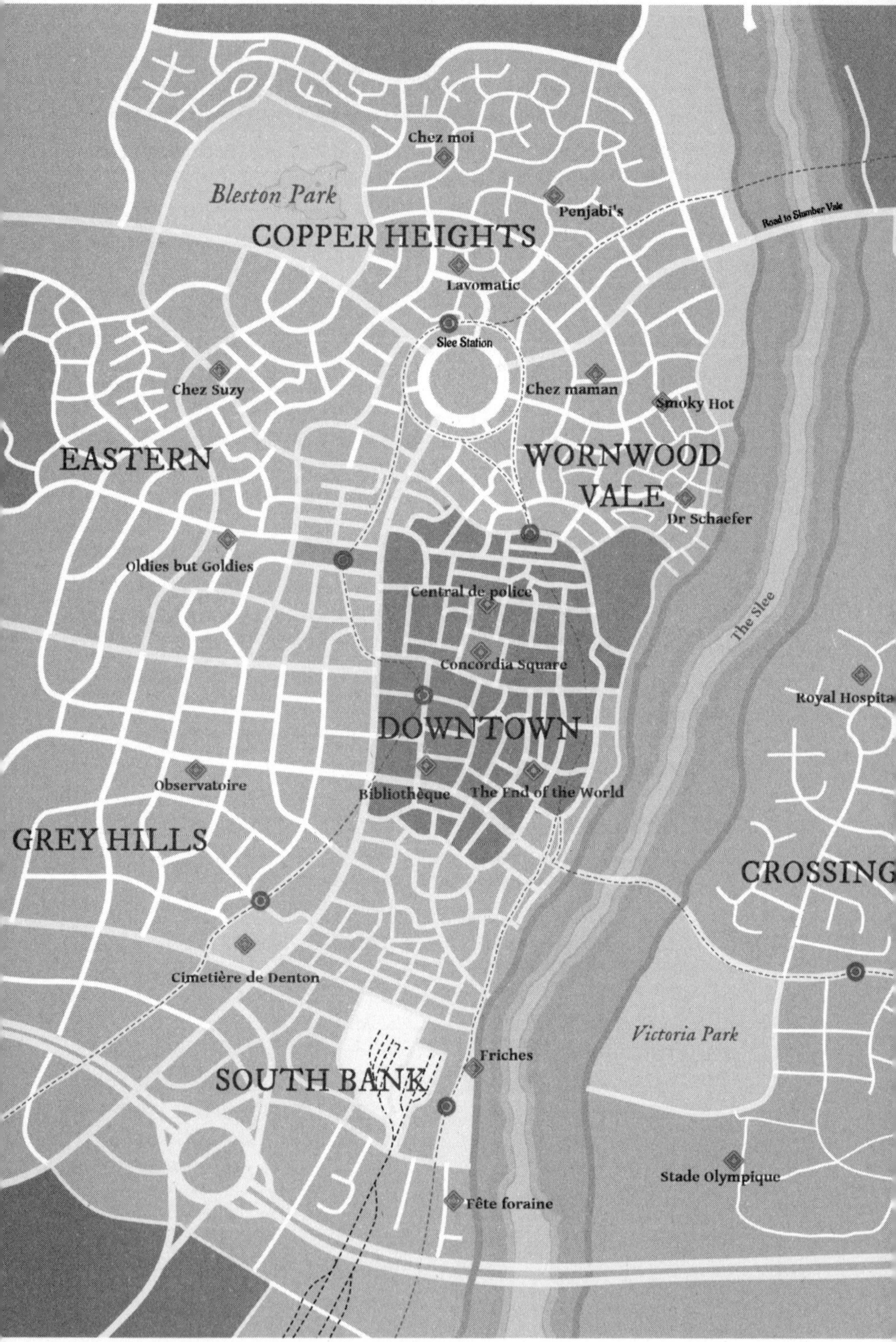
Chez moi
Bleston Park
Penjabi's
Road to Slumber Vale
COPPER HEIGHTS
Lavomatic
Slee Station
Chez Suzy
Chez maman
Smoky Hot
EASTERN
WORNWOOD
VALE
Dr Schaefer
Oldies but Goldies
Central de police
The Slee
Concordia Square
Royal Hospita
DOWNTOWN
Observatoire
Bibliothèque
The End of the World
GREY HILLS
CROSSING
Cimetière de Denton
Victoria Park
Friches
SOUTH BANK
Stade Olympique
Fête foraine

10 HEURES

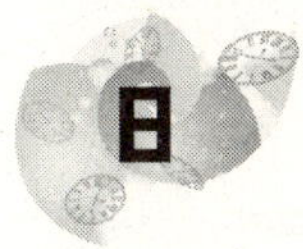

Allez zou, après un petit réglage pour connecter le machin à mon téléphone, on commence par faire un résumé commenté de ma première sortie de la journée. Il fonctionne très bien, ce dictaphone !

C'est déjà ça de fait. Il y a sûrement des éléments que je pourrais utiliser dans une scène ou deux. Le coup du sécateur, qui est aussi – figurativement – un instrument de castration, c'est plutôt pas mal, je trouve. Ça cerne bien un personnage. Le conformisme latent des habitants du quartier. Quoiqu'un peu cliché, à la réflexion.

Je repense à la lettre de mon éditeur. C'est peut-être important. Ou pas. Ça va attendre. De toute façon, j'ai déjà mon rendez-vous de la semaine avec mon psy à 14 heures. Est-ce que ça vaut vraiment le coup de se lancer dans quelque chose en sachant que je vais devoir m'interrompre en plein travail ?

De fait, voilà déjà un moment que, installé sur mon canapé, je parle à mon dictaphone. Ce truc va me faire gagner un temps fou. C'est peut-être le moment de s'accorder une petite pause !

Ça tombe bien, la cartouche d'*Ocarina of Time* est encore dans la console. Je pense que je peux raisonnablement continuer la partie jusqu'à midi, me faire à déjeuner et après, ben, on verra !

Mais c'est au moment précis où je saisis la manette, qu'un « *ring ring* » entêtant retentit dans la cuisine. J'essaie de l'ignorer quelques instants, sans grand espoir, car je n'ai jamais pu résister longtemps à l'agaçante sonnerie de l'antique téléphone de mes grands-parents.

Il n'y a que deux personnes susceptibles de m'appeler ici : ma mère, pour d'évidentes raisons et, pour des raisons un peu moins évidentes, mon éditeur, à qui je me suis toujours refusé de donner mon numéro de portable de peur de… euh… on va dire d'être harcelé. Si c'est maman, il vaut mieux que je réponde car elle peut s'inquiéter et faire tout un monde de presque rien. Et puis si c'est Lester j'aurai peut-être le moyen de soutirer une avance ou un délai supplémentaire.

Parvenu près du vieux téléphone à cadran, je prends mon souffle avant de décrocher.

– Jim à l'appareil.

– Ah ! Jim ! Parfait. C'est Lester !

Mon éditeur, donc.

– Ah, euh, Lester ! Salut ! Comment ça va ?

– Ça va très bien, Jim, merci. Tu sais, ici, en revanche, on s'inquiète un peu pour toi.

– Ça va très bien aussi, Lester.

– Non, écoute, ce que je veux dire c'est qu'on s'inquiète de ne pas avoir beaucoup de nouvelles de toi. Aucune en fait.

– Mais je te dis que ça va bien !

– Jim, écoute-moi bien. Je ne te parle pas de ta santé. Encore que ce soit très bien si tu vas bien, hein ! Si on s'inquiète ici, c'est parce que la date de rendu du roman est dépassée depuis maintenant un bon bout de temps et que l'on ne voit rien venir.

– Mais c'est normal, Lester. Je travaille. Je ne passe pas mon temps à vous appeler pour vous dire que je travaille !

– Bien sûr, bien sûr…

Lester marque un temps d'hésitation, comme s'il cherchait ses mots.

– Jim, je… Je suis un peu désolé d'avoir à te dire cela comme ça, mais on n'en est plus au stade où l'on se demande où tu en es dans tes travaux. Tu as signé un contrat, tu te rappelles ?

– Mais la date de rendu était intenable ! On en a déjà mille fois discuté, Lester !

– Bien sûr, bien sûr… mais comme je t'ai dit, on a passé ce stade. Tu sais, j'ai essayé de retarder encore un peu la procédure, mais…

– La procédure ?

– Oui. Tu vois, le service juridique a insisté et… comme je n'avais pas beaucoup d'arguments à leur opposer du fait de tes retards sur les précédents projets…

– Quoi ? Sérieusement ? J'ai des explications pour chacun de ces retards, tu le sais bien ! Avec tous les contretemps que j'ai eus ! Suzy, le décès de mes grands-parents, les soucis avec ma mère…

– Oui, bien sûr, bien sûr… Mais c'est quoi ton explication cette fois ? Enfin, ne me dis rien, de toute façon, c'est fait. Le service juridique t'a envoyé un courrier te demandant de livrer le manuscrit dans les quinze jours. Quinze jours au bout desquels, à défaut de réception, il te sera demandé de rembourser les avances perçues.

Argh. Quinze jours. Cette fois-ci, je suis au pied du mur.

– Bref, continue Lester, comme je sais que tu ne surveilles pas toujours de très près ton courrier, je t'appelle pour m'assurer que tu as bien reçu notre lettre.

– Je… euh… attends une minute.

Je suis retourné vers la table de la cuisine. Il y avait bien la lettre de mon éditeur que j'avais repérée parmi les prospectus et ce qui ressemble à des factures. Je l'ai ouverte et me suis rapproché du téléphone.

– Je l'ai, Lester, c'est… dur à avaler.

– Je suis désolé, Jim. Bon courage à très bientôt.

Il raccroche. J'ai toujours la lettre à la main. Elle est datée d'il y a un peu plus d'une semaine. Il doit me rester cinq ou six jours en fait, pas davantage.

Je m'effondre sur le canapé. Comment vais-je faire pour tenir les délais ?

En essayant de juguler les bouffées d'angoisse qui me montent à la gorge, je fais les cent pas dans le salon. Puis, en y réfléchissant… je me dis que… peut-être qu'à défaut de leur livrer un manuscrit complet je peux au moins leur passer quelques dizaines de pages rapidement. Ils verront que je travaille ; ça les calmera sans doute.

Oui, c'est une bonne idée, ça ! Je cesse de tourner et me rassois sur le canapé. L'angoisse s'éloigne. C'est même faisable en cinq jours !

Rassuré par cette pensée, je me rends compte que j'ai machinalement saisi la manette de la console. De toute façon, dans l'état de stress où cette conversation m'a plongé, je suis trop chamboulé pour m'y remettre tout de suite. Je commencerai tout à l'heure, quand je serai plus serein.

Je lance donc le jeu et la matinée file à toute vitesse.

Rendez-vous au 90.

9

Je, euh… restons zen. Je ne suis pas fou. Je ne suis peut-être pas fou. Je suis fou, mais ça doit pouvoir se soigner. Peut-être que ça peut se soigner. Ou alors je suis fou pour de bon ! Oooh !

J'ai tourné en rond toute la matinée sans savoir quoi faire. Est-ce qu'il faut que j'en parle à mon psy ? Il va me faire interner sans plus de cérémonie. Walter ? Il pensera que c'est un mes hoax alambiqués. Ma mère ? Autant l'envoyer tout de suite à l'hôpital.

Le téléphone se met à sonner une nouvelle fois. Sans doute Lester qui rappelle. Je laisse sonner. Je fuis dans ma chambre.

Du calme, Jim, du calme ! Soyons ouverts d'esprit. Essayons de garder prise sur la réalité. On va bien voir si je suis devenu dingo, si j'ai perdu les pédales une bonne fois pour toutes. Je vais sortir, essayer de ne pas me retrouver au même endroit qu'hier – enfin, *aujourd'hui* –, tout raconter dans le dictaphone et attendre demain.

Oui, demain. Tout ira mieux *demain*.

Le temps de me calmer et je sors. Ça m'emmène jusqu'à 12 heures. D'ailleurs, j'ai la dalle et il faudrait que je me trouve un truc à manger.

Rendez-vous au 7 pour 12 heures ou laissez Jim tenter de trouver quelque chose à manger chez lui, au 90.

10

Le téléphone a sonné comme prévu par les enregistrements. Il y a une toute petite chance que cela ne soit qu'une mise en scène particulièrement élaborée, mais, à ce stade, autant jouer le jeu. Je file. Je ne veux pas passer cette journée à ne rien faire surtout si je dois mourir à la fin.

Il est encore tôt. Rendez-vous au 7 et choisissez une destination pour 10 heures.

11

Je laisse filer mon conspirationniste, entre dans le cybercafé près duquel il se tenait et m'installe à l'un des postes libres. Grâce aux codes aperçus sur le ticket trouvé dans son *hoodie*, je me connecte sans difficulté à sa session et lance le navigateur web. L'historique, que mon ami conspirationniste n'a pas pris soin de supprimer, me renseigne sur ses goûts douteux en matière d'archéologie égyptienne, d'histoire alternative et, bien sûr, de documentaires sur l'origine et le but secret – mais pas tant que ça, du coup – de la pandémie de coronavirus. Navrant.

Je tente la messagerie et… bingo ! Mon mystérieux espion n'a pas pris la peine de se déconnecter de sa session Google. J'ai accès à tous ses e-mails. Il ne me faut pas longtemps pour trouver quelque chose d'intéressant :

> De : Mtth@weknow.alt
>
> Re : Instructions pour aujourd'hui
>
> Hey,
>
> Non, surtout pas ! Tu fais comme d'habitude, tu te postes près de chez lui et tu observes. Il ne sort généralement pas avant 10 : 00. Je veux savoir où il va, à qui il parle, etc. Fais-toi

discret du mieux que tu peux. Évite le contact. NE TE FAIS SURTOUT PAS REMARQUER !

PS : et arrête de citer mon prénom, même en abrégé.

De : sully51@weknow.alt

Instructions pour aujourd'hui

Salut Matth,

Dispo pour la surveillance. Quelles sont tes instructions ? Je le suis ou je me montre un peu plus menaçant, genre « On t'a à l'œil ».

S.

Et dans les e-mails qui précèdent, il y en a plusieurs où mon espion en herbe raconte le déroulé de ma journée, quand je vais chez ma mère, quand je vais au ciné avec Walter ou Molly, etc. Cela dit, cette filature est un peu lâche et le mystérieux S. se désintéresse souvent de moi pour faire autre chose, si j'en crois les comptes rendus, parfois expéditifs ou carrément lacunaires.

Et ce Matth… Qui cela pourrait-il être sinon mon pote, enfin ex-pote ; Matthews, avec qui je suis maintenant fâché depuis qu'on s'est pris le bec sur le bien-fondé de la vaccination contre la Covid-19. Mon pote fan des théories conspirationnistes… Mais oui, bon sang ! Ça ne peut être que lui !

Matthews me fait suivre !

C'est une information à noter aux INDICES à la fin du livre.
Rendez-vous ensuite au 7 pour 12 heures.

12

– Celle-là, elle a fait bien mal. J'ai en encore des frissons dans le crâne.

– Pas de chance, c'est bien tout ce qu'il te reste.

– Ha, ha. Je savais que Dwayne était un sale type, mais je n'imaginais pas qu'il tournerait à l'assassin de cette façon.

– C'est vrai ça. Jusqu'à présent, c'était juste un mec raciste et homophobe qui squatte chez ta mère, obsédé par la gloire perdue de l'Empire britannique et littéralement amoureux de sa voiture. Qui se serait douté de quelque chose ? Et tu sais, je t'ai épargné la suite. Les hurlements de ta mère qui découvre la scène en sortant voir ce qui se passe.

– Oh non…

– Quoi qu'il en soit, on dirait que ce n'est pas la bonne façon de récupérer sa voiture. Tu devrais essayer autre chose.

– Tu m'étonnes…

– Allez, on y retourne. Je suis sûre que tu peux faire mieux.

Allez au 13.

13

Oh non ! Jim est mort !

Quelle surprise !

Allez, zou, filez donc au 1 retenter votre chance !

Et si par ailleurs, c'est la deuxième fois que vous passez par ici, retournez au 1, encore.

En revanche, si c'est déjà la troisième fois (et oui… Jim meurt décidément beaucoup aujourd'hui), allez au 343.

Allez au 59 si Jim est mort au moins 10 fois.

Vous pouvez aller au 14.

Vous pouvez aller au 333.

Les fois suivantes, allez directement au 6. Vous pouvez vous amuser à continuer à compter le nombre de fois où Jim va mourir.

14

Cassandra renvoie Jim au volant de la voiture de Dwayne. Si vous souhaitez partir à 10 heures, rendez-vous au 400. Plus tard, allez au 389.

15

J'avance résolument vers l'inconnu.

– Hé, toi !

Il me regarde, incrédule. Ai-je déjà eu l'occasion d'observer air plus hébété que le sien ? Mais soudain ses neurones semblent se reconnecter. Il se ravise, range son portable et s'élance.

Je me mets à courir après lui et… et…

Ça fait longtemps que je n'ai pas fait de sport… Le type me distance rapidement et disparaît au coin d'une rue.

Note pour plus tard : éviter les poursuites.

Vous pouvez aller au 11.

Direction le 7 pour 12 heures.

10 heures

16

Oh my god ! La carte perforée !

– Laisse donc ! Peut-être qu'elle voudra récupérer ses affaires plus tard.

– Mouais… encore un truc qui va prendre la poussière.

J'attends que ces deux-là aient quitté les lieux puis délaisse le portant de blouses. Direction : la boîte noire. La carte est toujours là !

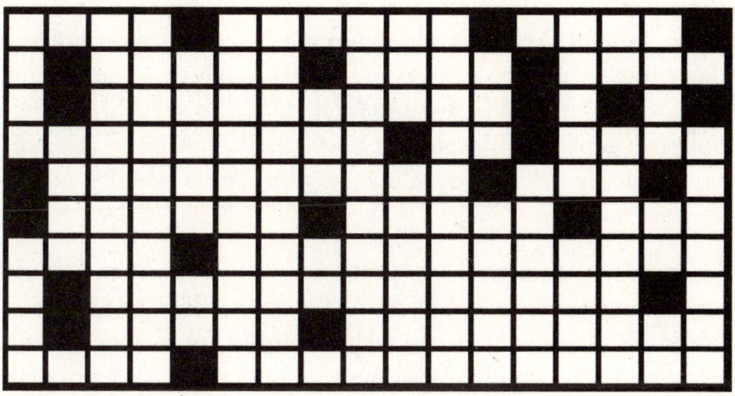

Vite ! Une petite photo puis une synchro avec la mémoire du dictaphone…

Plus rien ne me retient. Je retourne au rez-de-chaussée sans croiser personne.

Jim peut aller à l'étage au 57. Sinon, filer à l'anglaise semble la meilleure option et c'est au 7 pour 12 heures.

17

Direction l'épicerie, enclave sikhe en pleine banlieue des Midlands.

Le franc-parler de Randjani, patronne des lieux, n'a jamais permis à cette épicerie de prospérer vraiment dans un quartier où règne sans partage une bienséance typiquement britannique doublée d'une forme discrète d'hostilité à l'égard des citoyens originaires de l'ancien et glorieux Empire britannique. Mais où trouver de quoi subvenir aux besoins du foyer quand il est 20 heures passées et qu'il n'y a plus rien dans le frigo ?

Pour ma part, je ressens toujours un certain plaisir coupable quand j'entends Randjani rappeler les règles élémentaires de la politesse à un client qui oublie un « merci » ou un « bonjour », ou moquer à haute voix le côté guindé des résidents de Copper Heights avec des métaphores impliquant la plupart du temps la rencontre du manche d'un ustensile de ménage avec une certaine partie basse et creuse de l'anatomie humaine.

Je n'ai jamais vu personne oser l'affronter. Peut-être est-ce à cause du mordant de ses remarques et de son langage fleuri. Peut-être aussi en raison de l'imposant *kirpan* sikh qui trône sur le mur derrière le comptoir et dont on ne peut deviner s'il s'agit d'une arme décorative ou d'un sabre à la lame réellement effilée.

Nul n'a tenté de le savoir.

Et ce ne sera pas non plus le cas pour moi, car le Penjabi's est fermé le matin.

Jim peut aller voir ailleurs s'il y est au 7 pour 10 heures ou attendre l'ouverture, à midi. Dans ce dernier cas, allez au 91.

18

Les titres des DVDs non rendus forment le message « I LOVE YOU ! ».

Walter doit s'imaginer que le message est clair. Mais c'est fait d'une manière si alambiquée… Molly n'a dû y voir que du feu.

Je ne sais pas si je devrais lui en faire part. C'est tellement inimaginable, elle et lui… Je n'ai pas envie que Walter subisse une déconvenue.

Notez que Walter est amoureux de Molly dans les INDICES à la fin du livre. Retournez ensuite où vous étiez quand vous avez décrypté le message caché.

19

– Non, on va rester ici et vous allez me donner le code !

Cette fois-ci, le sourire du Pr Lee a disparu.

– Et pourquoi je ferais ça ?

– Écoutez, professeur, il faut me croire. L'expérience va fonctionner, mais, dans vingt ans, la Terre aura été envahie par des extraterrestres. Ils vont passer par le portail et s'en emparer. Ils vont commencer l'invasion aujourd'hui même !

– Ça n'a aucun sens. Quoi qu'il se passe, le portail se referme en fin de journée. Vos envahisseurs seraient coincés ici.

– Mais non, précisément ! La sécurité ne fonctionne pas ! Le portail reste ouvert !

– Je ne vous dirai rien !

– Mais pourquoi ?

– Parce que c'est bien le principe de cette sécurité, nom de nom ! Le Pr Matiz a la seconde partie de la combinaison qui s'affiche dans l'après-midi, et que je ne connais pas. Moi, j'ai la première, que Cassandra ne connaît pas. Si tout va bien, elle m'appelle et nous réunissons les deux parties pour lever la sécurité. S'il y a un problème, Cassandra ne m'appelle pas et le portail se referme. Vous comprenez ? Le fragment que je détiens est généré *avant* l'ouverture du portail et je suis le seul à y avoir accès. Quoi qu'il se passe, il est impossible de l'obtenir autrement qu'en passant par moi. Je ne vais pas le donner au premier venu au risque de mettre à mal cette sécurité.

J'ai été clair avec Cassandra, cette expérience est trop dangereuse et il peut se passer n'importe quoi pendant celle-ci, y compris des événements que je ne serai pas en mesure de comprendre ou d'interpréter, votre arrivée inopinée par exemple. Et donc je ne vous donnerai le code sous aucun prétexte.

– Alors nous sommes fichus. Le portail va être ouvert et nous allons être massacrés.

Le professeur me fixe froidement.

– Je me demande bien comment vous pouvez le savoir !

– Parce que je revis la même journ… oh puis zut ! Vous savez quoi ? Vous voulez que je vous donne une preuve ? Vous voulez savoir ce qui peut se passer ? Je vais vous refaire tout le film. Tout à l'heure, en m'accueillant, votre première intention a été de me donner un code erroné. N'ai-je pas raison ?

– Certes. Mais n'importe qui aurait fait de même. Bluffer.

– Mais votre seconde intention est de m'enfermer dans la salle des serveurs au sous-sol.

– Ah… peut-être, et maintenant ? me lance le Pr Lee, avec manifestement moins d'assurance qu'auparavant.

– Maintenant, je ne sais pas. Mais je peux vous faire écouter ce qui se passe si vous vous enfuyez vers la coupole.

Je mets en route le dictaphone et nous écoutons l'enregistrement de la poursuite et sa fin tragique. Le visage de mon interlocuteur affiche désormais une franche stupéfaction.

– C'est impossible ! Comment pouvez-vous avoir cet enregistrement ? Comment la journée peut-elle se répéter pour vous ?

– Elle le fait pourtant. Vous en avez la preuve.

Il soupire et s'affale sur sa chaise.

– Je savais bien que cette expérience serait un fiasco.

– Il est encore possible de tout arrêter… avec le code.

Se redressant, Lee fait mine de réfléchir et ouvre un tiroir de son bureau dont je ne peux voir le contenu. J'ai regardé trop de films pour ne pas imaginer qu'il va bientôt pointer un flingue sur moi et je sens soudain mon cœur battre à tout rompre. Une bouteille de whisky. Deux petits verres. Ouf.

– C'est vraiment une façon stupide de se faire tuer.

– Si vous saviez…

– Et vous devriez faire un régime.

Lee me sert et m'invite à boire cul sec avec lui avant d'avaler le contenu de son verre d'un trait.

– Bon, ajoute-t-il, ce n'est pas tout, mais nous avons le monde à sauver.

Quand même ! Il poursuit :

– Attendez-moi ici, je reviens avec le…

– Professeur…

– Je plaisantais ! Le numéro, c'est 057.

– Professeur !

– Bon… OK. C'est 091. J'espère que je ne fais pas une bévue en vous le donnant.

Moi non plus. Passé les remerciements et les salutations qui conviennent à ce moment, je file.

Il est midi. Je peux éventuellement rejoindre la base, mais ça sera le chaos là-bas.

Rendez-vous au 7 pour midi ou rejoignez directement la base au 389.

20

La bibliothèque publique de Denton est enchâssée au sein d'un édifice de style néoclassique dont les pilastres cyclopéens ont sans doute été pensés pour intimider l'impudent qui oserait venir se frotter à la connaissance et à la littérature. Ou peut-être est-ce un hommage à la R'lyeh de Cthulhu ?

De fait, le bâtiment est souvent déserté. Je presse le pas en traversant le porche pour atteindre le grand hall et pousser ses lourdes portes.

Vraiment lourdes... Alors j'insiste...

La vache ! J'ai du coton dans les bras ou quoi ?

C'est alors que j'avise le visage d'une jeune femme rousse aux grandes lunettes rondes qui observe mes vains efforts de l'autre côté de la porte. Elle lève un sourcil et me montre du doigt l'écriteau : « Ouverture à 14 heures ».

Je m'essaie à un léger sourire de connivence. La jeune femme lève les yeux au ciel, se détourne et disparaît dans les ombres du grand hall.

Bon, ben, au moins, je sais pourquoi il n'y a personne ce matin à la bibliothèque. J'ai sans doute le temps de faire autre chose avant midi. Mais quoi ?

Eh bien, allons au 7 pour le savoir, toujours pour 10 heures. Si ce n'est déjà fait, vous pouvez aussi rejoindre le central de police au 72, ou Concordia Square au 24.

21

Je fais néanmoins un petit tour pour vérifier si par hasard je ne tomberais pas sur le plus mignon petit chien blanc qui soit, abandonné au milieu des attractions. Peine perdue. Pas de trace d'animal égaré.

Rendez-vous au 7 pour 12 heures.

22

Je m'assure que Ms Thompsons a cessé de martyriser ses rosiers avant de m'aventurer dans les rues tranquilles et sans histoire de Copper Heights.

10 heures

Quand mes grands-parents ont emménagé par ici, il y a une trentaine d'années, pour se rapprocher de ma mère et l'aider après ma naissance, c'était encore un endroit assez champêtre et plutôt à l'écart du centre-ville. Les maisons étaient grandes, tout le monde avait un jardin. J'y ai passé une grande partie de mes vacances scolaires et d'innombrables après-midi.

À l'époque, il y avait beaucoup de jeunes couples et je ne manquais pas de camarades pour courir ce qui était de moins en moins la campagne. Petit à petit, de nouvelles maisons construites pour des familles venant y chercher un meilleur cadre de vie concouraient à faire disparaître les anciens bois et les prés des collines surplombant la vallée de la Slee.

Et puis les enfants ont grandi, sont allés à la fac et ont trouvé du travail ailleurs tandis que leurs parents, libérés de leurs contraintes éducatives et professionnelles, se sont désormais consacrés à l'entretien de leur jardin, à la pratique du bridge ou de la marche. On a commencé à trouver que les derniers ados du quartier étaient agités et faisaient décidément beaucoup de bruit, que certaines maisons moins bien entretenues nuisaient à l'image proprette du lotissement et regardé avec méfiance ceux qui n'étaient pas identifiés comme des voisins proches. J'ai commencé à me sentir moins bien par ici.

J'y retournais souvent cependant, même à l'âge où je n'avais plus besoin de la présence rassurante d'un adulte mais par simple affection pour mes grands-parents, qui, rétrospectivement, m'ont toujours semblé moins atteints que les autres par le mal des banlieues pavillonnaires.

Oh là là ! Je suis censé noter des idées percutantes pour m'aider dans mon livre, pas préparer ma future dépression.

Enfin bref, quand mes grands-parents sont morts, j'ai découvert avec surprise qu'ils m'avaient légué la maison. C'était précisément le moment où le manque de travail et le coût des loyers étaient sur le point de me chasser de Londres.

Après cette petite promenade, rendez-vous au 7 et choisissez une destination pour 12 heures.

23

Lee se dirige vers la porte de son bureau et m'invite à le suivre. Je soupire.

– Vous avez oublié de prendre la clé de sécurité.

– Je vous demande pardon ?

– Monsieur Lee, écoutez… Là vous êtes parti pour me conduire au sous-sol dans la salle où le code est généré. Mais votre plan, c'est de m'installer aux commandes puis de prétexter un oubli pour m'enfermer dans cette salle. Au cas où vous l'ignoreriez, je suis capturé et exécuté ensuite.

– Ah, voilà qui est fâcheux.

– Et donc ?

Le professeur me regarde et ouvre la bouche comme pour parler et… il prend ses jambes à son cou !

Je me lance à sa poursuite. Nous suivons le couloir donnant sur les bureaux, sous le regard étonné des quelques chercheurs travaillant ici. Lee pousse une porte et s'engouffre dans un escalier. Je ne suis que quelques mètres derrière lui. Franchissant la porte à mon tour, je grimpe les marches quatre à quatre. Hélas, l'entraînement à ce type d'exercice me fait défaut – en réalité, l'entraînement à tout type d'exercice physique. Je suis rapidement à bout de souffle et Lee prend quelques longueurs d'avance sur moi.

Mais pas assez pour m'empêcher de voir la porte qu'il vient de franchir se refermer. Je la pousse à mon tour. Nous sommes sous la coupole de l'observatoire ! Le télescope est accessible depuis une petite plateforme, à condition de monter par une échelle métallique, que le professeur est en train de grimper. Toujours sur ses traces, j'escalade à mon tour les barreaux. Cette position m'empêche toutefois de voir ce qui se trame sur la plateforme.

Et voilà pourquoi je suis pris par surprise au moment où, ma tête atteignant le sommet, je reçois un bon coup de pied dans la mâchoire.

Sonné, je manque de lâcher prise et virevolte pour me retrouver dans le vide, tenant par une seule main l'un des montants de la rambarde de sécurité qui ceint la plateforme. J'entends sur celle-ci l'écho des pas du professeur. Je lève les yeux et – nom de Zeus ! – Lee s'apprête à lâcher sur moi une chaise de bureau !

Au prix d'un effort me paraissant surhumain, je remonte ma main libre et saisis sa cheville, tirant de toutes mes forces pour le déstabiliser. Il chancelle et lâche la chaise, qui vient s'écraser dans un bruit de ferraille quelques mètres plus bas, m'évitant de peu. J'ai tiré si fort que le pied bascule en avant. Entraîné, Lee glisse et passe sous le garde-corps.

Et voilà comment nous nous retrouvons suspendus, moi à la plateforme par la main droite, lui à moi par ma main gauche, tête en bas. Remonter le professeur est hors de mes moyens. La puissante douleur dans ma main droite me fait comprendre que rester ainsi longtemps l'est tout autant et que je ne dispose que de quelques instants avant de chuter avec lui.

– Ça serait bien de me donner le code, maintenant !

– JAMAIS !

– Mais pourquoi ? crié-je, sentant mon corps s'écarteler horriblement.

– Je ne dois donner le code sous aucun prétexte !

– Même si je vous donne la preuve que c'est Cassandra qui…

– SOUS AUCUN PRÉTEXTE !

Je cède. La main qui tenait à la rambarde lâche en premier. Le professeur tombe tête en avant.

Et moi sur lui, dans un bruit mat accompagné de craquements sinistres, ce qui me permet de survivre et lui, non.

Je me redresse avec difficulté, massant mes bras endoloris. Lee est allongé, le corps tordu, mort. Encore une tentative ratée pour obtenir le code.

Je me dirige tant bien que mal vers la sortie. Par miracle, j'ai l'impression de n'avoir rien de cassé. Il faut que je m'en aille d'ici rapidement car les collègues du professeur ne vont sans doute pas tarder à aller voir ce qui se passe ici. Je connais les lieux, néanmoins, car j'ai visité cette coupole à de nombreuses reprises dans ma jeunesse. Il y a une autre porte, menant vers les salles d'exposition.

Quelques minutes plus tard, je sors de l'observatoire. J'ai croisé plusieurs personnes qui m'ont lancé un regard étonné et j'ai fait comme si je savais ce que je faisais.

Il est presque midi. Le portail va être activé, la station de Slumber Vale sera mise à feu et à sang, et dans quelques heures je me ferai dégommer par un extraterrestre ou autre chose. J'ai peut-être encore le temps d'aller faire un truc utile dans Denton d'ici là.

Fichue journée !

Notez que Lee fuit vers le télescope aux INDICES en fin de livre. Rendez-vous au 7 pour 12 heures.

10 heures

24

Concordia Square ! Le cœur palpitant de Denton !

Mouais.

En fait un lacis de ruelles bordées de laveries automatiques, de cybercafés, de pubs louches, de bookmakers, de fringues au rabais, d'enseignes de sandwichs à emporter et autres commerces bon marché. La moitié des boutiques du quartier a fermé depuis longtemps (et le Brexit n'a rien arrangé).

Rien à signaler par ici, sauf peut-être ce grand blondinet avec un *hoodie* portant un slogan conspirationniste stupide, qui regarde son téléphone, posté à l'entrée d'un cybercafé.

Allez au 15.

Le coin n'est pas très accueillant et je me demande bien ce que je suis venu faire par ici. Je n'ai d'ailleurs que trop traîné et il est temps de me trouver un truc à manger.

Allez au 7 pour 12 heures.

25

Une affichette précise à l'entrée du jardin que les allées ont été décorées par les œuvres des résidents de l'aile psychiatrique qui borde l'un de ses côtés. Il s'agit apparemment de sculptures. Voilà qui m'occupera un peu pendant la promenade.

Malgré le temps maussade, le jardin garde tout son charme. J'en profite dans une solitude quasi complète et à peine troublée par de très rares visiteurs et, à ce qu'il me semble, un petit groupe de résidents de l'aile psychiatrique qui s'en échappent pour venir fumer en douce quelques cigarettes.

Sans leur prêter plus d'attention, je suis mon chemin, m'arrêtant quelques instants pour observer leur travail. Intéressant, mais rien de remarquable.

Ou peut-être que si ! Allez au 56.

Que faire ? Il va bientôt être midi. Il faudrait que je me trouve quelque chose pour le déjeuner.

Et pour cela, rendez-vous au 7 pour 12 heures.

Jim peut aussi tenter d'interroger le groupe de fumeurs au 44 s'il le souhaite.

26

J'imagine que si j'avais fait réparer la machine à laver de mes grands-parents, je n'aurais pas à me rendre périodiquement à la laverie automatique. Et peut-être aussi que mes fringues seraient plus régulièrement lavées. Mais bon, puisqu'il faut en passer par là…

Ignorant avec superbe mes rares semblables qui s'ennuient mollement dans la pièce aux lumières crues dans l'attente que d'hypnotiques tambours tournants ne régurgitent leurs effets redevenus propres, je me dirige vers l'une de ses hiératiques machines, dépose mon sac aux pieds du monstre ménager et entreprends d'en déchiffrer le mystérieux mode d'emploi.

Tel un Sisyphe chargé du linge, je rejoue cette légende du quotidien, où chaque lavage est une épreuve, chaque lessive une épopée et chaque programme une ordalie.

– Tu viens de dire trois fois la même chose.

Une longue silhouette vient s'interposer entre le néon blafard et moi.

– Salut, Josh !

– Salut, Jim. Ça fait plaisir de te voir.

Josh m'observe, et je vois ses yeux éclairer de malice son long visage encadré de cheveux fins et noirs, qu'il rassemble en une queue-de-cheval.

J'ai bien conscience que s'il y avait un championnat national de la normalité, l'équipe de mes potes évoluerait dans une obscure ligue régionale. Mais si tous peuvent passer pour de doux dingues, aucun ne paraît aussi éloigné du commun des mortels que mon pote Josh.

Dernier rejeton d'une famille de l'*upper class,* destiné à Cambridge ou aux tours de la City, Josh a quitté les bancs de sa *boarding school* avant même d'avoir obtenu ses *A-levels*, parce que, dit-il, il s'ennuyait un peu.

Sa famille lui a aussitôt coupé les vivres et Josh est passé par une foule de petits boulots, économisant penny après penny jusqu'à disposer de quoi acheter un Lavomatic. Selon lui, c'est, dans le meilleur des mondes possibles, la meilleure situation : un peu d'entretien, quelques notions de bricolage et beaucoup, beaucoup de temps pour penser et réfléchir.

Car cela n'a pas empêché Josh de rester incroyablement brillant, d'autant qu'il a désormais beaucoup de temps pour lire, aller au cinéma, écouter de la musique, etc. D'aucuns diraient qu'il gâche ici son talent, qu'il pourrait être un crack en mathématiques financières ou un chercheur promis au prix Nobel. Mais non. Il considère au contraire que ce serait dévoyer son esprit que d'essayer d'en tirer un quelconque profit, une position avantageuse ou simplement quelque chose d'utile.

Autre détail intéressant, mais sans rapport avec le reste, il est client d'un des meilleurs fournisseurs en herbe de tout le royaume, dixit un membre de la famille régnante rencontré à Eton, qui appelle Josh de temps à autre et dont celui-ci a toujours tu le nom.

– Tu vas bien ? Je peux t'aider à quelque chose ?

– Eh bien, Josh…

La suite se passe au 500, mais si Jim n'a rien de spécial à lui demander, il peut aussi se contenter de papoter un peu avant d'aller au 7 pour 12 heures.

Allez de même au 7 pour 12 heures si vous revenez du 500.

27

Je renvoie au Pr Lee son sourire bienveillant et faux.

– Gardez votre papier. Je sais que ce n'est pas le bon code.

Mon interlocuteur lève un sourcil.

– Ah bon ?

– Non.

– Mais comment pouvez-vous juger qu'il est bon ou pas sans savoir quel est le code ?

– Parce que celui-là a été essayé. Et il ne marche pas. J'étais très fâché quand je m'en suis aperçu.

Désormais, Lee fronce nettement les sourcils et son sourire a disparu. Il pose les deux mains à plat sur son bureau sans me quitter des yeux.

– Très bien. Suivez-moi.

Vous pouvez vous rendre au 19. Sinon, continuez.

Vous pouvez aller au 23. Sinon, continuez.

Nous sortons du bureau et traversons un couloir jusqu'à la porte d'un petit ascenseur. Lee m'explique, toujours aussi courtois, que le code n'est pas conservé dans le bureau mais est généré aléatoirement tôt le matin par un programme informatique. Après avoir inséré une clé dans le panneau de commande de l'ascenseur, il sélectionne le sous-sol. Nous descendons et, quelques couloirs plus tard, pénétrons par une petite porte blindée, que le chercheur bloque de son pied avec une cale d'arrêt, dans une petite salle semblant dédiée à un serveur informatique. Lee me désigne un ordinateur sur un petit bureau, en m'indiquant que le code peut être consulté ici.

Lee m'invite à m'asseoir devant le clavier et sort de la poche intérieure de sa veste un petit papier qu'il déplie et pose devant moi.

– Ce sont les instructions à entrer pour autoriser la visualisation du code. Il faut encore que j'ajoute la clé USB de sécur… Mais ! Où est-elle passée ?

Le professeur fait mine de fouiller dans ses poches.

– Flûte ! J'ai laissé la clé dans mon bureau. Tapez vite les instructions, je reviens !

Il s'*éloigne. J'*entends la porte claquer tandis que je saisis les lignes de commande conformément à la feuille d'instruction. Tout se déroule selon le mode opératoire, jusqu'*à ce que l'*appareil me demande d'insérer la clé de sécurité.

Le professeur n'est pas revenu. Bizarre, le bureau n'est pas si loin.

Je m'approche de la porte métallique et… Argh ! Comment ai-je pu être aussi stupide ? La poignée tourne dans le vide ! La porte ne peut pas être ouverte de l'intérieur.

Piégé comme un débutant… je n'ai plus qu'à attendre.

Et vous rendre au 140.

28

La devanture de The End of the World est barrée de lourds volets noirs et c'est bien normal, étant donné l'heure.

Impossible toutefois de ne pas ressentir un petit pincement au cœur au souvenir de toutes les soirées que moi et ma bande, Suzy, Molly, Walter et Matthews, avons passé ici, à descendre des pintes en nous frottant aux anciennes bornes d'arcade qui font la renommée et l'intérêt de ce pub consacré au rétrogaming. Depuis, Suzy ne veut plus me voir et Matthews et moi sommes fâchés. J'essaie de ne pas me laisser surprendre par un sentiment d'amertume et passe mon chemin.

Vous pouvez rejoindre le central de police, au 72 ; Concordia Square, au 24 ; la bibliothèque publique, au 20 ; ou aller au 7, toujours pour 10 heures.

29

Est-ce qu'il est vraiment utile de parler maintenant du bizarre inconnu qui s'est introduit, je veux dire, qui s'introduira dans la réserve d'Oldies but Goldies ? Est-il seulement déjà là-bas ? Je laisse tomber.

Rendez-vous au 7 pour 12 heures ou retournez au 60 pour éventuellement signaler autre chose.

30

Dites donc, vous ! C'était un exemple pour les règles du jeu, rien de plus ! Et puis, il est bien indiqué qu'il faut connaître le sens du symbole pour arriver jusqu'ici. Vous êtes sûr que c'est bien le cas ? Allez, circulez. Retournez aux règles du jeu. Circulez ! Je vous préviens : je vous ai à l'œil, mon petit.

Et que je ne vous y reprenne plus.

Retournez aux règles du jeu.

31

Je tâche de rester le plus discret possible, mais soudain la conversation des deux blanchisseurs retient mon attention.

– C'est quoi ça ?

– Ça ? Ce sont les affaires qu'on a trouvées dans la chambre de Susan après son départ. Personne ne sait quoi en faire alors, je les ai mises dans cette boîte.

Susan ? Partie ? Je risque un œil de ma cachette. L'homme fouille dans un carton placé sur une étagère.

– Rien de bien intéressant. C'est quoi, cette relique ? dit-il en extrayant d'une liasse de papier un carton jauni par le temps.

Allez au 16. Sinon, continuez.

– Laisse donc ! Peut-être qu'elle voudra récupérer ses affaires plus tard.

– Mouais… encore un truc qui va prendre la poussière.

J'attends que ces deux-là aient quitté les lieux puis délaisse le portant de blouses. Je ne sais pas vraiment par où continuer. Je retourne au rez-de-chaussée sans croiser personne.

Jim peut aller à l'étage au 57. Sinon, filer à l'anglaise semble la meilleure option et c'est au 7 pour 12 heures.

32

Le tram me dépose sur l'une des longues avenues de Crossing. Il n'y a pas vraiment foule, la plupart des autres passagers se dirigeant vers le Royal Hospital.

Vous pouvez vous rendre au stade olympique, au 38, ou au Royal Hospital, au 43.

33

Je tente de franchir les portes vitrées de l'entrée donnant sur le grand hall, mais le bâtiment n'est pas encore ouvert au public à cette heure. Néanmoins, un interphone mentionne un accueil des visiteurs, une administration et un institut de recherche. Je tente ce dernier.

Une petite voix me répond pour me demander qui je suis. Je donne mon identité et j'ajoute que je viens de la part du Pr Cassandra Matiz pour voir le Pr Lee. Après quelques secondes d'attente, le signal sonore de la gâche automatique de la porte d'entrée m'indique que je peux entrer. La voix ajoute que je dois me rendre au deuxième étage.

Le Pr Lee, un petit homme brun et souriant, aux traits fins, les cheveux coupés court, vêtu d'un costume gris clair et portant des lunettes à la monture si mince qu'elle semble invisible, est tout à fait charmant et son bureau ressemble beaucoup à celui d'un agent des services publics, à la différence peut-être qu'il contient plusieurs ordinateurs allumés et qu'on y trouve un immense tableau blanc recouvert de calculs abscons.

Je soupire intérieurement : j'ai dans ma prime jeunesse beaucoup fantasmé sur l'image des astronomes passant leurs nuits à observer le ciel, seuls dans leur tour. En réalité, ces derniers, sauf quand il s'agit de joindre un collègue à l'autre bout du monde, ont des horaires classiques et reçoivent directement sur leurs ordinateurs le résultat des observations qu'ils ont demandées aux différents instruments disponibles dans le monde.

– Et vous m'avez dit que vous veniez pour quoi ?

– De la part du Pr Matiz. Je crois que vous êtes au courant de… l'expérience.

– Mais bien entendu.

– Le Pr Matiz a besoin de la première partie du code qui permet d'accéder aux commandes.

– Ah oui ? répond Lee, arborant toujours le même et fin sourire, avant d'ajouter : Mais elle n'est pas encore commencée, pourtant.

– Je ne voudrais pas vous embêter avec des détails, mais nous rencontrons des difficultés techniques qui demandent d'entrer le code. Comme vous le savez, le Pr Matiz ne dispose que de la seconde moitié.

– Mais bien entendu, je vais vous donner ça.

Le Pr Lee saisit un post-it et griffonne trois chiffres sur celui-ci, avant de me le tendre en me fixant de ses deux yeux brillants.

Allez au 27.

– Et voilà ! Mes salutations à Cassandra. Vous me direz si l'expérience se passe bien !

Je quitte quelques minutes plus tard l'observatoire avec le code : 057.

10 heures

C'était facile, en fait.

Notez-le bien. Vous pouvez aussi activer la sauvegarde de la voiture de Dwayne et vous rendre directement au 389, ou bien retourner au 7 pour 12 heures.

34

Le tram me dépose dans le quartier de mon enfance, où habitent encore ma mère et mon désagréable beau-père. Un peu moins cossu que Copper Heights, mais objectivement agréable tout de même.

Vous pouvez aller chez la mère de Jim, au 40 ; au cabinet du Dr Schaefer, au 63 ; ou chercher les meilleurs falafels de Denton, au 66.

35

« Mais j'vous jure, m'sieur l'agent, il y a des drones tueurs qui circulent en ville ! »

C'est ce que je viens de déclarer à l'agent Danny, qui a bien voulu me recevoir dans son bureau pour m'entendre.

Il garde son calme et, sans me donner l'impression que je suis un hurluberlu, me répond que les drones en circulation dans Denton sont d'ordinaire pilotés soit par des tordus à la recherche de photos intéressantes de leurs voisines (vous n'imaginez pas le nombre de maniaques dans cette ville), soit par des petits malins qui veulent faire peur au quidam avec des gadgets (lasers, pétards, etc.). Il range donc les drones tueurs dans cette seconde catégorie. « Nous prenons toutes les dispositions nécessaires pour les empêcher de nuire, mais nous ne pouvons pas être partout », etc.

Manifestement, il est inutile d'insister. Il est temps d'aller voir ailleurs.

Plus précisément au 7 pour 12 heures.

36

Je grimpe dans le tram à Slee Station, direction Eastern. La rame démarre et descend mollement des collines de Copper Heights vers la plaine du fleuve. Il n'y a vraiment pas beaucoup de monde aujourd'hui, ni dans le tram ni dans les rues. Rapidement, les petites maisons avec jardin laissent la place à des maisons de ville, plus densément serrées les unes contre les autres, puis à de petits immeubles. Je suis bien le seul à me préoccuper du dehors. Les autres passagers ont les yeux vissés sur leur portable. À vrai dire, si je n'étais pas en train de chuchoter des notes à mon dictaphone, je serais sans doute comme eux, à regarder une vidéo ou sur un jeu casse-bonbons. Tout cela est tellement attendu que je me demande si je vais pouvoir en faire quelque chose pour mon livre.

Hum… il y a tout de même cette dame en grand manteau de feutre qui observe mon manège. Elle a l'air de se demander si je ne suis pas un peu fêlé de la théière. Je devrais peut-être agir un peu plus discrètement…

Mais voilà que le nom de mon arrêt résonne dans le haut-parleur de la rame. Je m'éclipse discrètement, feintant d'ignorer le regard appuyé et circonspect de mon observatrice.

Eastern, me voici ! Il est 10 heures ou un peu plus.

Vous pouvez aller au magasin Oldies but Goldies, au 42, ou traîner du côté de l'ex de Jim, au 55.

37

Ha, ha ! la meilleure cachette de tous les temps.

Je me dissimule sous un vaste drap et décide de ne plus bouger du tout. J'entends le murmure d'une conversation étouffée par la paroi de plastique du hublot.

Et puis soudain un *clac* et le déclenchement d'un mécanisme.

Euh ? Quoi ? Je me dégage du drap – pas facile de bouger dans un espace aussi exigu – juste à temps pour voir disparaître le personnel de la laverie dans un claquement de porte.

Un glouglou inquiétant monte des tréfonds de la machine.

– Hé ! Ne me laissez pas là !

J'ai beau frapper la vitre, personne ne vient. La panique monte, aussi rapidement que l'eau savonneuse envahissant le tambour de la machine. Et voilà que ce dernier commence à tourner…

– Au secourbl !!!

Je cogne dans tous les sens, ballotté au milieu du linge, cherchant désespérément un moyen de trouver de l'air. Mon cœur s'emballe… L'eau pénètre mes poumouurblldlll.

Jim est lessivé. Méditez sur cette mort particulièrement stupide et rendez-vous au 13.

38

Lorsque la ville de Birmingham se porta candidate aux Jeux olympiques de 1992, les édiles de Denton, portés par l'enthousiasme, voulurent démontrer la volonté des Midlands d'accueillir les olympiades en actant la construction d'un grand stade multisport sur la rive orientale de la Slee. Le bâtiment devait prendre place au sein d'un nouveau quartier, une ville jardin imaginée pour casser l'image de l'ancienne cité industrielle incapable de se remettre de la crise des années 1970 qui l'avait frappée de plein fouet et plongée depuis dans le marasme le plus complet.

Des engagements furent pris, des marchés conclus, des dettes contractées et des chantiers furent initiés pendant l'année précédant la 91e session du Comité international qui devait, en octobre 1986, décider de l'attribution des Jeux d'été.

Birmingham fut éliminée au deuxième tour de scrutin et les jeux attribués à Barcelone.

La panique s'empara des autorités locales. Les ambitions furent revues à la baisse, la cité-jardin abandonnée, les équipements du stade réduits au strict minimum. Mais Denton se retrouva pourvu d'un stade de 25 000 places sans aucun club digne de ce nom pour l'occuper. Il ne demeure aujourd'hui de leur glorieuse intuition qu'un stade surdimensionné, dont la structure se désagrège peu à peu faute d'entretien, et fréquenté seulement par quelques clubs d'athlétisme et par des joggeurs qui viennent y faire leurs tours de piste.

Je pourrai en faire autant, mais je n'ai pas les bonnes chaussures !

J'entre et monte dans les gradins (les plus bas, car les autres sont en trop mauvais état et l'accès en a été bloqué) contempler le spectacle des rares drogués du sport qui sont venus s'entraîner ici ce matin. Mais je me lasse vite et me décide à partir.

Allez au 7 pour 12 heures.

39

Est-ce prudent de ma part ? En dehors de la fureur probable de Dwayne, je traîne aussi une réputation de destructeur d'automobiles non usurpée.

Aucune voiture n'est jamais passée par moi sans s'en tirer avec au minimum de la peinture esquintée, à commencer par celle de la *driving school* (mes chances de posséder un permis se sont arrêtées sur cet accroc).

Dans ce registre, mon plus bel exploit a été d'encastrer la vieille berline de mes grands-parents dans le portail, voiture que mon grand-père, dans sa coupable innocence, m'avait demandé de mettre au garage alors qu'elle était stationnée dans l'allée.

« De toute façon, je ne m'en servais plus ! » a simplement commenté mon grand-père, dont l'indulgence à mon égard surpassait même celle de ma mère. Néanmoins, à compter de ce jour, il n'a plus jamais été question de me laisser prendre la place du conducteur et mon intérêt – tout relatif – pour la chose est resté cantonné à des rediffusions tardives de *Top Gear*.

La conduite est restée un mystère pour moi. Je n'arrive tout simplement pas à comprendre comment faire en sorte qu'un machin de plus d'une tonne – quoique généralement destiné à transporter un seul quidam – propulsé par la combustion d'une huile macérée pendant trois cents millions d'années dans les strates du carbonifère suive une trajectoire contrôlée lui permettant de se rendre d'un point A à un point B sans rencontrer dans l'intervalle une bordure, un muret ou un mélèze. Dès que je saisis un volant, je suis rattrapé par l'absurdité de ce mode de transport et saisi d'étranges vertiges tant métaphysiques que de l'ordre de la peur pure, imaginant mille façons de m'encastrer dans un mur ou de tomber d'une corniche.

Sans parler du bilan carbone.

Bref…

Si Jim décide quand même d'emprunter la voiture, rendez-vous au 54. Demander la permission pour cela est au 46. Sinon, c'est le déjeuner familial au 83.

40

J'ai un peu erré dans Wornwood avant d'arriver chez ma mère, dans l'espoir de ne pas y croiser Dwayne, mon beau-père, car il a pour habitude de disparaître on ne sait où dans la matinée.

Notez où vous êtes et allez au 373.

Je ne reviens plus par ici que pour de rares déjeuners familiaux et bien sûr pour aller voir mon psy, qui officie un peu plus loin.

Malheureusement, j'ai la désagréable surprise de trouver Dwayne, reconnaissable entre tous à sa large moustache noire et à son crâne parfaitement lisse, pris dans l'une de ses activités favorites : le lustrage de son immense 4 × 4. J'avais espéré entrer sans me faire remarquer, surestimant une nouvelle fois mes compétences en discrétion. Mais il me lance tout de go :

– Une Range Rover, le modèle sport de 2006 avec le moteur V8 de Jaguar à compresseur volumétrique. 4,2 litres ! Tu te rends compte ? On savait encore faire des voitures en Angleterre à cette époque-là !

Laissant planer cette sentence dans un silence calculé, Dwayne frotte avec détermination la calandre chromée de l'imposant bolide à quatre roues motrices, rejeton hypertrophié de la glorieuse industrie britannique. Il s'arrête, arborant dans un premier temps une mine satisfaite, avant de se pencher, se ramassant sur lui-même et plissant les yeux. J'ai comme l'impression qu'il s'apprête à bondir, tel le tigre du Bengale sur l'antilope nilgaut pour terrasser la toute dernière trace qui subsisterait sur la carrosserie.

Mais je sens bien que ce manège n'est qu'un effet de manche destiné à installer une forme d'attente pour la conclusion de sa phrase. Et je ne suis pas déçu lorsqu'il siffle enfin entre ses dents, d'un air mauvais :

– Enfin ça, c'était avant qu'on brade le tout à ces pouilleux de transfuges de l'empire… quelle honte !

Là, j'imagine que Dwayne pense au rachat de la compagnie par un constructeur indien. Comme je constate qu'il est déjà d'humeur passablement maussade, je m'abstiens de lui indiquer, outre le caractère insupportable d'une telle déclaration, que la marque était déjà propriété allemande puis américaine depuis au moins… Oh mais zut quoi. On n'est pas sur *Top Gear* et on s'en tape en réalité. Mais en tout cas depuis longtemps.

Et de fait, je reste coi.

– Je ne sais pas pourquoi je te raconte ça. Je ne m'attends pas à ce que tu comprennes ce qui est en jeu, hein, toi et tous ceux de ton genre…

Je n'ai jamais vraiment compris ce que Dwayne entendait par cette expression. On aurait pu la croire reliée à quelque relent d'homophobie, en tout cas la manifestation d'un doute quant à mes préférences amoureuses, mais, hélas pour lui, mes penchants hétérosexuels ne sont un mystère pour personne. Je regrette presque de le priver ainsi d'un angle d'attaque qui lui aurait permis d'exprimer une autre facette de sa désagréable personnalité.

Pour le moment, je me contente d'imaginer que mon *genre* correspond plus simplement à une catégorie englobant sur des critères vagues et divers un ensemble d'individus qui partagent comme trait commun d'être nés après 1990.

Comment ma mère, la personne la plus douce qui soit, a pu se retrouver en couple avec un homme dont le ressentiment et l'aigreur exsudent par tous les pores de sa peau reste un mystère pour moi. Le pouvoir de l'amour. Un miracle divin. De la magie. Mais de la magie noire, sans aucun doute.

– Et puis arrête de parler dans ce truc à la fin ! Tu fais le journaliste maintenant ? Manquait plus que ça.

J'aurais dû être plus discret avec mon dictaphone. Sans attendre de réponse de ma part, il grimpe dans le *Sport Utility Vehicle* et me fait signe de m'écarter.

– Recule donc ! Que je ne te roule pas dessus pendant que je cale cette merveille dans le garage. Remarque, un journaleux de plus ou de moins… T'es pas en train de m'enregistrer, hein ?

– Je ne vois pas ce que je pourrais en tirer d'intéressant, Dwayne.

La machine recule et s'insère dans le garage, tout juste assez grand pour la contenir. Il en ressort.

– Tu disais quoi ?

– Je disais que je ne peux rien enregistrer ici avec le bruit du moteur.

– Ah ! répond-il simplement.

Puis il grimpe les marches du perron, ouvre la porte et, sans plus m'adresser un mot ni se retourner, disparaît à l'intérieur de la maison. Je le suis et remarque qu'il a laissé ses clés dans le vide-poche de l'entrée.

Et si je le lui empruntais ? Je peux essayer de lui demander poliment. Mais je me demande comment il réagirait si je me passais de sa permission, en fait.

Hum… des odeurs de cuisine se sont échappées jusqu'à l'entrée. J'ai presque envie de taper l'incruste.

Si Jim choisit de dérober les clés, allez au 39. S'il demande la permission d'utiliser la voiture, c'est au 46. Le déjeuner familial se produit au 83. Vous pouvez aussi mettre les bouts et vous rendre au 7 pour 12 heures.

41

Je me fraie rapidement un chemin parmi les sacs de linge et me glisse derrière le portant, dont, par miracle, les cintres chargés de blouses blanches ne s'entrechoquent pas, préservant la sécurité de ma cachette de fortune.

La porte s'ouvre et deux personnes (un homme et une femme) entrent dans la pièce en bavardant. Je tâche de me concentrer sur ma respiration pour être le plus discret possible.

Allez au 31. Sinon, continuez.

Après quelques propos anodins sur une résidente qui a quitté les lieux et dont quelques affaires sont restées sur place puis la mise en route de plusieurs machines, les deux blanchisseurs s'en vont vaquer à d'autres occupations, me laissant seul au milieu des piles de vêtements et de draps.

Rien à voir par ici.

Peut-être est-ce mieux à l'étage, au 57, ou au rez-de-chaussée, au 51.

42

Oldies but Goldies, meilleure boutique du monde.

Imaginez tous les jeux, les jouets, les figurines, les consoles, les cartouches de jeux vidéo, les DVD, les bandes dessinées, les romans, bref, tout ce sur quoi vous avez bavé pendant votre enfance (car aussi fortuné que vous fûtes, vos vieux n'ont pas pu *tout* vous acheter, et quand bien même ça aurait pu être le cas, vous n'en auriez pas profité.)

Eh bien maintenant que vous êtes parvenu sans trop d'efforts à l'âge adulte, vous voilà soudain projeté dans un monde où tout est à portée de main. Nanti d'un pouvoir d'achat sans commune mesure avec celui de vos jeunes années, débarrassé du regard désapprobateur de vos proches, essentiellement en raison du fait que vous ne vivez plus chez eux, rien ne s'oppose désormais à votre appétit de culture geek et à ses manifestations sculpturales et ludiques.

Sauf que le temps a passé depuis et rendu ces objets longtemps convoités quasiment introuvables.

Et voilà pourquoi Oldies but Goldies existe, magasin précisément spécialisé dans la recherche et la vente de ces chers trésors de l'enfance (ainsi que des quelques nouveautés qui intéresseraient le même public et qui sont arrivées entre-temps). Je ne sais pas bien comment le patron s'y prend, mais il arrive toujours à dénicher des trucs incroyables.

Là, parcourant ses allées, vous frétillez de plaisir en redécouvrant comme posées sur les étagères les émotions de votre prime jeunesse. *Musclor*, *Masks*, *Cosmocats*, et toute une flopée de figurines d'animes japonais. Comment leur résister ? Tout ça paraît aujourd'hui assez genré, je le reconnais. On n'y voyait pas encore beaucoup à mal à l'époque...

J'ai laissé la plus grosse partie de mes économies dans ce magasin et j'y reviens régulièrement pour voir s'il n'y a quelque édition ancienne et rare de *Conan*, romans ou comics, une cartouche confidentielle pour l'une de mes consoles et pourquoi pas trouver la seule figurine d'*Heroquest* qui manque à ma collection pour compléter mon édition de 1989. À tel point que ma maison commence à ressembler à une succursale de ce magasin. C'est aussi l'un des lieux favoris de mon pote Walter et on s'y retrouve régulièrement. Et bien sûr, Molly y travaille.

Mais là, c'est fermé.

Flûte.

Bon ben je n'ai plus qu'à traîner dans le coin en attendant que ça ouvre. Après tout, une petite balade dans le quartier ne peut faire que du bien.

Allez ensuite au 7 et choisissez une destination pour 12 heures.

À moins que... vous pouvez aller au 65.

43

On accède aux consultations du Royal Hospital par l'un des vastes pavillons de brique rouge bordant Crossing Avenue. Je me mêle aux badauds venus pour une visite ou une consultation ordinaire dans le grand hall d'accueil. Des panneaux orientent le visiteur vers le service qui l'intéresse et, pour certains, vers le jardin à l'italienne de l'hôpital, dont le doux ordonnancement des buis et l'ombre tranquille des haies font de ce parc l'un des plus agréables de tout Denton.

Du moins quand le ciel des Midlands nous épargne grisaille et crachin, ce qui n'est pas le cas aujourd'hui, comme tant d'autres jours.

Pour ma part, je fuis habituellement cet endroit, car le parc donne directement sur la section « Psychiatrie » de l'hôpital, pour laquelle j'éprouve une appréhension tout aussi ancienne que mes bouffées d'angoisse. À cela s'est ajouté depuis peu le souvenir de mes pauvres grands-parents, tous les deux emportés il y a quelques mois...

Je me laisse aller quelques minutes à un élan de déprime – à ce propos je me rappelle mon rendez-vous avec le Dr Schaefer à 14 heures. Quelle plaie !

Bref, que suis-je venu chercher ici ? Puisque je suis là, je vais prendre un peu sur moi et faire un tour dans le parc.

Rendez-vous au 25.

Mais peut-être peut-il aussi tenter de prendre rendez-vous au 47 ?

Ou rendre visite à quelqu'un au 50 ?

Dans les autres cas, allez au 7 pour 12 heures.

44

Je m'approche d'un petit groupe de trois personnes, deux jeunes femmes, un homme, qui partagent une cigarette sous le couvert d'un impressionnant buis dont le globe de feuillage forme comme une bulle de tranquillité. Je remarque tout de suite l'air courroucé des fumeurs, qui me regardent en plissant les yeux alors que je pénètre dans leur abri discret.

– Tu veux quoi, toi ? est tout ce que je reçois comme salutation.

– Surtout pas vous déranger. Je me demandais si vous connaissiez une Susan Layt...

J'ai à peine fini ma phrase que leur antipathie manifeste se transforme en franche hostilité.

– Et tu veux lui dire quoi ? me lance-t-on. Incapable de foutre la paix aux gens, tous, là, les journalistes de mes deux.

Je tente de protester, mais mes interlocuteurs se dérobent et m'invectivent, rejoignant l'aile psychiatrique. Plutôt sensibles sur le sujet, ces jeunes gens. Et pourquoi m'ont-ils pris pour un journaliste ?

Ah ben oui, le dictaphone. Flûte.

Cela dit, en les regardant partir, je remarque une entrée apparemment accessible depuis le jardin vers l'aile psychiatrique. Et si je tentais ma chance ? Sinon, je peux encore aller voir ailleurs.

L'aventure est au 48, la vie, l'univers et le reste au 7 pour 12 heures.

45

Les squelettes métalliques des machines de la fête foraine se découpent parfaitement dans le gris humide du ciel. L'endroit est désolant de solitude. Bien sûr, à ce moment de la journée, tous les stands de la fête foraine qui anime chaque année pendant plusieurs semaines la grande esplanade des friches sont fermés. Il faudra que je revienne plus tard.

Allez au 21.

Allez au 7 pour 12 heures.

46

Dwayne, que je rattrape dans le salon, me regarde, surpris et hilare.

– Te prêter les clés ? Ha ! elle est excellente celle-là ! Tu n'as pas assez détruit de voitures comme ça ?

Ce n'est pas si immérité cependant. J'ai un certain don pour emboutir tous les véhicules dont je prends le volant, à commencer par celle de l'examinateur la première fois où j'ai tenté d'obtenir mon permis de conduire.

Bref, je n'aurai pas ces fichues clés.

Jim peut rester déjeuner au 83 ou aller voir ailleurs, et plus exactement au 7 pour 12 heures.

47

– Le Dr quoi ?

Je reste perplexe. Sur la petite carte, il y avait noté « Dr, THE ». Pourquoi une virgule ? Simple erreur de typo ?

– THE !

– Ah ! D'accord ! Ça se prononce comme l'article, *the*. Je vais voir s'il a un créneau dans son agenda. Oui ! vous avez de la chance : c'est possible à 16 heures. Cela vous conviendrait ?

– Seize heures ? C'est parfait.

– Alors 16 heures aux consultations. Le rendez-vous est noté.

J'ai déjà rendez-vous avec mon psy à 14 heures. Quelle journée !

Allez au 7 pour 12 heures.

48

Il y a manifestement une porte vitrée permettant d'accéder à l'aile psychiatrique de l'hôpital, discrète et à l'abri des regards. Je m'en approche en toute innocence…

Pourquoi ne pas en profiter pour entrer ? Il n'y a presque aucun témoin et ceux qui sont là semblent, de toute manière, indifférents.

M'introduire en douce dans un hôpital psychiatrique… il faudrait que j'évite d'en parler avec le Dr Schaefer…

Bref, je pousse la porte. Personne pour m'arrêter. L'entrée donne sur un couloir blanc. Sur la gauche, une porte à double battant que j'entrouvre rapidement : un escalier menant vers l'étage… et vers le sous-sol. Que faire ?

Monter ? C'est au 57. Descendre ? Direction le 64. Sinon, suivez le couloir vers le 51.

49

Coincées entre les voies de chemin de fer et le morne cours de la Slee s'étendent les friches, vestiges ou reliques du passé industriel de Denton. À l'exception de quelques entrepôts liés au transit fluvial et à l'espace aménagé pour accueillir chaque année la fête foraine, le site est laissé à l'abandon.

Les hauts murs des anciennes usines et leurs cheminées de brique s'effritent lentement sous l'effet du temps, du vent et de la pluie, entre des cours envahies d'herbes folles et d'anciennes voies ferrées. Quoique les autorités municipales aient tenté d'empêcher quiconque de pénétrer dans cette zone, il a toujours semblé impossible d'en interdire complètement l'accès, tant le site est vaste. Il n'y a jamais besoin de chercher longtemps pour trouver un mur suffisamment dégradé ou facile à escalader, une porte enfoncée ou une grille dévorée par la rouille pour y pénétrer.

C'est bien sûr un lieu où je ne me risquerais pas de nuit mais de jour, il a toujours servi de refuge aux ados en quête de solitude ou de tranquillité.

Je passe sans difficulté par un portail défoncé avant de vagabonder parmi les ruines, habité par mes propres fantômes. C'est par ici que je venais traîner avec Suzy quand nous étions ensemble. Je me rappelle les anciens quais où nous avions vidé quelques bières en regardant les péniches passer, rêvant aussi parfois d'une vie de bateliers.

Tout cela me semble si loin maintenant.

Je reste un bon moment à regarder les eaux impénétrables de la Slee suivre mollement leur cours sous le gris du ciel. Puis je me décide à partir.

Allez au 7 pour 12 heures.

50

La dame de l'accueil me toise d'un air interrogateur.

– Les visites ne sont pas ouvertes avant 14 heures. De toute façon Ms Layton n'est plus hébergée ici, monsieur.

– Comment ça ? Mais… est-ce qu'il y a un moyen de la joindre ?

– Vous êtes de la famille ?

– Euh… et si je vous disais oui ?

– Je répondrais que je ne vous ai jamais vu auparavant.

– Ah… ben… tant pis.

– Bonne journée, monsieur !

J'ai fait chou blanc… Je peux encore aller faire un tour dans le jardin histoire de me dire que je n'ai pas complètement perdu mon temps ici, ou aller voir ailleurs.

Le jardin est au 25. Sinon, allez au 7 pour 12 heures.

51

Le rez-de-chaussée est manifestement consacré aux activités en commun et aux consultations. Je croise plusieurs résidents qui me remarquent à peine. Il faut dire que ma tenue ne me distingue pas vraiment du patient lambda et que…

– Qu'est-ce que vous faites ici ?

Ça, c'est la question qu'un immense infirmier (car il doit faire dans les quoi ? 6 pieds et demi ? Un gabarit pareil, comment est-ce possible ?) vient de me poser. Mon cerveau primordial s'emballe : que faire ? La fuite semble s'imposer. Peut-être qu'un éclair de génie me sortira de cette interaction sociale qui s'annonce délicate.

Fuir mène au 62, répondre au 69.

52

Wendy reste bouche bée un moment.

Il faut dire que je viens de lui annoncer que des aliens sont sur le point de se répandre dans les rues de Denton pour en désintégrer les habitants.

Elle finit par se retourner vers l'un de ses collègues tout en gardant les yeux rivés sur moi, ce qui donne un air vaguement dérangeant à la stupeur qui se dessine sur son visage.

– Danny ? Tu peux venir un instant ? Il faudrait que tu reçoives ce monsieur, je crois.

Quelques minutes plus tard, me voilà assis devant le bureau dudit Danny, qui semble, lui, disposé à m'écouter.

Je lui raconte donc tout ce que je sais sur les extraterrestres à quatre bras en combinaison brillante qui désintègrent les habitants de Denton. Enfin, qui ne vont pas tarder à le faire car ils ne sont pas encore arrivés. Il est trop tôt hein, ça arrive cet après-midi.

Danny prend note, consciencieusement. Aurais-je enfin trouvé quelqu'un qui pourrait me venir en aide ? Je n'hésite plus à me livrer et lui raconte tout le reste. La journée qui recommence, les différentes façons dont je suis mort.

« Mais j'vous jure, m'sieur l'agent, nous sommes attaqués par des extraterrestres venant du futur ! »

À la fin de mon monologue, Danny pose son stylo, lâche un petit soupir en ouvrant un tiroir de son bureau dont il extrait un carnet de notes sur lequel il griffonne rapidement quelques mots.

– Je vais être direct, M. Howell, malgré la gravité des faits que vous me rapportez, je ne peux à ce stade pas vous aider.

– Ah… ah bon ?

– Mais je connais quelqu'un qui le peut.

Il me tend son papier, qui me laisse perplexe :

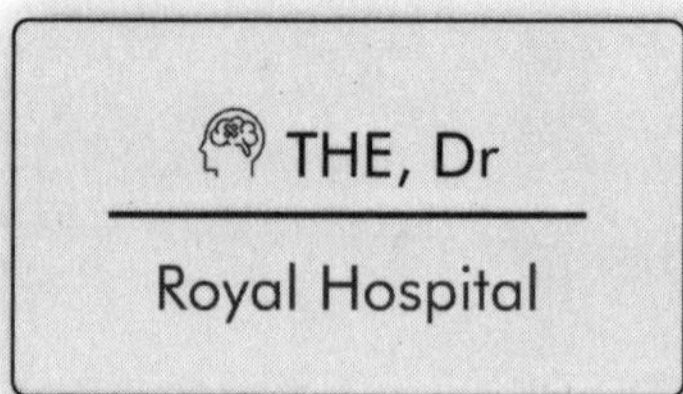

Est-ce que Danny ne vient pas diplomatiquement de me dire d'aller me faire soigner ?

Quoi qu'il en soit, le temps a passé. Notez que vous pouvez prendre rendez-vous avec le médecin aux INDICES devant l'icône puis rendez-vous au 7 pour 12 heures.

53

À cette heure de la journée, il n'y a quasiment personne pour descendre à l'arrêt de South Bank. J'aperçois les anciennes cheminées d'usine des friches et, un peu plus loin, la silhouette des attractions de la fête foraine.

Si vous êtes tenté par un peu d'urbex dans les friches industrielles, c'est au 49. Sinon, il y a toujours la fête foraine, au 45.

54

Cessons de tergiverser et passons à l'action !

Je m'empare des clés et file droit dans le garage. Je dois agir vite si je ne veux pas que Dwayne me tombe dessus. Le portail électrique n'est hélas pas très discret. Dès que possible, je me glisse le long du flanc gauche du mastodonte à quatre roues motrices. L'engin est si massif qu'il y a tout juste la place entre la carrosserie et le mur pour entrouvrir la portière et se glisser à l'intérieur.

Vite, je mets le contact. Mes mains sont moites et mes doigts glissent. Ça y est, le moteur tourne ! Je m'attends à voir surgir mon beau-père d'un instant à l'autre. Je passe la première et appuie sur l'accélérateur. La bête avance en rugissant et je me retrouve soudain à manœuvrer au milieu de la voie.

C'est à ce moment que Dwayne, furieux, bondit sur le perron en hurlant des injures. Tremblant, je pile pour éviter d'emboutir la clôture d'en face, tout en essayant de changer de vitesse. Évidemment, la voiture cale.

– Qu'est-ce tu fous ? T'es malade ou quoi ?

Dwayne se précipite dans le garage, toujours ouvert, et en ressort, écumant de rage, tenant à deux mains une pelle de jardinage. La panique me gagne. Je redémarre et appuie sur l'accélérateur. Le moteur V8 de chez Jaguar à compresseur volumétrique développe bruyamment sa puissance et le bolide s'élance, bien plus vite que ce à quoi je m'attendais. Je perds le contrôle.

La machine vient s'encastrer dans un désagréable bruit de tôle froissée sur le poteau gauche du portail de la maison d'en face, tandis que je suis repoussé en arrière par le gonflement soudain de l'airbag conducteur.

J'ai à peine le temps de comprendre ce qui m'arrive que la portière s'ouvre à la volée et qu'une main me saisit par le col pour me faire basculer par terre sans ménagement. Dwayne me surplombe, le visage déformé par le pire rictus de haine qui m'ait été donné de voir, prêt à me frapper avec la pelle.

Couché sur le sol, je lève les mains, protection dérisoire contre les outils de jardinage et la colère d'un fanatique du volant dont je viens de casser le jouet.

– Tu vas me le payer, sale petite…

Mais il ne finit pas sa phrase. Un craquement sinistre du pilier tordu dans lequel la Range Rover s'est enfoncée attire notre attention et nous voyons, consternés, sa partie supérieure se briser et basculer sur le capot de l'engin, aggravant les dégâts.

– Rhhhaaaaaaa !!!!!

– Non, Dwayne, ne me…

SHBONK !

SHBONK !

SHBONK !

… fait la pelle sur la tête de Jim. Allez au 12.

55

Oh non. Non, non, non. *Nope*. La journée commence à peine et je ne vais pas me mettre à arpenter le quartier de mon ex. La dernière fois que c'est arrivé, je… je ne veux pas en parler. Bref. Décamper. Au plus vite.

Rendez-vous au 7 pour choisir une autre destination pour 10 heures.

56

L'une des statues (je pense qu'il s'agit de terre cuite) représente ce qui semble être une petite fille, ou peut-être une poupée. Je suis un peu étonné par le visage dont l'expression suscite un indicible sentiment de tristesse… Mon œil s'arrête sur la signature sans doute tracée au stylet dans la glaise et déformée par la cuisson. Siaytan ? Slayton ?

Nom de Zeus ! La première lettre est juste une initiale : Susan Layton ! La petite fille retrouvée près de l'entrée de Slumber Vale ! Elle vit ici !

Est-ce que je peux tenter de la voir tout de suite ? Ou poser quelques questions aux fumeurs ?

Notez que Susan Layton est à l'hôpital psychiatrique aux INDICES. Vous pouvez ensuite tenter de la voir au 48 ou parler au groupe de fumeurs au 44.

57

C'est un couloir desservant les chambres des résidents. Je passe devant l'un d'entre eux qui, hagard, me lance « Vous ne devriez pas être ici ». Je tente de l'ignorer, mais il m'agrippe la manche et recommence. « Vous ne devriez pas être ici. » Alors que je veux me dégager, une patiente remarque la scène et pousse un cri aigu.

Bloody hell ! Pour la discrétion, c'est raté ! Et justement, un infirmier m'a remarqué et s'avance désormais vers moi. Argh ! Le réflexe de fuite prend le pas sur tout le reste et je m'élance sans bien savoir par où je peux m'enfuir.

Je n'ai guère le loisir de m'interroger longtemps à ce sujet car, à peine quelques enjambées plus tard, je sens s'aplatir sur moi la masse de mon poursuivant. Un placage dans les règles de l'art comme il s'en applaudit le week-end dans les stades.

Étourdi par le choc, je perds un moment le fil des événements.

Pour le retrouver, rendez-vous au 61.

58

Il y a plusieurs cimetières à Denton, mais le principal est un immense et labyrinthique parc arboré, plutôt bien entretenu. Je me retrouve rapidement à longer le mur d'enceinte de la nécropole. Je marche un moment, car l'entrée est assez éloignée de l'arrêt du tram.

La dernière fois que je suis passé par ici, c'était pour l'enterrement de mes grands-parents, morts tous les deux pendant la période de la covid en me laissant une grande maison vide et silencieuse.

Les sanglots qui reviennent encore malgré le temps qui a passé.

Quelle déprime ! Je dois fuir cet endroit. Je rebrousse chemin.

Allez au 7 pour 12 heures.

59

– Il y a quelque chose que je ne comprends pas.

– Tu sais Jim, je n'ai plus de poumons pour pouvoir soupirer, mais si un soupir mental existait, tu l'entendrais en ce moment-même.

– Ça me turlupine depuis un bail, cette histoire de boucle temporelle.

– Bien que ce soit la seule chose qui reste de ton corps d'origine, je ne suis pas sûre que tu sois suffisamment outillé en matière cérébrale pour appréhender les subtilités du voyage dans le temps.

– Ouais, bon, être un génie de la physique ne t'a pas si bien réussi que ça, si je peux me permettre.

– Pardon ?

– Euh... désolé. Non, je ne voulais pas te parler de voyage dans le temps, mais de la façon dont je revis toutes ces choses. C'est... bizarre. Comment se fait-il que je..., que mon moi qui replonge dans le passé ne conserve pas de souvenirs des journées qui ont « rebooté », alors que moi, là, dans le futur, je m'en souviens ?

– Que veux-tu dire ?

– Ben... la mémoire de toutes les journées est conservée dans le dictaphone. Il semble bien qu'à chaque début de journée, je redécouvre que j'ai déjà vécu cette même journée un certain nombre de fois. Pourtant, quand nous discutons, je me souviens de tout. Sauf de... de...

– De ?

– Des journées que je n'ai pas encore revécues, en quelque sorte. Mais comment se fait-il que je me souvienne maintenant des précédentes ? Il y a un truc qui cloche. Je ne devrais pas, puisque je ne conserve pas la mémoire de ce qui s'est passé dans les versions antérieures de la journée. Tout est sur le dictaphone. Mais là, en en discutant avec toi, je conserve cette mémoire.

– Fascinant.

– En fait je ne devrais me souvenir que du dernier jour, celui où j'ai refilé le code du portail temporel aux envahisseurs, et c'est tout. Puisque c'est le seul que j'ai réellement vécu. Là, c'est comme si la mémoire de ces journées me revenait au fur et à mesure. Peut-être une mutation génétique ou je ne sais quoi.

– Ne dis pas de bêtises !

– Alors d'où viennent ces souvenirs ? Ces jours n'ont jamais existé ! Ils ont été effacés les uns après les autres chaque fois que je reviens à la vie.

– C'est quand même étonnant de pouvoir se faire de tels nœuds avec si peu de cerveau.

– Ben explique-moi, alors, puisque tu sais tout.

– Je dois bien reconnaître que cette remarque n'est pas totalement stupide. Oui, en effet, c'est paradoxal. Mais veux-tu vraiment savoir pourquoi ? J'ai cru comprendre que tu n'étais pas très à l'aise avec les révélations, à commencer par le cerveau dans le bocal.

– Parce que… c'est… pire ?

– Pas vraiment. D'un certain point de vue. Disons que c'est plus humiliant.

– Je veux que tu m'expliques tout ça.

– Bon, si tu y tiens tant… Comme tu le penses, seule la dernière journée a réellement existé, et tu ne devrais conserver de souvenirs que de celle-là. S'il en est autrement, c'est qu'en vérité, tu n'es pas vraiment en train de revivre la journée, ni de faire remonter des souvenirs. Tu es dans une sorte de simulateur.

– Un simulateur ?

– Un jeu.

– Un jeu ?

– Dans l'euphorie de leur victoire sur les humains, les aliens ont mené un paquet de projets pour glorifier leur hégémonie et rabaisser les vaincus ; une de leurs occupations préférées. Des monuments, l'équivalent de nos séries télévisées, des festivals, même des comédies musicales – la musique alien est une horreur. Et aussi un jeu vidéo.

– Un jeu vidéo ?

– Tu vas répéter tout ce que je dis ? Quelqu'un s'est imaginé que ce serait une bonne idée de reconstituer l'exécution du plan machiavélique grâce auquel les aliens ont berné les humains et ont réussi à s'emparer du portail temporel dès son ouverture. Un jeu centré sur toi, donc, qui permet à tout joueur de refaire tout le film aboutissant au triomphe de nos envahisseurs. Le jeu lui-même a été porté en réalité virtuelle à partir des souvenirs des habitants de Denton du début du siècle et d'une copie des enregistrements du dictaphone.

Toutefois, le succès escompté n'a pas été au rendez-vous. Même si le but était évidemment de se moquer de la bêtise de celui qui leur a permis de prendre possession de notre planète – toi, je te le rappelle –, nos charmants envahisseurs, si imbus d'eux-mêmes, n'ont pas vraiment pris de plaisir à se retrouver dans la peau d'un vulgaire humain ne sachant que faire de sa vie.

– Mais… c'est… c'est…

– Vexant. Oui.

– Je suis dans un jeu vidéo ?

– Tu joues à une reconstitution des journées qui nous ont conduits jusqu'ici.

– Mais… pourquoi ?

– Pour repasser tout cela en revue et examiner le détail de ce qui s'est réellement passé.

– Oui, mais pourquoi *moi* ? Si c'est un jeu, pourquoi ne pas y jouer toi-même ?

– Ah ! enfin une bonne question ! Figure-toi que je l'ai fait. En cachette, car je suis encore sous surveillance, les aliens se méfiant de ce que je pourrais faire. J'ai tout passé en revue, plusieurs fois, espérant trouver quelque chose qui nous sauverait, un détail oublié, une porte de sortie.

Mais en vain. En désespoir de cause, je t'ai réveillé, toi, qui étais sagement entreposé dans les archives cérébrales de la conquête, afin de te brancher sur le jeu. Car à l'origine, c'est bien toi qui as vécu tout cela. En te faisant jouer à la simulation de ta propre vie, je me suis dit que tout cela prendrait une tournure particulière, que ta façon de jouer au jeu refléterait ce qui s'est passé exactement, et que tu pourrais trouver ce fameux détail qui peut encore tout sauver.

– Mais, ça veut dire qu'il n'y a pratiquement aucun espoir d'y arriver ! Tu ne sais même pas ce que tu cherches !

– On le saura peut-être en le trouvant. Assez tergiversé ! Nous avons encore du pain sur la planche ! Allez, on y retourne !

Retournez au 13 et...

– Holà, pas si vite !

– Hein ? Quoi ? T'es encore là ?

– C'est un jeu, c'est bien ça ?

– Je viens de te le dire, non ?

– Donc il y a des sauvegardes, des trucs de ce genre ?

– Ah ? Eh bien oui, je crois bien.

– Alors je ne suis pas obligé de me farcir une journée complète chaque fois à partir du petit déj', si ?

– Je suppose que non. Attends, je jette un œil au manuel... Hum... Oui, c'est possible. Il faut que je bouge un paramètre de jeu...

– Brrr...

– Quoi ?

– Non, ça picote bizarrement.

– Hein ? Bon, peu importe. Je crois que j'ai activé une sorte de mode triche. Une sauvegarde automatique. Dorénavant, si tu meurs, tu peux reprendre un peu plus tôt.

– C'est pas de la triche si c'est une sauv...

– Trêve de blabla, on y retourne !

Jim peut désormais reprendre au 7 à la plage horaire de son choix précédant sa mort au lieu d'aller au 13. Notez que si vous en faites le décompte, cela compte toujours pour une mort ! Pour cette fois, retournez tout de même au 13 !

60

L'agent du guichet d'accueil s'appelle Wendy, si j'en crois son badge. De quoi devrais-je lui parler ?

Allez au 52.

C'est parti pour le 35.

Direction le 29.

Ou au 7 pour 12 heures si vous vous rendez compte que Jim n'a rien à lui dire.

61

Quand mes facultés me reviennent, je suis déjà sagement assis à l'arrière d'une voiture de police qui me conduit au central. Ayant fait de l'adage Vogon « Toute résistance est inutile » l'une des maximes cardinales de mon existence face aux forces de l'ordre, je m'abstiens de toute protestation et c'est ainsi que je me retrouve un peu plus tard enfermé dans un bureau sans fenêtre, à attendre que l'on veuille m'interroger sur les raisons de mon intrusion.

Raisons que je questionne encore moi-même à l'instant.

Allez au 236.

62

La fuite face au danger, protectrice de l'espèce depuis des centaines de milliers d'années.

Laissant toute contenance, toute fierté et tout désir de plaire derrière moi, je tourne les talons, m'élance et dévoile au monde mes capacités au sprint.

Capacités limitées, certes. Mais j'imagine que la réaction du colosse infirmier doit être encore plus lente, lui dont le cerveau doit coordonner une masse bien plus imposante (et plus lourde) que la mienne.

Je profite donc des quelques instants grappillés grâce à mon gabarit relativement plus chétif pour prendre quelques mètres d'avance sur mon poursuivant. Arrivé ainsi au couloir par lequel je suis entré, je vois que mes choix sont limités : aller à l'étage, tenter de disparaître dans les sous-sols ou tout bonnement repartir par là où je suis rentré.

L'étage est au 67, les sous-sols au 64 et la porte d'entrée au 71.

63

Mais qu'est-ce que je fais là ? Je suis beaucoup trop en avance ! Bon, allez zou, je vais voir ailleurs si j'y suis.

Vous pouvez aller chez la mère de Jim, au 40, chercher les meilleurs falafels de Denton, au 66, ou retourner au 7 pour 10 heures.

64

L'escalier débouche sur un couloir vaguement éclairé par de rares néons. Je suis dans une aile de service : stockage, chaufferie… L'atmosphère est un peu moite.

Je teste quelques portes, mais elles sont bien fermées à clé. Après plusieurs essais infructueux, j'en découvre néanmoins une ouverte et tombe sur la laverie, ce qui explique au passage la moiteur des lieux. Sur les étagères, des portants et dans de vastes sacs de toile, des quantités énormes de linge blanc, quelques effets personnels et de gigantesques machines à laver.

Mais j'entends quelqu'un arriver ! Vite ! il me faut une cachette. Est-ce que je tente de me dissimuler derrière un portant ? Ou, mieux, l'une des machines est assez large pour que je m'y dissimule. Il faut que je me dépêche : les pas se rapprochent !

Se cacher derrière le portant mène au 41 et la machine à laver au 37.

65

Et si le type était déjà là ? Je vais rapidement fureter du côté de la réserve. La fenêtre a l'air bien fermée. Il n'y a personne encore. Je ne vais quand même pas passer quatre heures ici à attendre. Je reviendrai plus tard.

Allez au 7 et choisissez une destination à 12 heures.

66

Le Smoky Hot est bien garé sur la petite place à deux pas de chez mon psy. C'est probablement l'une des meilleures cuisines de rue de Denton, mais, à 10 heures, Najib n'a pas encore ouvert son camion. C'est encore un peu tôt pour un *royal falafel*.

Rendez-vous au 7 pour 10 heures. Si vous n'y êtes pas déjà allé, vous pouvez aussi vous rendre chez la mère de Jim, au 40, ou au cabinet du Dr Schaefer, au 63.

67

Je cours dans les escaliers, sollicitant mes muscles d'une manière ordinairement inadmissible pour eux, et cette fois-ci permise par l'adrénaline. Ils s'en plaindront sans doute un peu plus tard avec vigueur.

Parvenu à un couloir desservant ce qui ressemble à des chambres, il me faut quelques instants pour jauger la situation : je ne sais pas où aller. Derrière moi, les pas lourds de mon poursuivant qui grimpe les marches quatre à quatre ne me laissent guère le temps de tergiverser. Je m'élance et file dans la galerie, esquivant au passage les quelques personnes qui s'y trouvent et me regardent d'un air étonné, cherchant des yeux l'angle d'un couloir où je pourrais disparaître.

Là ! une porte ouverte. Je m'y engouffre et…

Bam, drelin, boum ! Ça, c'est le bruit de mes pieds se prenant dans le seau de l'agent de ménage.

Swif, aaaaahhhh, chlink ! Et ça, moi qui glisse sur le sol, agrippant ce que je peux au passage pour garder l'équilibre.

Bling ! Clash, dreling ! dreling ! La fenêtre qui explose pendant que je passe au travers.

Crac ! Mes cervicales quand ma tête et mon épaule frappent le sol dans un angle très créatif, mais aussi très incompatible avec la survie.

Jim est mort... Allez au 13.

68

Ce n'est plus l'heure de pointe et Central Station est déjà plus tranquille. Je m'éloigne de l'arrêt du tram pour me rapprocher des rues du centre-ville, longeant les rues bordées de petites maisons de brique rouge en enfilade.

De là, il est possible de rejoindre le central de police, au 72 ; Concordia Square, au 24 ; la bibliothèque publique, au 20, ou le pub The End of the World, au 28.

69

– Arrêtez de me raconter des salades et suivez-moi.

Il aura suffi de cette phrase pour mettre fin à ma tentative d'explication et que je me retrouve dans un bureau du service de psychiatrie de Denton, assis bien sagement sur une chaise, les yeux dans les yeux avec le fameux colosse, à attendre que la police vienne me chercher.

– Je voulais juste savoir si...

– Taisez-vous.

– D'accord...

Quelques dizaines de minutes plus tard, je suis remis aux forces de l'ordre municipales, puis, encore un peu plus tard, enfermé seul dans une salle sans fenêtre du central de police, attendant ou plutôt redoutant que l'on veuille bien venir s'occuper de moi.

Allez au 236.

70

Grey Hills. Un autre quartier résidentiel, plus densément peuplé que Copper Heights. Je connais cet endroit surtout pour avoir fréquenté l'observatoire dans ma jeunesse et aussi le cimetière, un peu plus tard, hélas.

L'observatoire est dans la direction du 73 et le cimetière, du 58.

71

Qu'est-ce me prend, hein ? Vouloir entrer dans un hôpital psychiatrique ? C'est plutôt l'inverse qu'il faudrait désirer. Allez hop, je décampe !

Rendez-vous au 7 pour 12 heures.

72

Le bâtiment, pompeux ensemble de brique rouge décoré de modénatures blanches, est tellement typique de ce que l'on attendrait d'un commissariat de police qu'il a dû servir de modèle à Lego pour sa série « Creator ». Il n'y a pas grand-chose d'autre à en dire. J'assiste aux allées et venues des voitures ornées de carrés bleus et jaune fluo et des agents vêtus de leur fier gilet jaune.

J'entre après quelques instants d'hésitation. Passé le portique de sécurité, je me retrouve dans une large salle d'attente. J'ai déjà eu l'occasion de venir ici, la plupart du temps à la suite d'accidents de la circulation que j'avais – hum – quelque peu provoqués (je conduis très mal – d'aucuns diraient même que je détruis chaque véhicule dont je prends les commandes, ce qui est quasiment vrai).

Le central ronronne doucement. Plusieurs citoyens de Denton attendent placidement leur tour pour venir exposer leur problème au guichet. Quelques agents circulent, visiblement peu pressés, entre l'extérieur, la salle d'attente et les bureaux, séparés du reste par des cloisons semi-vitrées.

Une nouvelle journée trépidante au cœur de la lutte contre le crime !

Si Jim attend son tour pour accéder au guichet, allez au 60. À défaut, le temps passe. Rendez-vous au 7 pour 12 heures.

73

L'observatoire de Grey Hills m'a toujours fasciné. C'est tout ce qui reste de Grey Manor, la résidence estivale du comte de Dent, vers le milieu XIXe siècle. Passionné par l'astronomie, il a dépensé des sommes folles pour être l'un des premiers à posséder un télescope à lunette équatoriale dont le diamètre dépassait les 30 centimètres, et à faire construire une coupole pour l'abriter.

Cette folie, avec tant d'autres, provoqua cependant la ruine de la famille Dent, qui se termina par le démantèlement du manoir, la dispersion de ses biens et l'aliénation du domaine, englouti par la croissance dévorante du Denton industriel de cette époque. L'observatoire survécut cependant, racheté à vil prix par un autre lord passionné tout autant et ravi d'acquérir un instrument aussi moderne.

Aujourd'hui, le bâtiment de style néorenaissance abrite toujours une fondation consacrée à la recherche en astronomie, même si le télescope en lui-même n'a plus beaucoup d'intérêt. Mais il dispense toujours des conférences de vulgarisation sur l'astronomie et l'astrophysique, abrite une fois par an un Salon des astronomes amateurs et organise des expositions. Il y a même encore quelques chercheurs qui travaillent ici, il me semble.

Petit, c'était de loin ma sortie préférée, avec ma mère ou mes grands-parents, et j'ai continué à fréquenter ce lieu plus tard, parfois accompagné de Suzy, Walter, Matthews et Molly. Mais bon… J'avoue que depuis quelques années, ma soif de connaissance sur ce sujet est davantage assouvie par YouTube que *via* les cycles de conférences de l'observatoire.

L'entrée donne directement sur la rue, seulement séparée, le long de la façade, par une petite clôture métallique et une rangée de buissons bas, à la mode des quartiers huppés de Londres. Après être monté sur les marches du perron, je consulte le programme des expositions. Matière noire, télescope James-Webb, exoplanètes… J'ai l'impression d'être déjà bien au courant de tout cela.

Avec une pointe de nostalgie, je rebrousse chemin.

Allez au 7 pour 12 heures. Si vous connaissez le sens de* CODE, *vous pouvez-vous rendre au 33.

12 HEURES

74

Je ne peux pas rester indifférent à la mention de Slumber Vale, la station météo où, selon le message laissé par les résistants venus du futur, je dois retrouver le Pr Matiz.

Le *Denton Observer* a parlé d'une petite fille disparue. C'est la seule info que je veux retenir de ce repas. Cette histoire de vente me hérisse au point de vouloir l'oublier.

Notez dans les INDICES qu'il y a des articles intéressants dans le Denton Observer puis allez au 7 pour 14 heures.

75

À cette heure de la journée, la foire commence à s'animer. Quelques machines sont déjà en route et les attractions les moins spectaculaires sont toutes ouvertes : tir au pigeon, autos tamponneuses, pêche aux canards, épreuves de force et j'en passe.

Mon attention est surtout attirée par l'offre de restauration de plusieurs stands. Rien que du traditionnel ici et je finis par m'accommoder d'une échoppe proposant d'énormes hot-dogs.

Tant qu'à faire.

Nanti de mon imposant sandwich, je cherche mon chemin parmi les rares visiteurs pour trouver un endroit tranquille où me poser, pour finalement trouver une table en bois dans un espace aménagé en bordure de la Slee.

Bien que doué d'un féroce appétit, je dois admettre que ce hot-dog m'en bouche un coin ; je vais avoir du mal à le finir. Ma concentration est alors distraite par un petit jappement.

C'est ainsi que je rencontre le plus mignon chien qui soit.

L'animal se tient à proximité, près d'un muret de brique, et ne quitte pas des yeux mon sandwich. Je jette un œil aux alentours : personne. Sa fourrure blanche est très tachée. À qui appartiens-tu, petite boule de poils ?

L'approche par la nourriture étant toujours la meilleure option avec un chien, je prends un reste de saucisse, le débarrasse des traces de moutarde et de ketchup et le jette devant lui.

12 heures

Le chien fait un bond en arrière puis revient renifler le bout de viande et le gober d'un seul coup de langue. Avant de me regarder à nouveau fixement.

Nouveau morceau, un peu plus près et même manège. Néanmoins, l'animal m'observe avant de se décider à s'avancer, puis retourne plus loin.

Au troisième essai, je garde le bout en main et l'invite à venir à ma rencontre. Le chien jappe, frustré, mais la tentation est la plus forte. Il s'approche et je m'apprête à le saisir par le collier au moment où il se met à ma portée.

Hélas, il est si vif qu'il m'échappe. J'ai à peine eu le temps de toucher la médaille qu'il porte au cou et qui représente un croissant de lune que la petite bête avale le bout de saucisse et s'enfuit. J'ai pu voir que le croissant portait une inscription, que je n'ai pas eu le temps de déchiffrer.

Cette fois la confiance est rompue et le chien ne veut plus m'approcher. Je frémis à l'idée de l'abandonner alors que sa médaille doit mentionner son nom ou son adresse. Il porte sûrement une puce d'identification par ailleurs.

Bref, je m'approche. Et le chien détale. Je suis partagé entre l'envie de le rattraper ou de faire confiance à la chance pour qu'il retrouve son propriétaire.

Si Jim poursuit le chien, allez au 79. Sinon, retour au 7 pour 14 heures. Notez dans tous les cas qu'il y a petit chien perdu à la fête foraine aux INDICES.

76

Wornwood est calme et morne, comme d'habitude.

De là, Jim peut aller chez sa mère au 83, chez son psy au 108 ou, mieux, aller manger les falafels du Smoky Hot au 115.

77

La station la plus taguée de Denton. À peu près tout ce que la ville compte d'artistes, mais surtout d'ados avides de transgression ou en mal de reconnaissance (j'en ai fait partie), a un jour ou l'autre apporté sa contribution à l'impressionnante collection de signatures – les plus répandues – ou de fresques. L'éternel combat entre les grapheurs et la municipalité semble avoir été interrompu ici par une trêve tacite : nous vous laissons East Station, vous ne touchez pas aux autres.

Chaque fois, je m'amuse à identifier les nouveautés. Sous l'une d'elles se cache peut-être encore ma modeste contribution, fruit d'une soirée trop arrosée, d'un défi stupide et d'une conception surannée de l'honneur masculin, à ce palimpseste de formes et de couleurs.

Rien à signaler aujourd'hui cependant.

Mon téléphone vibre dans ma poche. C'est mon pote Walter qui m'appelle.

Si Jim répond, allez au 100. Sinon, il peut se rendre à Oldies but Goldies, au 92 ; aller manger aux Délices de Wuhan, au 161. Suzy habite dans le coin et errer près de chez elle se fait au 82.

78

J'ai marqué un temps d'arrêt.

– Ah mais non, j'ai mon rendez-vous à 14 heures.

– Ton rendez-vous ?

– Oui, mon psy. Ça tombe aujourd'hui.

– Ah mince. Ben, écoute, moi j'y vais. Si tu peux me retrouver après, tu me feras signe.

– Ça marche, on fait comme ça !

– À tout' alors !

Et il a raccroché.

Walter passe à 14 heures à Oldies but Goldies, ce que vous pouvez noter dans les INDICES, à la fin du livre.

Puis reprenez la lecture au paragraphe où vous vous étiez arrêté.

79

Ce chien est bien plus malin que moi. En quelques bonds, il rejoint les stands et disparaît. Je n'ai plus qu'à essayer de ne pas penser à ce pauvre petit chien perdu.

Rendez-vous au 7 pour 14 heures.

80

Le tram me dépose au bas des pentes de Copper Heights.

Retour à la maison au 90, balade dans le quartier au 81, un tour à l'épicerie au 91 ou au Lavomatic au 95.

81

J'ai faim et je ne vais pas traîner dans les rues en attendant que cela passe. Pas d'autre choix que de retourner chez moi – mais je ne me souviens pas bien s'il me reste des trucs à manger – ou filer directement au Penjabi's pour y acheter un truc.

La maison est au 90 et l'épicerie au 91.

82

Non ! je me suis promis de ne pas traîner dans le quartier de mon ex ! Je ferais mieux de me trouver à manger plutôt que de risquer une rechute de déprime. Les Délices de Wuhan, voilà ce qu'il me faut.

C'est au 161.

83

Dwayne a fait quelques difficultés quand ma mère a suggéré que je reste déjeuner « puisque tu es là et que comme ça, tu pourras aller chez le Dr Schaefer tout de suite après ». Se retrouver à midi chez une mère ne peut pas aboutir à autre chose qu'une invitation à déjeuner : c'est une loi de l'univers.

Vous pouvez aller au 97 ou continuer.

Tout se déroulait comme on peut s'y attendre dans le silence gêné d'un repas de famille où chacun se garde bien de dire quelque chose qui aurait la moindre importance, bien que Dwayne ait, comme à l'accoutumée, moins d'inhibitions que moi et ma mère et se trouve à la peine pour dissimuler sa mauvaise humeur.

Et puis soudain, la conversation, si l'on peut dire, prend un tour inattendu, entre deux bouchées de *roast-beef*.

– Quand même, le prix de la viande aujourd'hui..., a commencé Dwayne. On s'est bien fait avoir quand même, avec ces histoires. On n'a pas voté le Brexit pour ça !

Je me retiens de commenter. D'abord sur le fait que, à ma connaissance, ma mère n'a pas voté pour. Du reste, je ne vois pas vraiment le rapport entre ceci et cela.

– Tu exagères, Dwayne ! Ça a toujours été cher, tu sais.

– Ce n'est pas facile en ce moment, a poursuivi mon beau-père, en regardant son assiette. Avec le prix de l'essence, les taxes... et puis, il y a les médicaments pour ta mère.

Je sens qu'on se rapproche de quelque chose d'intéressant. Et cette fois, Dwayne me regarde. C'est d'ailleurs assez curieux que Dwayne parle ainsi des traitements de ma mère, lui qui n'a de cesse de minimiser ses migraines et de prétendre que sa maladie est en grande partie imaginaire.

– Tout le monde n'a pas la chance d'avoir tout qui lui tombe tout cuit dans le bec. Aujourd'hui, en ne faisant presque rien, en grattant du papier, on peut se retrouver avec une maison et vivre pépère sans se soucier du lendemain. Nous, on a dû trimer !

Petite pique très *boomer* à destination des *millenials*. Ou juste pour moi en fait. On est en terrain connu.

– Les finances ne sont pas si mauvaises que cela, si ? hasarde ma mère, qui ignore tout de ces questions, ayant depuis longtemps laissé Dwayne s'occuper de ce qui tourne autour du train de vie du foyer.

– Franchement, à ce rythme, je ne sais pas si on va pouvoir tenir encore longtemps, lui répond-il. À un moment donné, il va falloir agir. Prendre des décisions. Faire des sacrifices.

Il me regarde à nouveau. Ça n'annonce rien de bon.

– Si on pouvait vendre la maison de Copper Heights, ça nous aiderait bien, ta mère et moi.

Argh ! Nous y voilà ! J'ai d'emblée un large doute sur le *nous* sans pouvoir préciser davantage mon intuition. Il y a belle lurette que Dwayne lorgne sur la maison de mes grands-parents, comme s'il ne pouvait pas supporter l'idée de ce magot qui reste là, à briller au soleil plutôt que de dormir dans ses coffres.

– Ben… vous voulez que je revienne vivre ici alors ?

– Jim, tu es assez grand pour voler de tes propres ailes. Il n'est jamais trop tard pour te prendre en main et accepter d'exercer des responsabilités ! Tu peux bien trouver seul un endroit où t'installer !

La discussion commence à me chauffer. Je sens monter en moi des fureurs adolescentes que je n'ai pas beaucoup exprimées à l'époque et qui ne demandent pas mieux qu'une séance de rattrapage.

– Tu veux juste me mettre à la rue, en fait ?

– Et pourquoi pas, si c'est ce qu'il faut pour que tu te bouges ?

– Oh, non, vous n'allez pas encore vous fâcher..., lâche ma mère doucement. S'il vous plaît...

– Il me semble que cette maison m'a été léguée à ma mère et à moi et que tu n'as aucun droit dessus.

– Et qui en profite à part toi ? C'est ta mère qui en a besoin ! Quel égoïste tu fais !

Je suis sur le point d'exploser de rage, mais ma mère prend les devants en tapant du plat de la main sur la table.

– Oh mais arrêtez, ARRÊTEZ ! lance-t-elle avant de cacher son visage accablé dans ses mains.

Retour au silence gêné...

– Vous savez bien que vos disputes, ça me fait des migraines encore pires que d'habitude... Je n'en peux plus...

– Tu vois l'état dans lequel tu mets ta mère ? dit Dwayne, qui, semble-t-il, n'a plus honte de rien.

– Dwayne, s'il te plaît, répond-elle... J'ai mal au crâne comme jamais. Ça n'arrête pas ces derniers jours. À cause des ondes. Je ne sais pas ce qu'ils font à la base en ce moment, mais je souffre le martyre.

Il faudrait que je parvienne à prendre en photo l'air consterné de mon beau-père quand ma mère évoque l'origine de ses douleurs ; quelque chose entre le mépris, la stupeur et l'abattement. Du plus loin que je me rappelle, ma mère a toujours attribué ses migraines à je ne sais quelle influence néfaste de la base de Slumber Vale, juste à côté de Denton, ce qui n'a pas beaucoup aidé Dwayne à donner du crédit à la réalité des souffrances de ma mère, qu'il relie plutôt à une sorte de paresse ou d'indolence. Probablement congénitale dans son esprit vu le peu d'estime qu'il me témoigne.

– Encore ces histoires ! Tu sais bien que c'est une station météorologique, rien de plus !

– C'est ce qu'on veut bien en raconter ! Il y a toujours eu des rumeurs autour de Slumber Vale. On n'a jamais su le fin mot de l'histoire. Mais moi, je sais, avec leurs ondes, le mal qu'ils font.

– La seule chose que tu dois craindre de ceux qui travaillent là-bas, ce sont toutes ces foutaises qu'on nous raconte sur le changement climatique. Tiens, hier encore, à 6 heures, il faisait 3 degrés. Trois degrés ! En cette saison ! Qu'on ne vienne pas me parler de réchauffement !

– Ça n'a jamais été une station météo ! Tu te rappelles cette petite qu'on avait retrouvée dans les bois près de la base ? Il y avait même eu un numéro spécial du *Denton Observer*.

– Mais ça remonte à au moins vingt ans, cette affaire ! Ce n'était rien de plus qu'une fillette un peu dérangée perdue dans la forêt par des parents qui ne savent pas comment élever une gosse !

– Les autres journaux n'en ont pas parlé. Ils ont étouffé l'affaire ! Si ça, ce n'est pas une preuve…

Dwayne soupire avant de reporter son attention sur ses flageolets qu'il pousse du bout de la fourchette en grommelant. Il sait tout comme moi qu'à ce stade toute discussion est inutile. Tout ce qui a pu être dit et contredit sur les ondes 4G, 5G, le wifi, les champs électromagnétiques, les fours à micro-ondes, les lignes à haute tension et j'en passe, a déjà été longuement discuté autour de cette table et ma mère a toujours fini par conclure qu'il s'agissait de quelque chose de dangereux et qui était responsable de ses migraines.

Je regarde en coin ma mère, qui m'adresse en retour un petit clin d'œil. Est-ce qu'elle aurait délibérément évoqué sa sensibilité aux ondes pour changer le sujet de la conversation ? Toujours est-il que le repas se termine ensuite dans le calme habituel.

Allez au 74. Sinon, continuez.

Mais cette histoire de vente me reste sur l'estomac. Hors de question de me laisser faire !

Il est temps de fuir cette maison, en allant au 7 pour 14 heures.

Vous pouvez noter où vous êtes et aller au 373.

84

Hey, puisque je sais qui va gagner, pourquoi ne pas en profiter pour se faire un peu d'argent facilement ?

My Lovely Horse a une cote catastrophique et le bookmaker est très étonné et très amusé de me voir débourser autant d'argent pour parier sur ce canasson. Son attitude est nettement plus maussade quand, quelques dizaines de minutes plus tard, c'est à son tour de devoir allonger la monnaie.

Eh, eh, ça fait un sacré paquet. Les deux ados qui squattent les lieux en restent bouche bée tandis que, fier comme un coq, je quitte l'établissement avec une bonne liasse de livres en poche.

Que vais-je faire de cet argent ? Ce ne sont pas les occasions de dépenser qui manquent dans le coin et il me faut en profiter rapidement car d'ici ce soir, si j'en crois mon dictaphone… mais bref.

J'erre un peu dans les rues de Downtown et c'est seulement au moment où je passe par une ruelle discrète que je me rends compte que je suis suivi. Précisément quand deux énergumènes nettement plus baraqués que moi me rattrapent et me plaquent contre un mur.

– File-nous ton fric si tu ne veux pas d'ennuis !

L'un des deux malfrats manipule un couteau à cran d'arrêt peu engageant, tandis que l'autre me serre la gorge avec son avant-bras. Je me demande par quel malencontreux hasard je me retrouve dans cette situation inconfortable alors que je viens tout juste de faire de gros gains. Je pense fugitivement aux deux ados faisant le pied de grue dans le *bookmaker store*. Se pourrait-il que…

– Ton fric, on te dit !

– Euh… oui, oui… dans ma poche là…

De sa main libre, celui qui me tient en respect entreprend une fouille en règle. Mes réserves de sang-froid diminuent à toute vitesse et je sens que je peux défaillir d'un instant à l'autre.

La suite se passe comme au ralenti… Une fois l'argent trouvé, celui qui me retient lance un « On se tire », relâchant sa prise pour s'éloigner tandis que son comparse continue de me menacer. À mon grand étonnement, je me vois m'élancer vers lui pour le retenir en criant « Attendez ! », comme si mes réflexes avaient décidé qu'une liasse de billets était plus importante que survivre.

Mais ce dernier se dérobe et je me retrouve à saisir le bras de l'autre homme, qui a un geste de recul et… argh ! je me fige !

Le couteau est planté dans mon ventre, à peu près au niveau du foie. Les deux individus, qui ne s'attendaient pas à ce que leur petit larcin ait une aussi funeste conséquence, s'enfuient sans demander leur reste, me laissant seul m'affaler sur le trottoir. Le sang s'échappe en gros bouillons tièdes. Je n'arrive pas à crier. Il n'y a personne. Ça ne fait pas vraiment mal, mais je sens mes forces qui me quittent, me quittent, me…

Et c'est le noir. Rendez-vous au 13.

85

– Tu sais quoi, Walter ? Ça fait trop longtemps qu'on n'a pas traîné ensemble. On n'a qu'à se retrouver vers Downtown pour manger un truc. On trouvera bien quelque chose à faire en attendant que le magasin ouvre et puis on ira essayer la cartouche à The End of the World. Ensuite, on prendra quelques pintes et, puis, un peu ivres, on ira chanter des airs malséants sous les fenêtres de mes voisins. T'en dis quoi ?

– Ah mais Jim, je décolle tout de suite !

– Super ! On se retrouve à Slee Station ?

Et c'est ainsi que Walter et moi avons commencé notre périple : après avoir mangé rapidement la pire *junk food* de tout Downtown sur les quais de la Slee, nous avons rejoint la librairie du centre-ville, à nos yeux la plus fréquentable pour son rayon BD, fantasy et SF, bien évidemment ; nous sommes allés ensuite à la boutique Games Workshop rêver à des armées hors de prix que nous n'aurions jamais la patience de peindre.

Puis nous sommes remontés sans nous presser vers Eastern en direction d'Oldies but Goldies pour découvrir que le magasin était malheureusement fermé pour inventaire.

– Qu'à cela ne tienne ! ai-je ajouté, on va quand même à *The End* !

J'ai cependant remarqué à sa mine déconfite que Walter avait peut-être d'autres attentes que la simple réception de la cartouche de jeu.

Sans nous attarder sur ce mystère, nous sommes allés mollement vers le pub qui, dans la journée, fait office de salle d'arcade avec des bornes rétro et d'anciennes consoles. Nous avons enchaîné les parties, mais je sentais bien que la motivation de mon pote était en berne.

Je lui ai donc proposé de sortir et d'aller se mater un film chez moi, mais cela n'a semblé que l'enfoncer encore davantage dans la morosité. Par conséquent, nous avons erré jusqu'à l'entrée de Bleston Park et c'est ainsi que nous nous sommes retrouvés sur un banc offrant un magnifique point de vue sur le cours paresseux de la Slee et la grisaille de Denton.

– T'es obligé de commenter tout ce qu'on fait dans ton dictaphone ?

– C'est… c'est pour mon livre… un truc expérimental… je t'expliquerai.

Sur le moment, je sens bien que Walter veut me parler de quelque chose, sans oser passer à l'acte. Après quelques tentatives peu efficaces pour trouver des sujets de conversation et un blanc qui m'a semblé durer des heures, Walter se lance soudain dans les aveux.

– Elle ne me voit pas, tu sais.

– Qui donc ?

– Molly. Elle ne me voit pas.

– Qu'est-ce que tu veux dire ?

– J'essaie de lui montrer que j'ai des attentions pour elle. Je suis toujours là quand elle a besoin de quelqu'un. En même temps, ajoute-t-il, sans doute un peu gêné par cette soudaine transparence sur les affres de son cœur, je ne demande rien de mon côté. Je trouverais ça… lourdaud.

– Je, euh… je ne suis pas sûr de te suivre.

– Elle me fait craquer, tu comprends ? Elle me fascine. Elle a ce petit truc spécial. Une bizarrerie qui ferait peut-être passer pour dingue toute autre personne mais qui, chez elle, est d'un charme ingénu et désarmant. Elle me rend littéralement fou, mais d'elle !

Il se tait un instant. Je ne sais quoi répondre.

– Un jour elle m'a dit que quand elle avait des problèmes, elle les mettait dans une boîte qu'elle enterrait mentalement. Que quand elle voulait hurler sur quelque chose ou quelqu'un, elle criait dans un bocal qu'elle refermait ensuite, en laissant ainsi son cri captif quelque temps pour qu'il se calme, avant de rouvrir le couvercle pour le libérer.

Ça ! Je l'ai fait aussi ! J'en ai rempli des bocaux ! Mes placards débordent de pots dans lesquels j'ai crié mon désarroi en attendant qu'elle me remarque, que moi aussi je sorte du paysage pour elle. J'aimerais savoir ce qu'elle pense de moi, tu comprends ? Mais elle a toujours cette nonchalance, ce décalage, cet air de léger dédain, une forme de grâce. Et qui fait aussi qu'on ne sait jamais ce qu'elle pense !

– Mais… tu le lui as dit, tout ça ? Tu as essayé de lui en parler ?

Walter, le regard perdu dans le lointain, se frotte les mains sur les genoux, comme un écolier embarrassé par une question à laquelle il ne sait pas répondre. Il se lance finalement :

– J'ai laissé plein d'indices. Elle ne les voit pas !

– Tu as un exemple ?

– J'ai… euh… tu connais ces histoires de code où on ne prend que les premières lettres des mots. Ben… j'ai fait ça avec les DVD que j'ai empruntés chez Oldies but Goldies. Il y a un message caché avec ceux que j'ai ou pas rendus.

Je suis resté bouche ouverte à le regarder un temps interminable. C'est tout Walter, ça. D'une timidité telle que ses déclarations sont naturellement cryptiques.

– Et, ajoute-t-il, comme elle n'a pas réagi… Je ne sais pas si c'est parce qu'elle s'en fout, si elle trouve ça nul, ou si elle l'ignore parce qu'elle ne ressent rien pour moi. C'est aussi pour ça que je voulais la voir aujourd'hui. Je me suis dit que j'aurais peut-être décelé dans son attitude un indice de ce qu'elle en pense.

– Euh… Peut-être n'a-t-elle tout simplement pas compris qu'il y avait un message ?

Silence.

– Tu crois ?

Le regard de Walter se perd encore dans le lointain… et se tourne brusquement vers moi.

– Tu as remarqué tous ces drones ?

Effectivement, plusieurs points noirs semblent patrouiller dans le ciel. L'un d'eux s'approche d'ailleurs de nous. C'est sans conteste un drone mais d'une forme inhabituelle et d'une singulière rapidité. Il me semblait pourtant que le survol de Denton était interdit pour ce type d'appareil.

Le drone est maintenant assez près. Il est entièrement fait de métal sombre, à l'exception d'une lueur rougeâtre sur le devant. Il semble s'intéresser à Walter et… soudain, un flash !

FFRRRRRIIIIICCCCGGGTTTTCHHHHHHHHHHH !

Ah ! Je suis aveuglé ! Après quelques secondes interminables de blanc total, les formes et les contours réapparaissent peu à peu, dans une sorte de brouillard rougeâtre et poisseux, comme un mélange de cendre et de sang et…

De mon pote, il ne reste que les deux pieds. Tout le reste, et la moitié du banc, est parti en fumée.

Je reste pétrifié devant la chose qui pivote pour aligner son œil meurtrier vers moi. Je n'ai aucune chance de lui échapper s'il veut me faire subir le même sort.

Je dresse le poing, mettant l'un de mes doigts en évidence, en direction de l'insecte mécanique.

– Soyez maudits, qui que vous soyez ! Infâmes tueurs d'amis !

La lumière rouge devient plus vive et… *FFRRRRRIIIIICCCCGGGTTTTCHHHHHHHHHHH !*

L'enregistrement s'arrête ici. Rendez-vous au 13. Notez dans les INDICES à la fin du livre qu'il y a un message dans la liste de DVD ***et aussi qu'il y a des drones tueurs en ville*** ***.***

86

J'ai erré dans le quartier, l'âme en peine et surtout l'estomac dans les talons. Il n'y a vraiment rien à se mettre sous la dent par ici ? Qu'est-ce que je vais faire ?

Mais alors que je me décide à retourner à Cross Station pour chercher provende en des lieux plus favorables, je me rappelle qu'il y a dans l'enceinte du stade une buvette qui fait probablement des sandwichs.

Et en effet, c'est ouvert. L'établissement, un *take-away* bariolé, n'est pas très engageant et il n'y a que très peu de monde qui attend. Mais comme je n'ai pas d'autre option, je me décide à commander un taco et vais m'asseoir rapidement sur un banc.

Ah non, il y a une autre explication au nombre réduit de clients. Le pain est spongieux, la garniture pas très fraîche et la viande horriblement épicée. J'ai trop faim ; je le mange quand même. Au moins je saurai que ce n'est pas le meilleur endroit où passer pour le déjeuner.

Rassasié et un peu lourd, je quitte mon banc vers des horizons plus propices.

Notez que vous venez de manger un taco et rendez-vous au 7 pour 14 heures.

87

The End of The World doit être fermé ! Mieux vaut tenter Concordia Square pour trouver quelque chose à manger.

C'est au 122.

88

Et me voilà bientôt arpentant les carcasses des anciennes usines à la recherche de… je ne sais trop quoi. Les lieux conservent un charme certain pour les amateurs d'aventures urbaines. On y trouve çà et là quelques zones où se concentrent tags et vestiges de soirées clandestines éclairées au feu de bois sur un sol jonché de bris de verre.

Pas l'endroit le plus classe, donc.

Allez au 89.

Et sûrement pas celui où je vais me trouver à manger. Il faut que je bouge. Il y a sûrement un truc à la fête foraine.

Aller au 75.

89

Je scrute le ciel, mais rien ne vient. Il est sans doute encore trop tôt. Ce qui ne sera pas trop tôt, en revanche, c'est le moment où j'aurai mangé car la faim me tenaille. Je me dirige vers la fête foraine pour y trouver quelque chose à me mettre sous la dent.

Allez au 75.

90

Les grommellements en provenance de mon estomac sont sans ambiguïté.

Il doit bien y avoir encore quelque chose de comestible dans cette maison. Enfin, j'imagine… J'avais déjà eu un peu de mal à trouver de quoi petit-déjeuner – les reliefs de ce dernier repas traînent encore sur la table ; je suis un exemple peut-être un peu trop caricatural du détachement de l'artiste à l'égard des choses matérielles… Je n'ai rien rangé depuis des semaines et j'ai un tel retard sur les travaux ménagers que j'en suis désormais à laver ce dont j'ai immédiatement besoin.

Détachement ou pas, il est vrai que je me suis un peu laissé aller ces derniers temps… L'évier et les poubelles sont pleins, la table est encombrée de vaisselle, d'emballages, de papiers divers et de courriers jamais ouverts.

Allez ! Il est temps de s'y mettre une bonne fois pour toutes. Après tout, quand la maison est rangée, l'esprit est clair ! Ça ne peut que me faire du bien !

Ma soudaine résolution est cependant contrecarrée par la sonnerie de mon portable. C'est mon pote Walter. Mon alter ego pour ainsi dire. Je me demande bien ce qu'il me veut. Est-ce que je réponds ?

Si oui, notez où vous êtes et allez tout de suite au 100.

J'ai trop faim. J'aurais sans doute mieux fait de faire les courses au Penjabi's cette semaine.

En passant au peigne fin les placards de la cuisine je n'ai déniché qu'une boîte de haricots périmée depuis seulement deux semaines et un paquet de chips à peine entamé. Elles sont un peu molles…

Je dégage une casserole raisonnablement sale de l'évier, passe un rapide coup d'éponge et y verse le contenu de la boîte. J'ai des visions fugitives de camping en mode survie où on ferait chauffer directement la boîte sur un réchaud. On n'en est pas encore là. Toute dignité n'est pas encore perdue.

Le téléphone fixe sonne à son tour. Jamais tranquille ici. Cette fois, aucune chance que cela soit mon éditeur et cela doit donc être ma mère.

Décrochez au 110, ou ignorez l'appel et continuez.

Quelques instants plus tard, les haricots sont prêts. Je les mange sans plaisir et range un minimum la cuisine ensuite. J'ai rendez-vous chez le psy à 14 heures.

Notez ce que Jim a mangé à midi. Pour aller ensuite chez son psy, Jim prend le tram pour Wornwood au 189. Mais il peut aussi décider de rester ici au 210 ou se balader dans Denton. Dans ce dernier cas, allez au 7 pour 14 heures.

91

Le Penjabi's est ouvert et Randjani m'accueille avec le franc sourire réservé aux habitués qui lui disent spontanément bonjour en entrant dans l'épicerie.

Je dois néanmoins subir son regard désapprobateur lorsque j'apporte au comptoir une boîte de pâtes déjà préparées à faire réchauffer au micro-ondes.

Je bredouille quelque chose en rapport avec le fait que je n'ai pas trop le temps de me préparer à manger vu tout le travail que j'ai devant moi pour l'écriture de mon bouquin. Sans rien commenter, je comprends à ses yeux qu'elle n'en croit pas un mot.

Bref. En revenant, je m'aperçois que j'ai loupé un appel de Walter. Il me rappellera si c'est urgent.

Me revoilà un peu plus tard chez moi à mâchonner des pâtes molles et fades en me demandant pourquoi j'ai toujours le sentiment de devoir me justifier.

Notez que vous avez mangé une boîte de pâtes industrielles puis allez au 7 pour 14 heures.

92

Pas la peine d'essayer, c'est fermé pour le moment. J'ai le temps d'aller voir ailleurs sur la même plage horaire. Et j'ai faim. Il y a peut-être le chinois du quartier qui est encore ouvert.

Y aller au 161.

Et sinon, vous pouvez tenter le 96.

93

Le vaste terrain vague témoin des heures de gloire de l'industrie de Denton s'étend entre les voies de chemin de fer et le cours paresseux de la Slee.

Il est possible d'aller dans les friches en 88 ou à la fête foraine en 75.

94

Convoquant un message trouvé dans le *fortune cookie* d'une vie antérieure, je trouve mystérieusement des ressources pour arriver jusqu'au portail et le franchir. Cela fait déjà un moment que je suis passé ici pour la dernière fois et j'ai un peu de mal à trouver l'endroit.

À parcourir, les allées à leur recherche, je sens que cette quête qui m'occupe l'esprit empêche mes appréhensions de prendre le dessus. Mes pensées s'apaisent.

Et puis je les trouve, là, dormant sous le marbre avec pour seul signe de leur vitalité passée le sourire des photographies qui m'attendaient au détour d'un chemin de gravier.

Le cœur se fend d'être ici avec eux, pourtant à jamais hors de portée. J'en verse des larmes de joie et de tristesse mêlées. Je n'en dirai pas davantage.

Je reste là un bon moment avant de leur adresser de nouveaux adieux et de partir. En passant le portail, j'ai le sentiment qu'un autre se referme pour toujours sur mon enfance.

Allez au 7 pour 14 heures. Jim a oublié de déjeuner, mais il s'en moque.

95

À cette heure de la journée, seul Josh, le maître des lieux, est présent, occupé à fouiner dans les entrailles de l'une des machines, apparemment pour régler un problème de vidange. Il s'arrête néanmoins et me salue avant de me demander si j'ai besoin de quelque chose.

Si vous souhaitez poser une question à Josh, notez où vous êtes et allez au 500. Après la conversation, Jim a faim et va chercher à manger au Penjabi's au 91.

12 heures

96

Si j'en crois mon dictaphone, il y a un mec qui est censé sortir plus ou moins discrètement du magasin en début d'après-midi. Et comme le gars est probablement entré à un moment ou à un autre, j'ai peut-être une chance de le coincer avant.

Je suis donc allé faire un tour dans la supérette à côté pour prendre un soda et attraper le journal d'annonces locales. Malheureusement pour moi, l'insipide *Denton Observer* est un piètre compagnon pour passer le temps et l'ennui me gagne rapidement.

Allez directement au 107, sinon, continuez.

J'ai néanmoins fini par remarquer la voiture de police qui, après deux passages, s'arrête près de moi.

L'un des agents descend, s'approche et me salue d'un signe de tête.

– Bonjour, sir, dis-je obligeamment.

– Bonjour… Mon collègue et moi n'avons pas pu nous empêcher de remarquer que vous restez là à fixer les boutiques de l'autre côté de la rue depuis un bon bout de temps maintenant. Vous avez quelque chose à faire par ici ?

– Euh… mais non, euh… je traîne juste dans le coin.

Notre conversation est interrompue par le crachotement du talkie-walkie à la ceinture de l'aimable agent de police de Denton.

– Sam ? [crachotement] Sam ?

Le dénommé Sam attrape le combiné.

– Oui Wendy ?

– On signale du grabuge du côté du laboratoire de Slumber Vale. Vous devriez aller y faire un tour.

Sam s'éloigne et va parler à son collègue, puis revient vers moi.

– Allez ouste ! Allez donc traîner un peu plus loin.

Je m'éloigne en pestant. La voiture reste garée le temps pour les agents de me voir quitter les lieux. Mais je ne l'entends pas démarrer une fois que j'ai tourné au coin de la rue. Flûte. Impossible de surveiller le magasin pour le moment. Peut-être plus tard. Du coup, ça serait peut-être le bon moment pour aller choper un vrai truc à manger. Au chinois du coin ? Je me souviens qu'il est bon.

Direction le 161.

97

Si je dois revivre encore et encore cette journée, il est HORS DE QUESTION que je subisse à nouveau ce repas avec Dwayne. Allez zou ! Il y a sûrement un autre endroit où je pourrais me trouver à manger.

Rendez-vous au 7 pour 12 heures ou filez directement au 115 pour le Smoky Hot.

98

Je reconnais le passager sur le siège arrière ! C'est le Pr Lee !

Je crie à pleins poumons en agitant les bras, en vain. La voiture continue son chemin à vive allure. Ça n'a pas grand intérêt de rester ici si le professeur est déjà parti. Il faut que je passe plus tôt si je veux le voir.

Retournez au 7 pour 12 heures.

99

Le téléphone vibre dans ma poche à l'instant où je descends sur le quai de Cross Station. C'est Walter.

Répondez au 100 en notant où vous êtes ou continuez. Vous pouvez ensuite aller au Royal Hospital, au 106 ; ou au 86 pour le stade olympique.

100

– Hey Jim ! Comment ça va ? Alors, ce livre ?

– Toujours le mot pour rire, Walt' ! Ça va toi ?

– Ouais, à fond ! Je ne sais pas si tu te rappelles, mais j'ai commandé la vieille version de *Space Invaders*. J'ai reçu un e-mail comme quoi il était arrivé à Oldies but Goldies.

– Ah ouais ! Je ne m'en souvenais plus ! Génial !

– Ça te dirait de venir avec moi le récupérer ? Après on irait le tester chez moi.

Le jeu mythique ! Dans sa version originale ! Je sais bien que j'ai du boulot qui m'attend, mais je m'entends lui dire :

– Mais carrément !

Soit… pas du tout ce qu'il aurait fallu répondre. Mais qu'importe. Il y a des choses plus importantes dans la vie que de finir un livre. En l'occurrence de le commencer.

– Super, mec ! On se retrouve devant la boutique ? Je comptais y passer vers 14 heures. C'est bon pour toi ?

Jim peut répondre par l'affirmative au 105, voire inviter Walter à passer toute la journée ensemble au 85, ou se rappeler qu'il a autre chose à faire et décliner la proposition au 78.

101

La dame de l'accueil est formelle : il n'y a pas de Susan Layton au Royal Hospital. Mince. Comment vais-je me débrouiller pour la retrouver ? Impossible de le savoir sans avoir déjeuné.

Et sans aller au 86.

102

Ce n'est pas encore l'après-midi. La bibliothèque n'est pas ouverte. Elle le sera à 14 heures, comme l'indique l'écriteau sur les portes du grand hall. Donc, soit j'attends ici 14 heures, soit je vais ailleurs… mais il faudrait que je mange un truc, quoi qu'il en soit.

Direction le 122.

103

Je m'approche de l'entrée du plus grand cimetière de Denton en suivant le mur d'enceinte. L'éloignement de l'arrêt du tram, inexplicable, donne à toute tentative de rejoindre le cimetière des airs de pèlerinage.

Chaque pas me coûte, cependant. C'est là que sont enterrés mes grands-parents. Une profonde tristesse mêlée d'un fond d'angoisse latente me saisit. Pourtant, le Dr Schaefer prétend que cela me ferait le plus grand bien, que ce serait une étape essentielle pour aller mieux.

Vous pouvez aller au 94.

Les sanglots reviennent encore malgré le temps qui a passé.

12 heures

Quelle déprime ! Je dois fuir cet endroit. Je rebrousse chemin. Il faut de toute façon que je me trouve à manger et je sais où me rendre pour cela.

Allez au 113 à l'observatoire.

104

Les policiers contrôlés par les aliens sont probablement à la recherche du Pr Lee. Ils ne perdent pas de temps... Malheureusement pour moi, je n'ai aucun moyen de rejoindre les étages maintenant. Je me mêle aux autres visiteurs et me retrouve rapidement dans la rue. Deux voitures de police sont garées devant le perron et plusieurs agents sont visibles, tous présentant le même visage, intimidant et inexpressif.

Je quitte les lieux sans hésiter.

Rendez-vous au 7 pour 14 heures.

105

– Nickel !

– Alors c'est OK ! J'ai trop hâte de le récupérer et de botter des culs d'aliens ! À tout' !

Et il a raccroché. Walter passe à 14 heures à Oldies but Goldies.

Notez-le aux INDICES à la fin du livre après l'icône puis reprenez la lecture au paragraphe où vous avez répondu à l'appel.

106

Le hall du Royal Hospital est déjà bondé. Spontanément, j'ai envie d'aller faire un tour au jardin de l'hôpital.

Ce dernier se trouve au 118.

Vous pouvez prendre un rendez-vous au 111.

Et pour une visite, c'est au 101.

107

Il y a un numéro d'appel sur le journal. Je pourrais m'en servir pour tenter d'en savoir plus sur la jeune fille dont avait parlé ma mère et qui avait disparu dans les bois près de la base militaire ?

Ça sonne… un peu longtemps. Puis ça décroche !

– Allô ? C'est bien le numéro du journal le *Denton Observer* ?

– Oui ! Kim à votre écoute. Que puis-je pour vous ? Vous voulez publier une annonce ?

– Je euh… non… je…

– Nos tarifs sont tout à fait intéressants !

– Merci, mais… non. J'avais une question… euh… Est-ce possible de consulter vos archives ? Je cherche des informations sur une petite fille qui a disparu il y a une vingtaine d'années. … à Slumber Vale.

– Je suis désolée ; cela ne me dit rien du tout ! Si vous avez besoin de passer une annonce pour la retrouver en revanche, je peux vous proposer une formule peu onéreuse en première page.

– Hein ?

– Dans le journal !

– Ah, mais non. On l'a retrouvée, ce n'est pas la question. Je voulais simplement savoir ce qui a été publié l'époque sur elle dans le *Denton*.

– Ah mais monsieur, vous parlez là de l'ancien *Observer* ! Ça fait bien longtemps qu'on ne fait plus d'actualités – tu entends ça, Rosie ? Il y a un gars qui pense qu'on écrit toujours des articles – hi hi, depuis le temps.

– Allô ? allô ?

– Oui monsieur, je suis toujours au bout du fil. Vous voulez publier quelque chose ou quoi ?

– Les anciens numéros, où puis-je les trouver ?

– Mais vous en avez de bonnes, vous ! Je n'en sais rien, moi. Aux archives peut-être.

Ah ben oui tiens, aux archives. J'aurais pu y penser plus tôt. Je raccroche en me disant qu'il serait bon que j'aille faire un tour à la bibliothèque municipale si je veux en savoir un peu plus.

Retournez au 96 à partir du 3e paragraphe.

108

Ça, c'est ce qui s'appelle « être en avance »… Je devrais quand même aller manger un truc avant. Le Smoky Hot n'est pas loin.

Et plus précisément, au 115.

109

Après m'être procuré un billet, je rejoins la salle de conférences. La présentation commence vers 13 h 30 et j'attends un peu, car je suis en avance. Sur la scène, il n'y a qu'un pupitre équipé d'un micro devant un écran de projection.

Quand l'animatrice, une jeune femme brune en col roulé, apparaît sur l'estrade et vient se placer devant le pupitre, il n'y a qu'une petite vingtaine de participants, principalement des personnes âgées. La présentation commence sur quelques clichés déjà célèbres du télescope. Les sièges sont confortables et comme je n'ai pas de voisin immédiat, une douce léthargie s'empare assez vite de moi. Je dois lutter pour ne pas m'endormir tout à fait.

C'est la raison pour laquelle je ne remarque les policiers qu'une fois ceux-ci montés sur l'estrade et rejoignant l'animatrice. Après une brève conversation, celle-ci annonce que la conférence doit s'interrompre en raison d'un problème de sécurité. Un officier prend le micro et nous ordonne, d'un ton monocorde et froid qui traduit peut-être une profonde lassitude :

– VEUILLEZ ÉVACUER LE BÂTIMENT RAPIDEMENT.

Allez au 104.

Allez au 116.

Les rares spectateurs grommellent et obtempèrent. Nous rejoignons rapidement le hall, où d'autres policiers orientent tous les visiteurs vers la sortie. J'essaie d'interroger l'un d'eux sur les raisons de cette évacuation. Sans me répondre autrement que par un regard dénué d'émotion, il m'indique impérieusement la sortie.

J'obéis. Il y a désormais devant le bâtiment un petit attroupement de visiteurs, à la fois curieux d'apprendre ce qui se passe et avides d'être remboursés. Très vite, les policiers font mine de vouloir nous disperser. Je ne vois pas ce que je peux faire et je quitte les lieux.

Rendez-vous au 7 pour 14 heures.

110

C'est bien ma mère.

– Jim, comment ça va dans la grande maison ?

– Bien maman, et toi ? Qu'est-ce qui t'arrive ?

– Oh, tu sais… Je me demandais juste comment ça allait. Je prends des nouvelles !

– Eh ben tout baigne, je dirais.

– J'ai eu la mère de Walter au téléphone il n'y a pas longtemps.

La voix de ma mère prend un ton un peu moqueur.

– Je crois qu'elle m'a dit que c'était un peu le bazar dans la maison. Tu t'en sors, avec le linge, les courses… ?

– Mais… enfin ! maman ! Je peux me débrouiller tout seul !

J'entends en arrière-plan mon beau-père grommeler quelque chose à propos de mon incapacité à prendre des responsabilités.

– Je m'inquiète, continue ma mère d'un ton un peu plus grave. J'aimerais t'aider mais, avec mes migraines, tu sais.

– Maman, je te l'ai dit : tout va bien ! Les courses sont faites, le linge est propre, la maison est bien tenue !

Un petit mensonge ne coûte rien.

– Oui, oui, ça me rassure. Tu ne veux pas venir déjeuner dimanche à la maison ?

Nouveau grommellement de Dwayne.

– Oui, je viendrai. Maman, il faut que je te laisse car j'ai mes har… mon déjeuner sur le feu. On se dit à dimanche.

– D'accord. Je te laisse, mon grand. Bon déjeuner !

Retournez au 90 et reprenez la lecture là où vous vous étiez arrêté.

111

Après un bref échange à l'accueil, me voilà nanti d'un rendez-vous à 16 heures avec le Dr THE. Je vais pouvoir voir deux psys dans la même journée ! Youhou ! En attendant, j'ai faim !

Il y a de quoi manger au 86.

112

Downtown, le quartier le plus actif de la ville, est aussi celui qui concentre le plus d'échoppes de *street food*. Je sais déjà que je vais déjeuner dans le quartier.

Mon téléphone sonne. C'est Walter.

Si Jim répond, notez où vous êtes et allez au 100.

Il est ensuite possible de rejoindre Concordia Square au 122, le commissariat au 119, la bibliothèque au 102 et The End of the World au 87.

113

Je suis surpris par un coup de klaxon au moment où je m'apprête à traverser la rue pour rejoindre le bâtiment de l'observatoire. M'arrêtant net pour laisser le passage à une berline noire qui passe à une allure semble-t-il un cran au-delà de la limitation de vitesse en ville, j'ai à peine le temps d'apercevoir le conducteur et son passager.

✖ ***Allez au 98.***

Un peu étonné par le style de conduite inhabituel du VTC, je grimpe les marches du perron avant d'entrer dans le bâtiment. Le programme des conférences prévoit pour aujourd'hui une session consacrée à l'apport du télescope James-Webb sur l'étude des exoplanètes. Hum… pourquoi pas ?

En attendant, j'ai la dalle. En traversant le grand hall d'entrée, j'avise la billetterie, la minuscule boutique de souvenirs, un escalier desservant les étages et le couloir qui mène à la cafétéria.

Minuscule, cette dernière propose un nombre réduit de sandwichs à consommer sur place. Je m'en procure un et m'installe à une petite table devant la baie vitrée offrant une vue sur le jardin situé derrière l'observatoire, me rappelant les nombreuses fois où je suis venu ici avec ma mère ou mes grands-parents lorsque j'étais plus jeune.

Notez ce que Jim a mangé ce midi. S'il souhaite acheter un billet pour la conférence, allez au 109. Sinon, allez au 7 pour 14 heures.

CODE ***Vous pouvez aller au 114.***

114

J'aurais bien été au culot monter les escaliers dont l'accès n'est que mollement interdit par une corde tressée tendue entre deux bornes. Hélas, le hall est surveillé par un agent de sécurité. Si je n'ai pas d'hésitation à franchir une barrière en cachette, c'est une tout autre histoire quand il s'agit de défier un règlement en présence d'une personne chargée de le faire respecter.

Je me dirige donc vers le guichet d'accueil dans le grand hall pour y interroger le jeune homme qui tient la billetterie, lui indiquant que je cherche à joindre le Pr Lee. Il me répond que ce nom lui est inconnu et qu'il ne gère pas les affaires du centre de recherche, mais que le secrétariat de ce dernier peut être contacté par téléphone.

Muni du numéro, je m'éloigne et tente un appel. Personne ne décroche.

Hum… Néanmoins…

Je suis assez familier des liens, ayant de nombreuses fois visité le site. Je me rappelle que depuis les salles de conférences, il existe d'autres accès vers les étages du bâtiment, en particulier pour se rendre au dôme de l'observatoire. Si je prends un billet, j'aurai peut-être une chance d'accéder au centre de recherche en toute discrétion.

Rendez-vous au 121 si Jim prend un billet. S'il renonce, retournez au 7 pour 14 heures.

115

Ça y est, le Smoky Hot est ouvert. À moi les délicieux falafels ! Najib, le propriétaire, est déjà au boulot et quelques habitués se sont mis en file pour passer commande. Il faut que je me dépêche si je veux éviter trop d'attente.

Mais… Oh non, il y a Matthews ! Et dire que c'est moi qui lui ai fait découvrir cet endroit. Qu'est-ce qui m'a pris ce jour-là !

Il faut peut-être que je m'explique un peu. Matthews et moi, on était potes depuis longtemps. C'était un pilier de mon petit groupe d'amis, avec Molly, Walter et Suzy. Inséparables. Nous avions chacun nos petites lubies geeks et la sienne, c'était de traîner sur Internet en cherchant sur les forums et les services vidéo les idées et les théories les plus fumeuses et les plus absurdes. Ça a commencé avec le *Time Cube*, les produits chimiques répandus par les fumées d'avion, ou les anciens astronautes. On s'est bien marrés au début. Et c'est devenu une sorte de jeu, au point que Matthews au bout de quelques mois ne nous parlait plus que de *faits alternatifs* ou d'*histoire secrète*.

Avec le recul, nous aurions pu comprendre un peu plus tôt qu'il était passé de l'autre côté du miroir, que son obsession d'abord amusée cachait une sorte de fascination qui, peu à peu, a phagocyté et changé la nature de son esprit critique. Il faut dire qu'il y avait de quoi se taper de bonnes barres de rire au pub, en l'écoutant deviser sur les reptiliens, sur le fait que Meghan Markle est en fait un robot, que la Terre est plate, ou creuse, et j'en passe. Mais Matthews était devenu abrupt, cassant, reliant chaque fait divers à tel ou tel groupe d'intérêt derrière l'actualité, moquant notre naïveté. Nous l'avons vu de moins en moins souvent. Il semblait de plus en plus distant, englué dans ses conspirations. Jusqu'au clash.

C'est arrivé un soir où on s'était donné rendez-vous à Bleston Park avant d'aller au pub qui rouvrait tout juste. Je n'avais pas vraiment envie de venir car à ce moment-là la Covid avait déjà emporté mon grand-père et Nantie était en réa depuis deux semaines. Mais Molly avait insisté pour que tout le monde soit là – et en vérité je pensais que Suzy se joindrait aussi à la bande, j'avais finalement accepté.

Eh bien Suzy n'était pas là, mais Matthews, si. À la première occasion, et sans doute trop content de retrouver un public, il s'est embarqué dans une diatribe sur l'inexistence de la surmortalité avant d'enchaîner sur les moutons qui se faisaient vacciner ; je n'ai pas tenu très longtemps avant d'exploser.

Notez que je ne suis pas d'un naturel très agressif et pourtant…

Des noms d'oiseaux ont fusé, certains très exotiques. Puis mon poing dans sa tronche… Il s'est jeté sur moi et nous avons roulé à terre jusqu'à ce que le groupe nous sépare et éloigne Matthews. Molly est restée avec moi pour m'aider à me calmer.

J'avais dit des choses horribles, certaines assez vraies, d'autres exagérées. Matthews aussi. Des coups avaient été échangés avec fureur… Pas de gros dégâts physiques, mais quelque chose était désormais brisé entre nous. Je suis rentré chez moi, j'ai effacé son nom de mon téléphone et je me suis enfoncé dans une déprime plus profonde encore.

Encore aujourd'hui, je me rends compte que j'ai toujours cette fureur en moi qui ne s'est pas calmée. Non, décidément, je n'ai pas envie d'être ici s'il est là.

Je me tire. Je trouverai bien encore quelque chose à manger ailleurs.

En consultant le plan au 7 pour 12 heures.

Ou bien, c'est la confrontation au 120 !

116

Oh non ! Ce sont les policiers truqués. Ils sont déjà là ! Qu'est-ce qui peut les intéresser ici ? L'angoisse m'étreint pendant l'évacuation à l'idée que l'un d'eux va s'intéresser à moi et me retenir.

J'arrive néanmoins avec soulagement sur le perron. Je suis soit passé inaperçu, soit ce n'est pas moi qu'ils recherchent. Quoi qu'il en soit, je quitte les lieux en vitesse.

Allez au 7 pour 14 heures.

117

Matthews habite toujours chez ses parents, dans un studio indépendant aménagé dans l'entresol à l'arrière de leur pavillon de Wornwood : une pièce qui servait à la fois de bureau et de salon, une chambre et une toute petite salle de bains. J'ai descendu les escaliers, toqué à la porte et tenté un vague sourire vers la caméra de surveillance braquée vers moi.

La porte s'est ouverte sur un salon qui donnait à mon capharnaüm personnel des airs de campagne suisse.

– C'est un peu en désordre, a commenté Matthews, comme si une litote aurait pu y faire quelque chose.

L'endroit laisse à penser qu'il sort peu de chez lui. On y trouve pêle-mêle des vêtements pour qui le passage au Lavomatic doit être un horizon lointain, çà et là des cartons de pizza, des canettes un peu partout, des piles de livres et de revues autour du canapé et une collection de mugs sales sur le bureau où se déploient les écrans du bureau, dans un fatras des câbles et des appareils électroniques.

Finalement, hum, rien de bien différent de chez moi…

Sauf les murs. On distingue à peine la couleur du papier peint tant ils sont couverts d'articles, de photos, de notes, reliés entre eux par des fils tendus par des punaises.

Matthews a dégagé un peu de place sur la table basse où nous posons nos barquettes de frites.

– Tu as conscience que ta piaule ressemble à celle d'un flic maniaque au bord du pétage de plombs. Celui qui poursuit une enquête en solitaire après avoir été viré du FBI ?

Il sourit.

– Jusqu'à présent je trouvais ça plutôt cool. Un peu moins maintenant que tu me fais remarquer le côté cliché de la démarche.

– Tu me racontes un peu, tout ça ?

Et Matthews me dit tout. Comment, après la dispute du parc, il s'est définitivement plongé dans le conspirationnisme, avec des jours et des nuits sur Internet, à discuter sur d'obscurs forums avec des inconnus de tous les pays mais qui se retrouvaient autour d'une passion commune pour déceler la vérité cachée sous les apparences.

– Ça te prend comme la fièvre, tu sais, et tu restes rivé à ton écran à échanger des commentaires désabusés sur l'actualité et le cynisme de ceux qui manipulent tout le monde dans l'ombre. Tu vibres quand un pan de vérité semble se dévoiler devant toi, quand tu vois des connexions se faire, quand l'évidence te saute aux yeux. Tu te sens en communion avec les faits. Tout prend sens !

Bien sûr, il y a le piège de ne finir par trouver que ce que l'on cherche, d'être aveugle à ce qui ne va pas dans son sens, de perdre pied. Matthews en est conscient et s'est aussi fâché avec beaucoup de monde sur les forums qu'il fréquentait.

« On était plusieurs, m'a-t-il dit, à essayer de dresser le plan d'ensemble. À force, mon groupe n'a plus été très populaire car nous n'acceptions plus les idées nouvelles sans les vérifier. Et on a beaucoup, beaucoup avancé. C'est ce que tu vois sur les murs, là. »

J'ai examiné l'immense écheveau, me perdant sur les images de soucoupes volantes, de dinosaures, d'évocations du IIIe Reich, de la Terre plate ou creuse, reliés à de nombreux événements récents, et les entrelacs de fil rouge reliant toutes ces choses entre elles, de mon point de vue en dépit du bon sens.

– Nous ne sommes plus beaucoup à y croire, maintenant, soupire Matthews. Et pourtant, quand je regarde tout ça, je sens qu'on n'est plus très loin du but. De découvrir le sens de tout !

– Ce n'est pas évident vu d'ici.

Matthews sourit encore. Je m'aperçois qu'il prend mes vannes comme au bon vieux temps, sans se froisser. Je souris aussi.

– Ça te dit d'y jeter un coup d'œil ?

Si oui, direction le 145, sinon le 137.

118

Oh, non ! C'est fermé ! Des ouvriers ont investi le jardin, apparemment pour déplacer les statues d'une exposition qui s'achève tout juste. Ne me reste plus qu'à aller voir ailleurs si j'y suis. Ou plus précisément à me trouver à manger dans le coin, vers le stade olympique.

Direction le 86.

119

Je me suis assis dans la salle d'attente du central de police. Le service a l'air de tourner dans la bonhomie d'une journée où le maintien de l'ordre ne pose pas de difficultés particulières. Assez vite, la principale source d'agitation est le départ pour le déjeuner et le ballet des agents qui vont et viennent en petits groupes pour aller chercher quelque chose à manger.

Alors que les borborygmes de mon estomac devenaient de plus en plus pressants et que je m'apprêtais à quitter moi-même les lieux pour partir en quête d'un repas, j'ai soudain perçu un changement d'atmosphère.

Plusieurs téléphones ont sonné. Les agents semblaient étonnés et embarrassés et Wendy, la personne chargée de l'accueil, s'est mise à jeter de manière répétée des regards inquiets vers les bureaux de ses collègues.

Puis plusieurs agents, manifestement pressés, sont sortis. Tous ceux qui comme moi étaient dans la salle d'attente ont regardé sans comprendre ce qui se passait, dans le bruit des véhicules qui démarraient en trombe.

J'ai quand même toujours faim. Bref, je suis sorti aussi pour attraper quelque chose à manger.

Allez au 122 pour trouver de quoi satisfaire l'estomac de Jim.

12 heures

120

Alors en fait non. Ce mec me fait suivre. Si ça se trouve depuis des mois. Depuis cette soirée au parc. Il ne va pas s'en tirer comme ça.

J'ai pris mon air le plus vindicatif et ai avancé d'un pas résolu vers Matthews au moment précis où ce dernier récupérait son *royal*, manifestement accompagné d'une pléthore de frites. J'aurais payé cher pour avoir sa tête en photo quand ses yeux se sont écarquillés de surprise.

– On peut savoir pourquoi tu me fais suivre ?

Matthews a tenté de bredouiller quelque chose, désemparé par ma soudaine apparition.

– Je… euh…

Sous le regard interrogateur de Najib et des autres clients, j'ai saisi Matthews par le bras pour l'entraîner à l'écart.

– Alors, tu m'expliques ?

– Eh ben, euh… mais non… euh…

– Matth, je sais tout.

– Tout ?

– Tout.

– Ah.

– Alors ? Explique-toi !

J'ai laissé Matthews reprendre ses esprits quelques instants. Le bougre avait perdu de sa superbe : il ne ressemblait plus au type arrogant avec qui je m'étais brouillé il y a quelques mois, mais juste à un gars paumé qu'on vient interrompre au moment de sa pause-déjeuner. J'ai soudain ressenti à quel point nous pouvions nous ressembler.

– Écoute, je… je suis désolé pour Sully. Quand on s'est disputés, j'avais mon petit groupe de fans. Je me suis demandé si ton attitude ne cachait pas quelque chose de suspect.

– Pardon ?

– Oui, je sais, ça peut sembler fou maintenant. Du coup, j'ai demandé à Sully de te suivre, de surveiller tes allées et venues. Rien de bien méchant, hein. Juste histoire de vérifier si tu ne cachais pas quelque chose. Ton attitude m'avait semblé… bizarre.

– Parce que la tienne pas du tout peut-être ?

– Je vais avoir du mal à défendre le contraire.

– Tu m'étonnes…

J'aurais dû exploser de rage, mais il y avait dans la mine piteuse de Matthews quelque chose qui a désamorcé ma colère. Il n'allait manifestement pas bien et j'ai tout à coup senti quelque chose qui ressemblait à ma déprime chez lui. Nous sommes restés quelques instants silencieux. Puis il ajouta :

– Tu veux venir chez moi, qu'on en discute tranquillement ? J'ai un truc à te montrer aussi.

– Je ne sais pas… c'est un peu soudain. Je vais déjà me prendre un sandwich. Je verrai ensuite.

– OK. Viens si tu veux alors. Je t'attendrai.

Je l'ai laissé filer, ne sachant trop quoi faire.

Quelques minutes plus tard, je me suis retrouvé nanti d'un incroyable sandwich aux falafels accompagné d'un Everest de frites dont je serai l'alpiniste intrépide.

Jim peut aller chez Matthews le déguster (le sandwich, pas Matthews) au 117, ou le laisser à ses lubies et aller festoyer ailleurs puis trouver un autre point de chute en consultant le plan au 7 pour 14 heures.

121

Après m'être procuré un billet, je rejoins la salle de conférences. La présentation commence vers 13 h 30 et j'attends un peu, car je suis en avance. Sur la scène, il n'y a qu'un pupitre équipé d'un micro devant un écran de projection.

Je profite de l'absence de témoins pour voir si les portes situées de part et d'autre de l'estrade sont fermées à clé ou non. Bingo ! Celle de droite ne l'est pas.

Je l'ouvre et me glisse rapidement derrière celle-ci pour me retrouver dans un couloir. J'aperçois un escalier montant vers les étages. C'est probablement le bon chemin, les conférenciers devant sans doute rejoindre la salle directement depuis le centre de recherche.

Parvenu au deuxième étage, je découvre bien une série de bureaux. Je croise une jeune femme brune portant des documents qui emprunte la direction exactement opposée à la mienne – sans doute la conférencière – et qui me lance un regard interrogateur sans toutefois s'arrêter.

Je trouve assez vite le bureau du Pr Lee (les noms des chercheurs sont indiqués sur un petit cartouche à côté de la porte). Celui-ci est d'ailleurs vide. Tout est parfaitement rangé et les multiples écrans éteints. Je risque un œil à l'extérieur. Personne. Je cherche un peu dans les dossiers empilés sur le bureau, essaie d'ouvrir tiroirs et porte de placard, sans rien distinguer d'intéressant.

Il y a soudain du remue-ménage dans le couloir. Je passe une tête dehors. Des policiers en uniforme sont montés à l'étage et font signe aux curieux sortis de leur bureau qu'il leur faut descendre. Deux des policiers m'ont remarqué et viennent vers moi.

Je me tiens nerveusement au milieu de la pièce au moment où ils arrivent à mon niveau.

– PROFESSEUR LEE ? demande l'un d'eux d'une voix glaciale.

Je bredouille, incapable de trouver mes mots.

– VEUILLEZ NOUS SUIVRE.

Quelques minutes plus tard, je me retrouve, menottes aux poignets, dans une pièce sans fenêtre. Aucun des policiers n'a répondu à mes questions, me laissant dans l'angoisse de l'incompréhension et l'attente du pire.

Rendez-vous au 232.

122

Les restaurants du quartier proposent essentiellement des plats à emporter, la clientèle d'employés de bureau et de petits commerçants ayant d'ordinaire peu de temps à consacrer à la pause-déjeuner. J'ai erré pas mal de temps, jetant des regards tantôt avides tantôt suspicieux vers les menus affichés à la devanture des échoppes, hésitant entre les enseignes pakistanaises, grecques, pseudo-japonaises ou les imitateurs de fast-food.

Je me suis finalement résolu à me sustenter d'une pizza dont l'origine italienne semble lointaine. Je l'ai néanmoins dévorée en regardant, posé sur un banc d'une avenue, le ballet des passants et des automobilistes.

Notez que Jim a mangé une pizza et allez au 7 pour 14 heures.

123

Rien de particulier à signaler à l'arrêt du tram.

Il est possible d'aller à l'observatoire au 104 ou au cimetière, qui, lui, est au 103.

14 HEURES

124

– … une base secrète pour envahir la Terre. Voilà. Fini.

– Nom d'un chien !

– Je ne te le fais pas dire.

– C'est logique, brillant et en même temps [Mathews soupire] ça n'a... aucun sens.

Il s'est affalé sur le canapé, comme accablé de lassitude.

– Pourtant, tout n'est qu'affaire de logique, a-t-il ajouté.

– Écoute, il y a peut-être une erreur...

– Je ne crois pas. Si cela donne un tel résultat, alors soit c'est vrai, soit tout est faux. Mais là, comment dire... pourquoi les aliens... ?

Bon : il va falloir que je m'y fasse. Tout cela ne tient pas debout.

Je me retiens de lui dire ce que je pense des aliens (qui, à ce stade, me semblent les protagonistes les moins improbables du lot).

– En tout cas merci d'y avoir consacré du temps. Je ne sais pas ce que je vais faire de ces conclusions, mais tu m'as aidé à faire un grand pas dans ma recherche.

Je souris.

– Toujours là pour aider. Tu vas arrêter de me faire suivre alors ? Je ne suis manifestement impliqué dans aucun de ces complots.

– Ah oui ! Tu sais, c'était surtout pour tenir Sully occupé. Si j'avais vraiment voulu te suivre, il me suffisait d'utiliser ton téléphone.

– Que... beuh... quoi ?

– Ben oui ! Les téléphones bornent chaque fois qu'ils passent devant une antenne-relais. J'ai... hum... récupéré un logiciel normalement réservé à la police et utilisé par les opérateurs de téléphonie.

– Sans blague ?

– Mais c'est facile à contourner, tu sais, attends...

Il se lève et se dirige vers le fatras de son bureau, fouille dans plusieurs des bacs qui encombrent ses étagères et finit par en extraire une sorte de médiator.

– Passe-moi ton tel.

J'obtempère, intrigué et avec l'intuition que cela va me servir.

– Tout le monde imagine qu'il suffit d'éteindre le téléphone pour ne plus être tracé. Eh bien non ! Pas la peine non plus de briser ton précieux mobile comme on le voit souvent dans les films. Matthews glousse : il suffit en fait de retirer la batterie, ce qui d'ailleurs est devenu très difficile à faire depuis quelques années, *comme par hasard*, appuie-t-il avec un clin d'œil. Mais pour le tien, c'est encore possible si on arrive à l'ouvrir.

Matthews glisse le médiator dans la ligne de césure de la coque et déclipse la face avant.

– Tu vois, là, le petit connecteur ? Tu le retires et hop, c'est fini ! Le tel est éteint et intraçable. Sauf pour moi, hein, je peux toujours te suivre !

– Matthews !

– Non, je plaisante bien sûr. Tiens, prends le médiator. Ça marche aussi avec une carte de crédit si tu n'as rien de mieux.

– Tant mieux car je sens que je vais le perdre.

Nous nous sommes salués, contents de pouvoir se parler à nouveau, et j'ai repris ma quête dans les rues de Denton. Le détricotage de la conspiration m'a pris pas mal de temps.

Notez que Jim peut désactiver la localisation du téléphone dans les INDICES. Rendez-vous ensuite au 7 pour 16 heures.

125

Notez que vous pouvez aller au 149 la prochaine fois que vous êtes invité à aller au 13. Si le texte vous demande déjà de lire un paragraphe spécial après une mort, lisez d'abord ce dernier, puis le 149.

Retournez maintenant au paragraphe où vous étiez à 14 heures avant d'être invité à rejoindre le 163.

126

Oui ! un sacré indice. La mort rouge ! Ça ne peut être que les drones ! Mais qu'y a-t-il donc dans les friches ?

Quoi qu'il en soit, il faut maintenant aller au 202 ou 208. Ou alors retourner au 7 à 14 heures ?

127

Notez où vous êtes et allez au 163.

Le meilleur pub de Denton est ouvert. En entrant, je salue Joel, le barman, qui me renvoie une salutation du même acabit.

Puis au 203.

Mon téléphone sonne. Il s'agit de mon psy. Hum… je n'ai pas vraiment de répondre.

Si Jim répond quand même, notez où vous êtes et allez au 193. Sinon, continuez.

Joel est un ovni dans le paysage déjà plutôt bigarré de Denton. Ancien fonctionnaire français, fan de metal, guitariste à ses heures perdues, il s'est pris un moment de passion pour la Finlande, jusqu'à en apprendre la langue et couvrir ses bras de tatouages traditionnels. Il s'est ensuite reconverti dans la *data science*. Après avoir pris un boulot dans ce domaine en Angleterre, il a amassé un petit pactole suffisant pour enfin réaliser son rêve : ouvrir un bar. Et une salle de jeux.

Et le voici, le plus heureux des hommes, avec son tee-shirt Bob l'éponge à essuyer des verres en attendant que le bar s'anime.

Pour ma part, je me dirige vers les bornes d'arcade. Il n'y a presque personne. *Arkanoid* est pour moi. Je vais casser des briques jusqu'à plus soif.

En réalité, jusqu'à 16 heures. Rendez-vous au 7 pour cet horaire.

128

– Désolé Molly… Je… ne voulais pas te froisser. J'ai vu un type s'échapper du magasin par la fenêtre de la réserve.

– Hein ? Qu'est-ce que tu me chantes là ? Je n'ai vu personne et même moi je ne crois être assez fluette pour pouvoir passer par là. Tu n'as pas mieux comme excuse pour me déranger ?

– Non, mais Molly, écoute, je n'essaie pas de te prendre pour une buse !

Son expression dans l'entrebâillement de la porte donne l'impression qu'elle pense exactement le contraire.

– Arrête de te payer ma fiole. T'étais avec Walter ! Je l'ai vu se carapater juste avant que j'arrive. S'il a quelque chose à me demander, autant qu'il le fasse lui-même !

– Je t'assure que j'ai bien vu un type…

– Laisse tomber et viens, puisque tu es là. Ça me fera une pause.

Elle ouvre la porte et me laisse entrer, tout en se dirigeant vers la réserve. Son allure indolente donne l'impression qu'elle se détend, mais son ton indique tout le contraire. Elle est furax.

– Je vais jeter un coup d'œil si ça peut te rassurer. Mais sois mignon, ne touche à rien en attendant.

Je reste aux aguets près du comptoir, à peine distrait par la vue des nouvelles figurines de *Firefly* (bon Dieu que cette actrice est euh… souple). Molly disparaît dans la réserve pour revenir quelques instants plus tard.

– Mon coco, j'ai bien vérifié et nous sommes les deux seuls péquins dans le magasin. Rien n'a bougé dans la réserve par ailleurs… En revanche…

Quoi ? En revanche quoi ?

– Je sais pourquoi vous êtes venus ! Il y a un paquet avec ton nom et ça ressemble fort à une cartouche de jeu. Vous ne changerez jamais, vous deux !

– Avec mon nom ? Mais c'était censé être adressé à Walter.

Je n'y comprends rien.

– Et je peux te dire que vous pouvez vous brosser pour que je vous la passe. D'abord parce que, comme vous avez pu le lire sur la porte d'entrée écrit en bon anglais (et je suis sûre que tu comprends), c'est FERMÉ aujourd'hui. Ensuite parce que Walter a un paquet de DVD loués à rendre et que tant que ce ne sera pas fait, je garde la cartouche !

– Mais ! Mais ! Mais il est adressé à moi ce paquet, pas à Walter !

– Ça vous apprendra à faire vos coups fourrés ensemble.

Elle repasse derrière le comptoir, se baisse et se met à fouiller dans une pile de paperasse.

– Attends que je la retrouve… voilà…

Elle me tend une feuille sur laquelle est griffonnée une liste de films que visiblement Walter a empruntés.

– Tu vois les huit qui ne sont pas barrés ? Ce sont ceux que Walter n'a pas rendus. Il a un retard de plusieurs semaines. Je veux bien le couvrir, mais à moment donné le patron va péter un câble. Et je ne suis pas comme vous deux : j'ai un job et je compte bien le conserver.

Elle hésite un peu avant d'ajouter :

– Et puis trois films avec Scarlett Johansson dans la liste, dont un où elle est à poil, c'est un peu trop à mon goût. Je ne sais pas ce que vous avez, *vous les mecs*, avec cette actrice !

Quelques minutes plus tard, je me retrouve sur le trottoir avec une liste de films et beaucoup de questions sans réponse.

Allez au 157. Sinon, allez au 7 pour 16 heures.

129

Allez au 187.

Juste un petit SMS alors, l'air de rien, qui lui suggérerait que je ne suis pas dans le coin.

– Hello Suzy.

Euh… « Hello » ? Vraiment ? La dernière fois qu'on s'est parlé, la conversation a franchement mal tourné. Je crois avoir dit deux ou trois choses méchantes d'ailleurs. On efface et on recommence. *Hey Suz'.* Hum… trop familier. *Bonjour.* Avec un point d'exclamation peut-être, genre *Bonjour !* Non, ça ne va pas non plus !

Nom d'un chien. Je prétends écrire des livres et je ne sais même pas comment commencer un SMS.

– Salut Suzy.

Voilà. Tout simplement. Pas besoin de tergiverser.

– Je me demande comment tu vas.

Bien. Mais typique de l'ex qui cherche à engager la conversation l'air de rien. Je ne sais pas si j'ai envie d'engager la conversation par ailleurs.

– Moi je bosse sur mon bouquin.

C'est quasiment la vérité… et la suite vient toute seule :

– Du coup pas trop la possibilité de sortir… j'ai l'impression d'être toujours en confinement !

On est d'accord que c'est totalement pathétique, comme comparaison.

– J'espère qu'on pourra se reparler à un moment ou à un autre. Porte-toi bien d'ici là.

Ce n'est clairement pas le meilleur message possible, mais c'est presque ce que je ressens.

Allez, zou, j'envoie.

La réponse n'a pas tardé.

– Jim, tu ne te foutrais pas un peu de moi ? Qu'est-ce que tu fais à Eastern ? Tu m'espionnes ?

Hein ? Vite, je réponds :

– Quoi ? Je ne vois pas de quoi tu parles. Je suis chez moi !

Pourvu qu'elle n'appelle pas… pourvu qu'elle n'appelle pas…

– Bien sûr. C'est pour ça que ton fixe ne répond pas.

Aïe.

– Ça ne s'arrange pas vraiment pas, toi. Je t'interdis de me stalker !

– Mais je t'assure que je suis chez moi !

– Jim, tu te rappelles l'application que nous avions installée sur nos smartphones, pour savoir où était l'autre à tout moment. Eh bien je l'ai toujours et tes codes de géolocalisation sont valides. Je t'ai vu. Et je sais que tu es là, caché derrière un putain d'arbre.

Argh…

– Désolé…

– Rien à faire que tu sois désolé ! Tu me fais flipper là. Alors tu vas rentrer chez toi et me promettre de ne plus remettre les pieds par ici.

– Je vais faire ça. Pardon encore.

Clairement un échec. Sans éclat, sans insulte. Juste profondément déprimant. Vite, je me barre de ce quartier au plus vite. La géolocalisation. C'est manifestement quelque chose qui peut me faire du tort…

Sur ces considérations, direction le 7 pour 16 heures.

Ou bien au 176.

130

Quelques heures plus tard, il faut se rendre à l'évidence : je pédale dans la semoule.

– Désolé, Matthews, je n'y arrive tout simplement pas !

– Dommage, mais, au moins, on aura essayé.

Je le laisse là, avec un sentiment d'inachevé. Peut-être qu'une autre version de cette journée me permettra d'y voir plus clair.

Rendez-vous au plan du 7 pour 16 heures.

131

J'ai vu la petite boule de poils vers la limite sud de la fête foraine, près du grand huit. Je passe et repasse dans les allées qui bordent l'attraction, en ce moment à l'arrêt, mais la bestiole reste invisible. Il faut dire que le boucan des stands, et particulièrement celui des autos tamponneuses à proximité, ne m'aide pas beaucoup. Le chien doit sûrement être effrayé par tout ce bruit.

Je pense soudain qu'il doit sans doute faire les poubelles. Justement, il y a dans l'une des allées plusieurs stands servant de la nourriture. Je les contourne… à l'arrière de ceux-ci, outre les stocks de matériel, il y a également quelques containers à déchets et… bingo ! J'aperçois une tache de fourrure blanche qui tourne près d'une pile de cagettes, apparemment gênée dans ses tentatives d'aller y fourrer la truffe par les allées et venues des employées du stand.

M'approchant doucement, j'attire son attention. Le chien se fige. Il porte sa médaille caractéristique en forme de croissant de lune. C'est bien lui. J'avance d'un pas. Il ne me quitte pas des yeux. Encore un pas… Et il détale.

Flûte.

Je pars dans la même direction. Le chien se dirige droit vers le grand huit, passant sous les camions des stands quand il le peut. Je dois pour ma part les contourner en essayant de garder sa trace. C'est précisément au moment où j'émerge sur l'esplanade de l'attraction que j'aperçois à nouveau le chien passant dans un trou du grillage de protection. Au-delà, la structure du grand huit se déploie. Je remarque un train vide grimpant une côte. Un test de sécurité doit être en cours.

Ah ! Je ne vais pas laisser cette bête dans un endroit aussi dangereux !

Je m'élance derrière lui, sans que personne ne prête attention à moi et me glisse à mon tour, mais avec plus de peine, au travers de la clôture.

Où est-il passé ? Je le cherche des yeux, gêné par les pylônes de métal de la structure. Heureusement, sa blancheur me le fait repérer, alors qu'il s'approche des voies. Je me précipite à sa suite. Quand j'arrive à son niveau, le petit chien s'est assis, langue pendante, entre les deux rails du grand huit, à un endroit où la voie passe au niveau du sol, au bas d'une forte pente. Le chien me regarde de ses deux petits yeux noirs.

J'entends les claquements de la crémaillère. Le train ne va pas tarder à passer. Je fais un geste pour effrayer le petit animal, mais, contre toute attente, il reste là, assis, à me regarder.

Le train apparaît tout en haut de la pente.

– Mais vas-tu t'éloigner, fichue bestiole !

Elle reste imperturbable.

Le train bascule et s'élance, prenant de la vitesse. Le chien me regarde, promis au trépas.

Je ne sais pas ce qui me prend. Je m'élance. Le train dévale la pente. Mon pied se prend dans la rambarde de la voie plutôt que de passer au-dessus. Le chien jappe et prend la fuite tandis que je m'étale de tout mon long sur les rails.

Le train ! le train !

ET *SPLORCH* !

Jim est mort. Son amour des animaux l'a perdu. Rendez-vous au 13.

132

Si vous avez déjà récupéré la carte perforée chez Suzy, allez au 125, sinon, retournez au 163 et suivez les instructions.

133

Mais… mais… mais ?! De la peinture orange, comme à East Station ! Encore un indice ! Mais c'est quoi la « mort rouge » ?

Retournez au 141 et choisissez une destination. Ou allez au 126 peut-être ?

134

Me voici installé depuis un bon moment déjà à une table de lecture sur laquelle Helen (c'est le prénom de la bibliothécaire – nous avons fait un peu connaissance), vient de déposer à nouveau un énorme carton.

– Et bim ! Septembre 2002 ! Ça risque d'être encore long, non ?

– Je suis sûr que c'est sur cette période. On ne doit pas être si loin du but.

Je sors les numéros du *Denton Observer* un à un en feuilletant rapidement le contenu et en évitant de m'attarder sur la page 3, qui arbore de temps à autre une jeune femme particulièrement peu vêtue, incarnation de l'antique tradition des tabloïds qui, à l'époque de #metoo, semble désormais relever de l'âge de pierre.

– Vous passez un bon moment quand même, on dirait…

– Je… hum… je m'attendais à ce que le *Denton* soit un journal un peu plus sérieux. Là, c'est juste trash.

– Je ne vous le fais pas dire ! Que ce torchon ait été remplacé par un gratuit financé par la pub et les petites annonces relève plus de la promotion que de la déchéance. Franchement, on se demande des fois ce qu'on peut tirer de vous, les m…

– Attendez ! C'est là !

Je feuillette les articles consacrés à la petite disparue, qui donc s'appelle Susan Layton.

Notez-le  ***dans les indices à la fin du livre.***

L'article s'épanche longuement sur l'état de santé de la petite, qui, selon ses parents, résulte d'expériences douteuses conduites par l'armée dans la base militaire de Slumber Vale. N'a-t-elle pas d'ailleurs été retrouvée hagarde à proximité d'un tunnel menant directement à la base ? Le journaliste prête bien sûr foi à ces élucubrations et commente avec ironie les réponses apportées par l'armée comme quoi le tunnel est désaffecté depuis longtemps et la base elle-même n'est plus qu'une station météorologique depuis la fin de la Seconde Guerre mondiale.

Notez aussi  ***qu'il y a un tunnel pour accéder à Slumber Vale.***

Mouais. Ça me titille quand même d'apprendre qu'il y a un tunnel d'accès à la base de Slumber Vale, qu'il soit désaffecté ou non.

– Un joli ramassis de foutaises, tout ça, siffle Helen dans mon dos. Ça ressemble davantage à un énième enlèvement d'enfant par un pervers sexuel. Vous savez que plus de 95 % des agresseurs sexuels sont des hommes ? Vous avez ça dans le sang, ce n'est pas possible.

– Vous avez un problème avec les mecs, non ?

– Disons plutôt que c'est la gent masculine qui a globalement un problème avec les femmes, vous ne trouvez pas ?

– Euh… Pas faux.

– D'ailleurs, ajoute Helen en plissant les yeux, je n'oublie pas que vous saviez où étaient cachés les exemplaires de cette revue douteuse de naïades en sous-vêtements et que vous venez de passer quasiment deux heures à reluquer des *playmates* de tabloïds. Vous êtes toujours suspect à mes yeux.

– ….

– Grrrr…

– Je vais y aller, hein.

– Ça vaudrait mieux pour vous.

14 heures

J'ai rangé les numéros du *Denton Observer* dans le carton d'archives et remercié Helen du mieux que je le pouvais tandis qu'elle-même, bras croisés et regard désapprobateur, se retenait manifestement, à l'extrême limite de ses capacités, d'inaugurer sa croisade antimacho par mon immolation.

Bon ben, ce n'était pas vraiment glorieux, mais j'ai quand même l'impression de ne pas avoir fait tout cela pour rien. Il n'est pas si tard ; je peux encore faire autre chose de ma journée.

Direction le 7 pour 16 heures.

135

– Mais ! Aïeuh ! ça fait mal !

– Désolée. Il fallait que j'intervienne.

– C'est presque pire qu'une mort ! Ça va pas, non ?

– J'ai dit « désolée ». Écoute, tu as enfin trouvé le moyen de récupérer la voiture de Dwayne.

– Comment ça, *enfin* ?

– Et je peux te dire que tu vas mourir encore un paquet de fois !

– Ah bon ?

– Bref, pour aller plus vite, je te propose de mettre un point de sauvegarde ici. Comme ça, si tu es envoyé ***ad patres***, tu peux reprendre à ce moment.

– Merci, c'est sympa. Enfin, peut-être.

– De rien. Allez hop, je te rebranche !

Allez au 377. Notez que vous avez une sauvegarde pour la voiture de Dwayne dans les INDICES à la fin du livre. Cette dernière est activable au 13.

136

Mais qu'est-ce que j'ai… ça me pèse vraiment sur l'estomac, ce taco… J'espère que je ne me suis pas chopé une intoxic…

Je ne peux pas terminer cette phrase. Une violente convulsion me tord le ventre et me voilà plié en deux. La nausée monte. Je lutte pour rester à la fois conscient et en équilibre… et… et…

C'est raté pour les deux. Tout est noir l'espace d'un instant. Je m'affale sur le trottoir où je viens de restituer une partie de mon déjeuner. J'entends que quelqu'un accourt vers moi et attrape mon bras.

– Jim ? Qu'est-ce que tu fais là ? Qu'est-ce qui t'arrive ?

Je relève la tête… Suzy ! Oh non ! Moi et mon chic pour paraître à mon avantage.

– Je… un truc que j'ai mangé…

– Laisse-moi t'aider à te relever.

Je sens une force me tirer vers le haut. J'essaie de mobiliser celle de mes jambes pour me redresser et bien sûr c'est à ce moment précis que mon estomac se décide à expulser le reste de son contenu indésirable.

À mon avantage, comme je disais à l'instant.

Les fragments gluants du taco maculent le trottoir. Et un peu Suzy et moi-même.

– Je suis désolé, je…

– Encore une victime de la buvette du stade. Je me demande par quel miracle elle n'a toujours pas été fermée. Ça va mieux ?

Je me redresse péniblement.

– Je crois, oui… peut-être…

– Tu es tout pâle. Viens chez moi te poser une minute.

– Tu es sûre ?

– Ne sois pas stupide. Tu viens, tu te reposes et tu repars vers l'endroit, quel qu'il soit, où tu comptais aller en passant par ici.

Plus tard, me voilà allongé sur le canapé dans le salon de Suzy, où je me suis affalé de nombreuses fois avant que Suzy m'éjecte de sa vie. J'ai dormi. Cela va un peu mieux.

Suzy revient avec un verre d'eau et me le tend. Elle s'est changée et me regarde, visiblement encore inquiète. Je crains de déceler quelques traces de pitié dans ce regard et cela me déplaît. Alors je détourne le regard et bois.

– Je vais y aller. Merci pour le verre d'eau, le moment de repos, tout ça.

– Si tu veux. Mais tu peux rester te reposer autant que tu veux.

Dans ce cas, allez au 191, sinon retrouvez un peu d'amour-propre et déclinez au 199.

137

– Une autre fois peut-être, j'ai encore plein de choses à faire avant la fin de la journée, mais je repasserai.

– Comme tu veux, je ne sors pas beaucoup comme tu peux le voir.

J'ai laissé Matthews avec ses questions en me demandant lequel de nous deux est le plus fou, mais j'étais aussi touché par notre étrange ressemblance : moi me débattant contre cette journée qui inévitablement recommence, lui perplexe devant le labyrinthique canevas tissé sur les murs de son appartement. Mon semblable confronté à l'absurde. Mon presque frère sans boussole.

Après ces réflexions profondes sur la nature de l'existence, allez au 7 pour 14 heures.

138

Oh… je ne me sens pas bien. Heureusement que je suis rentré !

La nausée monte… vite… les toilett…

Beuragglll !

Oh là là…

Beuglarrg !

…

Bon ben, c'est raté pour les toilettes. Il va falloir que je nettoie tout ça. Il faudrait sans doute éviter les tacos de la buvette du stade à l'avenir.

Le temps de tout remettre en ordre et de récupérer une certaine forme de dignité, il est 16 heures.

Rendez-vous au 212.

139

Une petite tache blanche zigzague entre les visiteurs, en bas, dans la direction du grand huit. J'ai l'impression que le petit chien n'a toujours pas trouvé ses maîtres.

Voir un chien perdu me fend toujours autant le cœur. J'angoisse à l'idée de ce qui pourrait lui arriver ici, laissé à lui-même.

Ça me travaille encore quand je descends de la grande roue.

Jim peut partir à la recherche du petit chien au 131, gérer ses émotions avec du sucre au 156 ou du tir au 158. Si vous avez tenté toutes les activités, vous pouvez aussi aller au 148.

140

Après des heures et des heures à patienter qu'on vienne me chercher, j'entends des pas précipités. La porte s'ouvre violemment, révélant – oh non ! – deux aliens en tenue argentée armés de leurs fusils, accompagnés d'un policier bien humain aux yeux vides et tenant lui aussi une arme, plus conventionnelle, à la main.

Les deux premiers se ruent sur moi. Je tombe à la renverse et me retrouve au sol, avec sous le nez l'extrémité de leurs canons à désintégration contre lesquelles mes mains tendues, paumes ouvertes, offrent une protection dérisoire.

– [illegible] ? [illegible] ? éructe l'un d'eux.

– Je… je ne comprends pas.

Son acolyte se tourne vers le policier.

– [illegible]

Le policier me regarde de ses yeux sans émotion et me demande :

– OÙ EST LA CONSOLE AVEC LE CODE ?

Conséquence logique de mon habituel manque de courage, je ne peux m'empêcher de désigner du doigt l'ordinateur où j'ai plus tôt entré les instructions.

– [illegible] ? demande l'alien au policier.

– IL FAUT UNE CLÉ.

– [illegible]

Horrifié, je vois le second envahisseur ramener l'une de ses quatre mains d'un pli de sa combinaison pour en extraire une petite clé USB. Oh non ! les aliens vont bien avoir les deux parties du code !

– [illegible] ? demande-t-il à son acolyte.

– [illegible], répond l'autre. Puis, au policier : [illegible].

Sans que j'aie le temps de protester davantage, le policier pointe son arme en direction de ma tête et fait feu.

Direction le 13. Notez que le professeur vous a enfermé dans les indices à la fin du livre devant le signe .

141

Un tag disgracieux macule de peinture orange le mur principal de la station à ma sortie du tram.

La mort rouge dans les friches

Bizarre et vaguement poétique. Grey Hills est d'habitude relativement épargné par les tags, non par respect, mais parce que peu de monde s'y arrête d'ordinaire. Quoi qu'il en soit, des employés de la mairie sont déjà en train de le nettoyer.

Allez au 133.

Alors ? L'ancien observatoire ou le cimetière ? Mon cœur balance.

Entre le 202 pour l'un et le 208 pour l'autre.

142

– Je m'en doute bien et je vais justement vous faire gagner du temps, je…

– C'est ça, c'est ça…

Et de passer son chemin en soupirant.

Mon sang ne fait qu'un tour. Je la rattrape et me plante devant elle pour l'arrêter, affrontant son air furieux.

– Mais vous allez m'écouter à la fin ? J'ai besoin de savoir où sont les archives du *Denton Observer*.

– Je n'ai pas le temps de…

– Si, vous allez l'avoir ! Car les revues que vous cherchez sont toutes en bas de l'étagère qui est au centre de la section « Histoire ».

Elle écarquille les yeux et semble prendre son souffle pour me couper la parole, mais je ne lui en laisse pas la possibilité.

– Écoutez, ne me demandez pas comment je le sais. Je le sais, c'est tout. Et je ne suis pas celui qui les a cachées là. Croyez bien que sans moi vous passeriez la journée à les chercher, et sans succès, alors en échange, accordez-moi de grâce quelques minutes pour m'indiquer où trouver les archives du *Denton*.

Elle reste interdite quelques instants puis lâche froidement.

– Attendez-moi ici.

À son retour, son visage exprime quelque chose entre le soulagement et la colère froide.

– Je les ai trouvées. Elles retourneront dans le fonds, d'où elles ne sortiront plus. Suivez-moi, je vais vous montrer où sont les archives.

Elles se trouvent au 134.

143

Walter et moi nous approchons de l'entrée, pour tomber sur le panneau « Fermé pour inventaire ». Le magasin est plongé dans la pénombre. On n'y distingue déjà pas grand-chose en pleine lumière, du fait de l'encombrement, mais là, on n'y voit vraiment rien. Seule une lueur semble provenir du fond de la boutique, probablement de la porte de la réserve.

– Oh non ! s'exclame Walter. On est venus pour rien !

– Attends, lui dis-je. Ça serait mieux de s'assurer que Molly est bien là.

Walter me regarde, à mi-chemin entre l'inquiétude et la perplexité, mais je l'ignore et commence à tambouriner sur la porte.

– Molly ! crié-je, c'est Jim. Je suis avec Walter. Tout va bien ?

– Euh… T'es sûr de ton coup ? murmure Walter. On va la déranger pour rien, là.

– T'occupe ! Molly ! Molly !

– Non, mais, Jim, tu sais… je n'aime pas trop quand on bouscule Molly… après elle s'énerve et…

– Je te dis qu'on ne craint rien. MOLLY ! Ouvre-nous bon sang !

– Écoute, euh… continue Walter… moi je vais rentrer chez moi hein ! La cartouche peut attendre…

Puis il s'écarte, et voyant que je suis bien décidé à continuer mon manège :

– Tu… Tu me diras si elle t'a répondu, hein ? À plus !

Je le regarde déguerpir sans demander son reste. Walter a toujours été particulièrement timide, mais sur le moment je comprends mal sa réaction.

Mon attention n'est cependant pas retenue longtemps. Une forme longiligne apparaît dans le magasin et se rapproche de la porte. C'est bien Molly. Je distingue maintenant sa fine silhouette à travers la vitrine. Elle me jette un regard courroucé avant de déverrouiller la porte, qu'elle entrouvre.

– On peut savoir ce qui te prend ? Tu ne sais pas lire les panneaux ?

Vous pouvez allez au 128, au 196 ou poursuivre.

– Désolé, je croyais…

Mais en fait Molly n'attendait pas de réponse.

– Reviens demain !

Et elle me claque la porte au nez.

Allez au 7 pour choisir un autre endroit à visiter à 16 heures.

14 heures

144

Quel étrange mécanisme mental a bien pu me conduire jusqu'ici ? Ai-je vraiment envie d'être confronté à ma tristesse, à mes échecs ou, pire, à une situation embarrassante si je croise Suzy dans le coin ?

Au lieu d'être chez mon psy, je suis précisément à l'un des endroits où il m'a fortement déconseillé d'aller depuis que nous avons rompu avec Suzy. Enfin, que Suzy m'a largué, pour être plus exact.

Notez où vous êtes et allez au 203.

D'ailleurs, le voilà qui m'appelle… Il faut dire que c'est l'heure de mon rendez-vous hebdomadaire.

Si Jim répond, allez au 168. Sinon, continuez.

Oh, nom de Zeus… C'est justement elle qui remonte la rue, dans ma direction !

Qu'est-ce que Jim a mangé ce midi ? Notez où vous êtes puis rendez-vous au 186 pour des haricots, au 136 pour un taco et au 171 pour une pizza. Si rien de tout cela, continuez.

Sans réfléchir, je fais immédiatement volte-face et m'éloigne aussi rapidement que possible, mais sans essayer de courir afin de ne pas – trop – attirer l'attention sur moi. Je bifurque dès que possible à l'angle d'une avenue, cours pour prendre de la distance avant de me dissimuler derrière l'un des arbres qui bordent la chaussée.

Est-ce qu'elle m'a remarqué ?

Je suis à bonne distance. Je pourrais peut-être jeter un œil hors de ma cachette pour voir si elle est toujours là…

Oh non ! je crois que c'est bien elle au loin, au bout de la rue ! Elle regarde dans ma direction, les deux mains campées sur ses hanches.

Mais pourquoi, POURQUOI, suis-je venu ici ? Il faut que je décampe au plus vite. Je regarde mon téléphone… peut-être va-t-elle m'appeler pour vérifier si c'est moi ou quelqu'un d'autre qu'elle aurait pris pour moi…

Non. Mon téléphone reste muet. Qu'est-ce que je fais ?

Un SMS innocent, pour désamorcer la situation ? Si oui, direction le 129, sinon, continuez.

Bon, quoi qu'il en soit, il faut que je file et que je m'éloigne au plus vite de ce quartier !

Dans ce cas, allez au 7 pour 16 heures.

145

Je m'approche du mur, pensif.

– Dis-m'en davantage.

– Ça serait un peu long à expliquer. Il y a des faits avérés, des connexions logiques. Cinq grands complots structurent tous les événements récents, du plus anodin au plus retentissant. Je n'ai pas la vision complète de ces complots, mais je sais qu'ils existent et j'en connais plusieurs aspects avec certitude.

Matthews jette un œil sur moi alors que j'examine ses documents, tandis que je reste fasciné par l'incongruité des liens tissés entre eux.

– Je sens que je touche au but et pourtant je n'avance plus. Trop de faits m'encombrent l'esprit. Mais un œil neuf pourrait peut-être discerner ce que je ne peux plus voir.

– Et qu'est-ce que tu as compris ?

– Eh bien… ça va te sembler farfelu, je te préviens.

– Je m'y attends un peu.

– Ouais... j'imagine. Pour résumer, il y a cinq grands acteurs : les nazis, les aliens, les reptiliens, la famille royale et, hum..., les dinosaures.

Je lève un sourcil incrédule.

– Oui, je sais, les dinosaures. Farfelu, comme je te disais.

– Non, ce qui m'étonne le plus c'est l'idée que la famille royale ait un quelconque pouvoir.

– Ahem, oui, on dirait bien. Donc, voici ce que je sais : ceux qui manipulent les médias ne contrôlent pas la population mondiale et ne veulent pas envahir la Terre et ne sont ni les dinosaures ni les reptiliens.

Les nazis, pour envahir la Terre, n'ont pas conçu les antennes 5G ni financé des expérimentations génétiques et ils ne sont pas dissimulés dans une autre face du *Time Cube* ni dans le vaisseau de l'area 51.

Le financement des expérimentations génétiques n'est pour faire croire que la Terre est plate ni pour contrôler la population mondiale mais est réalisé par ceux qui opèrent depuis l'Antarctique, qui ne sont ni les reptiliens ni les aliens.

Prendre le pouvoir, qui n'est prévu ni par les Windsor ni par les reptiliens, ne se fait pas en manipulant les médias.

Les dinosaures, réfugiés dans la Terre creuse, ne construisent pas une arme secrète ni n'ont conçu les antennes 5G.

– Je pense que « farfelu » n'est finalement pas le terme qui convient

– Allons, réfléchis ! Est-ce que tu distingues quelque chose ?

– Vu comme ça, on dirait de la purée de pois pour l'esprit, mais je vais essayer.

	(R) réfugiés dans la Terre Creuse	(D) en Antarctique	(V) depuis le vaisseau de l'area 51	(S) dissimulés dans une autre face du Time Cube	(1) cachés de l'autre côté de la Lune	développent des coronavirus	financent des expérimentations génétiques	manipulent les médias	ont conçu les antennes 5G	construisent une arme secrète	prendre le pouvoir	ressusciter la princesse Diana	faire croire que la terre est plate	contrôler la population mondiale	envahir la terre
Les dinosaures															
Les Windsors															
Les aliens															
Les reptiliens															
Les nazis															

	(R)	(D)	(V)	(S)	(1)	développent des coronavirus	financent des expérimentations génétiques	manipulent les médias	ont conçu les antennes 5G	construisent une arme secrète
prendre le pouvoir (N)										
ressusciter la princesse Diana (Z)										
faire croire que la terre est plate (U)										
contrôler la population mondiale (U)										
envahir la terre (4)										

	(R)	(D)	(V)	(S)	(1)
développent des coronavirus (E)					
financent des expérimentations génétiques (E)					
manipulent les médias (O)					
ont conçu les antennes 5G (A)					
construisent une arme secrète (2)					

14 heures

Résolvez le diagramme ci-dessus puis notez vos déductions dans le tableau en reportant les lettres dans les colonnes grisées. Rendez-vous au paragraphe trouvé. Sinon, notez que Matthews travaille sur les conspirations aux INDICES en fin de livre. et allez au 130.

	Où		Quoi		Pour	
Les dinosaures						
Les Windsor						
Les aliens						
Les reptiliens						
Les nazis						

146

La première pensée qui m'est venue en tête après que mon estomac eut décidé que le taco devait de toute urgence retourner d'où il venait est que je devrais éviter de manger n'importe quoi au simple prétexte que j'ai faim.

La deuxième, après avoir récupéré mes esprits, a été qu'il serait de bon ton de fuir le lieu où, sous le regard médusé des badauds, j'ai expulsé vers le sol ledit taco à demi digéré.

La troisième, après avoir fui, est de me poser sur un banc pour attendre que la nausée passe. Et me nettoyer un peu au passage, aussi.

Le temps de faire tout cela, des minutes ont passé.

Jim est toujours à l'endroit où il se trouvait, mais sur le créneau horaire suivant. Regardez au 7 où cela vous mène pour 16 heures.

147

Bon ben je vais me cacher, mais dans le jardin d'à côté, hein, où il n'y a pas de chien.

Je bondis sur lui dès qu'il passe à ma portée. Surpris, il commence à se débattre. Je ne suis pas très doué pour le combat à mains nues et comme par ailleurs je suis un brin émotif, je me vois lui crier dessus « MAIS QU'EST-CE QUE TU ME VEUX ? » en le secouant de manière ridicule et en essayant de le gifler. Une fois la surprise passée, il retrouve les ressources pour m'échapper en s'extrayant de son *hoodie*, que j'agrippe fermement, puis il déguerpit. Et me voilà comme un idiot avec le vêtement entre les mains.

Bref, je n'en ai pas tiré grand-chose, sinon, un ticket de cybercafé dans une poche.

Admin Internet Cafe

Tariff :	Member Ticket
Ticket Price :	P10.00
Ticket ID :	31
Password :	OXDA5W

0 000000 000314

Part No 6861.10197

Un mot de passe pour un accès à Internet dans un cybercafé. Cool. Mais de quel cybercafé s'agit-il ?

En attendant de le savoir, direction le 7 pour 16 heures. Notez avant cela que l'espion fréquente un cybercafé dans les INDICES en fin de livre.

148

L'heure tourne et tout cela ne me mène à rien (enfin si, aux churros tout de même). Il est temps de mettre les bouts.

Rendez-vous au 7 pour 16 heures.

149

– Eurk… C'est vraiment étrange.

– Quoi donc ?

– Avoir un haut-le-cœur quand son cerveau est dans un bocal. Je n'en peux plus de ces repas ! Et franchement : pizza, taco, chinois, haricots en boîte…

– C'est ton régime alimentaire.

– Je savais que cela aurait des conséquences un jour, mais je n'aurais jamais imaginé ça.

– Un diabète de type 2 était plus probable, oui.

– Hum… Y a pas moyen d'éviter de se coltiner les mêmes repas, *ad nauseam* ?

– Écoute, je pense qu'on peut éviter cette partie. De toute façon, tu as la carte de Suzy maintenant.

Notez que vous pouvez désormais éviter de passer par le 163 à 14 heures. Pour le moment, rendez-vous au 13.

150

Notez où vous êtes et allez au 163.

Au 203.

Le Smoky Hot ferme. Najib, le cuistot, m'adresse un sourire désolé en haussant les épaules. Je m'attendais à quoi ? Mieux vaut aller voir ailleurs.

Je m'apprête à quitter les lieux quand mon téléphone sonne. Je réponds machinalement.

Rendez-vous au 193 pour répondre.

Sinon, rendez-vous au 7 pour 14 heures.

151

– Euh… Ms !

La jeune femme, chargée de livres, se retourne et me darde de ses yeux agacés.

– C'est pour quoi ? Je suis assez occupée là, comme vous pouvez le voir.

– Je cherche les archives du *Denton Observer*, des articles sur la disparue de Slumber Vale.

– Ah je suis désolée, mais je n'ai pas du tout le temps de vous aider maintenant.

– C'est assez important, je…

Son regard se fixe sur le mien. J'ai un instant l'impression qu'elle sonde mes intentions. Qu'elle peut les lire.

– Écoutez, là, je suis toute seule à vérifier le classement. Il y a plein de documents qui ne sont plus à leur place et je n'ai pas toute la journée, alors, plus tard, peut-être, si j'en ai fini avec mon tout ça. Mais il vaudrait mieux dire : à dans plusieurs semaines !

Allez au 142. Sinon, continuez.

– Hein ? euh… Je pourrais peut-être vous aider ?

– Ah ! Amusant ! Vous êtes mignon, mais je ne vais pas en plus me coltiner un empoté dans les pattes. J'ai déjà dû virer un vieux pervers qui m'a égaré un paquet de références la semaine dernière, ce n'est pas pour m'en coltiner un second.

– Hein ? mais je ne… Comment se fait-il que vous soyez seule pour faire tout ça ?

– Il eût fallu y réfléchir avant de voter pour un maire qui adore les coupes budgétaires, lance-t-elle avant de tourner les talons et de disparaître derrière les étagères de la zone consacrée au jardinage.

Du coup, je vais chercher par moi-même… mais… ne serait-ce pas le rayon « Comics » que je vois là ? Sans blague, il y a le dernier numéro de la réédition des aventures de *Conan le barbare* ! Et si j'y jetais un coup d'œil ? Juste avant de m'y mettre vraiment ?

Et c'est ainsi que deux heures passent.

Allez au 7 pour 16 heures.

152

Si vous n'avez pas répondu au coup de téléphone de Walter ce matin même ou si vous avez décliné sa proposition, retournez au 160 et reprenez la lecture où vous en étiez. Sinon, poursuivez.

Hey ! C'est mon pote Walter qui s'avance vers moi. Walter, c'est mon alter ego. Il semble essoufflé, comme s'il avait un peu couru. Nous avons beaucoup de choses en commun même si je n'ai jamais pu comprendre ce qu'il trouvait de bien à la version récente *Battlestar Galactica* et je crois qu'il restera pour toujours hermétique à *Cosmos 1999*. Mais laissons tomber ces chicaneries. Walter, c'est presque moi.

En un peu plus bedonnant.

Juste un peu.

– Cool que tu sois là ! me dit-il. Je viens voir si la cartouche que j'ai commandée est arrivée !

– Allons la chercher !

Rendez-vous au 143.

153

Est-ce que cela aurait un rapport avec la cartouche que Walter a commandée ? Il a dit qu'il passait à Oldies but Goldies à 14 heures. Si ça se trouve, je peux l'y retrouver !

Retournez au 169 ou allez directement au meilleur magasin d'Eastern, au 160.

154

Cédant aux impulsions de mon cerveau reptilien, je m'élance sans réfléchir vers le jardin, le chien aboyant à mes trousses. Où puis-je aller ? Où puis-je aller ? Assez vite, je me retrouve à avoir fait le tour de la maison.

L'adrénaline aidant, j'ai l'impression de battre mon record personnel de vitesse, tout en voyant le jardin bien propret défiler comme au ralenti, à mesure que je tourne autour du pavillon. Mon cœur s'emballe, mes poumons brûlent, mais j'en ai encore sous le pied, j'accélère.

Au second tour, je repasse devant le portail et continue ma course. J'ai sur les mollets le souffle infernal du molosse. Je crois que je vais perdre le mien… Non ! il ne faut pas ! Il y a là un arbre avec une corde à nœuds. Est-ce qu'il y a des obstacles que je pourrais mettre entre la bête furieuse et moi ? Cette brouette ? Trop loin. Ces pots ? Trop petits : le molosse les franchit d'un bond. Ces rosiers ? C'est moi qu'ils vont ralentir !

Une femme âgée surgit sur le perron de la maison, criant quelque chose que je ne comprends pas. Le troisième tour arrive. Le souffle va me manquer. Le portail ! Je le vois passer à ma gauche. Pourquoi n'ai-je pas essayé de le franchir sur ma lancée ? Je sens sur mes mollets les giclées baveuses du chien qui bientôt va pouvoir me mordre. Mes forces s'épuisent, je vais flancher… L'arbre ! La corde ! Sans plus réfléchir davantage, je saute et me retrouve à grimper comme je n'ai jamais pu le faire dans mes piteuses années d'école secondaire. Comme quoi, avec le bon stimulus…

Le chien aboie et saute pour tenter de m'attraper le pied, claquant des dents d'un air effrayant. La femme nous a rejoints. Elle crie elle aussi. Dans le brouhaha et la panique, je ne comprends toujours pas ce qu'elle raconte. Elle a l'air de m'invectiver. Mes bras me font horriblement mal. Je vais bientôt lâcher et me faire dévorer.

Je me rends soudain compte que je suis juste à côté de la clôture qui sépare ce jardin du jardin voisin. Les poteaux sont hauts et acérés mais je suis moi-même assez haut. Si je me balance, en utilisant mon propre poids pour avoir de l'élan… j'ai une chance de passer par-dessus !

Sans réfléchir, les sens abrutis par les aboiements incessants de la femme et les cris du chien, je prends mon élan, je m'élance et…

Argh ! j'ai dérapé !

Dans la suite de l'enregistrement, on entend un bruit flasque – splortch ! –, comme une broche transperçant un morceau de viande crue et un pschitt ! sonore. Une femme hurle, couvrant les grognements d'un chien semblant tirer sur quelque chose. On distingue aussi quelques borborygmes qui s'éteignent rapidement.

Jim est mort. Éviter la maison avec le chien est sans doute une information cruciale à noter  ***aux INDICES en fin de livre. Rendez-vous ensuite au 13.***

155

Je laisse Suzy effectuer ses recherches ; elle revient quelques minutes plus tard.

– Regarde. Je l'ai trouvé en triant de vieux papiers il n'y a pas longtemps.

– C'est un vieux morceau de carton épais, jauni par les ans, mais encore en assez bon état.

– Un vrai morceau d'histoire de la cryptographie !

– Si tu le dis…

– Je peux prendre une photo ?

– Oh mais bien sûr !

Et voilà comment je me suis retrouvé avec l'image d'une carte perforée, sauvegardée dans la mémoire du dictaphone

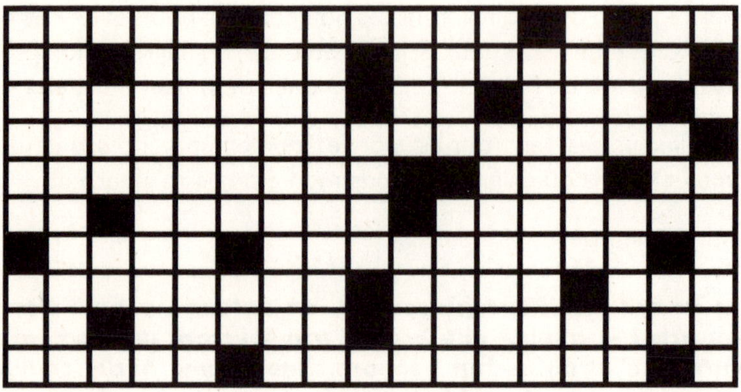

Jim peut s'en aller vers le 7 pour 16 heures ou prolonger un peu la conversation au 183.

156

Je m'arrête devant un stand de sucreries. Ce n'est pas forcément ce que je préfère, mais le stand propose aussi des churros avec une sauce chocolat.

Une sauce chocolat.

Impossible de résister. Ne me jugez pas.

Bref, la confiserie est rapidement engloutie. Que faire maintenant ?

Si vous avez tout essayé, allez au 148. Sinon, la grande roue est au 166, et le stand de tir au 158.

157

Je quitte Molly avec la liste. Walter y a caché un message. Je vais prendre le temps de regarder ça tranquillement.

~~Alien~~	~~Dune~~
~~Lost in translation~~	E. T.
~~Le jour où la Terre s'arrêta~~	~~Interstellar~~
Inception	Yakusa
~~Eraserhead~~	~~Xxx~~
Looper	Ocean Twelve
~~Zoolander~~	~~Her~~
Ocean Eleven	Under the Skin
~~Arrival~~	~~Un jour sans fin~~
V pour vendetta	~~Indestructible~~
~~Underworld~~	~~THX 1138~~

Si vous trouvez la solution, allez au paragraphe indiqué. Vous pourrez ensuite aller au 7 pour 16 heures.

Sinon, allez directement au 7 pour 16 heures et prévoyez peut-être de faire un saut au Lavomatic. Vous n'êtes pas contraint de trouver la solution tout de suite. Vous pouvez consulter cette liste autant que vous le souhaitez, en notant qu'elle est au paragraphe 157. Si vous trouvez la solution, notez bien où Jim se trouve et allez au paragraphe indiqué.

158

On pourrait croire que mon entraînement sur console de salon à de nombreux jeux de tir aurait pu m'aider à devenir un as du tir aux pigeons.

Il n'en est rien. J'ai beau viser avec patience, prendre mon temps, contre-viser quand le tir me semble partir trop à gauche ou à droite, rien n'y fait.

Je repars bredouille du stand en maugréant.

Tous les problèmes peuvent se résoudre avec du sucre, au 156. Sinon, il est possible de prendre de la hauteur dans la grande roue au 166. Si vous avez déjà fait cela, allez au 148.

159

Notez où vous êtes et allez au 163.

La bibliothèque est ouverte. Quelques rares étudiants errent dans les allées entre les rayonnages. Je cherche des yeux quelqu'un pour me guider, mais aucun bibliothécaire ne se montre, hormis une jeune femme rousse qui, l'air furibond et un carnet à la main, arpente les différentes salles d'un pas décidé.

Allez au 203.

Mon téléphone se met à sonner au moment où elle passe près de moi et voilà qu'elle me décoche un regard furieux. Je m'empresse de l'éteindre sans même prêter attention à qui m'app… Bon, OK, c'est mon psy, qui doit se demander où je suis.

Vous pouvez aller au 151.

Quoi qu'il en soit, puisque je suis là, autant profiter du rayon des comics… Hé hé ! Ça va m'occuper un moment, après quoi j'irai faire un tour ailleurs. J'ai le temps après tout.

Je fais une razzia sur les étagères des bandes dessinées et m'y plonge avidement.

À la suite de quoi, il est 16 heures. Allez au 7.

160

Notez où vous êtes et allez au 163.

Quoi de mieux pour commencer l'après-midi que de se faire une petite visite d'Oldies but Goldies, mon magasin préféré ? Le magasin est situé à l'angle d'une rue qui descend dans la direction de Downtown, à côté de The Indie Disco, un vieux disquaire aujourd'hui fermé. Il y a un dégagement de l'autre côté qui permet de garer une voiture ou deux petites à la rigueur (je ne vois que celle de Molly), et, derrière, une courette où se font les livraisons.

Notez où vous êtes et allez au 203.

Mon téléphone sonne et… zut. Mon psy. Forcément, j'avais rendez-vous à 14 heures.

Est-ce que Jim répond ? Si oui, notez où vous êtes et rendez-vous à 193. Sinon, poursuivez.

Vous devez vous rendre au 152.

Il n'y a presque personne dans la rue. Alors que j'attends sagement que le feu piéton passe au rouge, je remarque un curieux manège sur le trottoir d'en face. De là où je suis, j'entends des coups sourds venant de la petite cour, à côté de la porte de service. Cela semble provenir de la fenêtre d'aération. Et soudain, elle s'ouvre violemment ! Un homme barbu s'en extrait péniblement, avant de tomber avec fracas sur les poubelles. Il se relève aussitôt et scrute les alentours. Et bien sûr, il voit tout de suite que je l'observe depuis le début.

Comme pris de panique, il pousse un juron, prend ses jambes à son cou et s'engouffre dans une ruelle. C'est bizarre. J'ai l'étrange impression qu'il m'a reconnu. Mais peut-être était-ce simplement l'expression d'un cambrioleur pris sur le fait.

Vous pouvez intervenir au 200.

Ou plutôt au 206.

Le type faisait peine à voir, en tout cas. Les cheveux grisonnants en bataille, la barbe fournie, des fringues qui semblaient tout droit sorties d'une décharge tenue par des punks. Je ne sais pas ce qu'il est venu chercher ici, mais il est ressorti bredouille.

Bon sang ! Molly est à l'intérieur, probablement seule ! Il faut que j'aille voir ça !

Je traverse au feu (non sans avoir vérifié qu'aucun véhicule ne roule dans ma direction – on n'est jamais trop prudent), me précipite vers la porte pour l'ouvrir et manque de m'écraser dessus. C'est fermé pour inventaire, en tout cas si j'en crois l'écriteau sur la porte.

Bon ben je suis au moins rassuré sur ce point. Il ne me reste plus qu'à traîner dans le coin pour passer le temps. Peut-être faire un tour ailleurs.

Notez quand même qu'il y a un gars louche à Oldies but Goldies dans les INDICES en fin de livre puis allez au 7 pour 16 heures.

161

Les Délices de Wuhan. C'est quand même incroyable que ce resto ait survécu à la pandémie en portant ce nom. Mais c'est bien cette devanture décatie et, à l'intérieur, la même déco surannée.

En fait, c'est bondé. On me trouve non sans difficulté une table libre et je m'installe pour constater que la carte est toujours la même. Je ne me rappelle plus le nombre de fois où j'ai mangé ici, seul ou avec Walter, Molly et parfois Suzy, bien qu'elle n'ait jamais été très amatrice de cuisine chinoise. Et souvent aussi avec mes grands-parents quand j'arrivais à les convaincre de se déplacer jusqu'ici.

Je chasse ces souvenirs et la pointe de tristesse qui les accompagne en m'égarant dans la carte pléthorique du restaurant avant de me rabattre sur un potage pékinois, comme d'habitude depuis des temps immémoriaux. Aucune surprise ici. Tout se passe toujours comme la fois précédente et c'est ce qui fait le charme du lieu. On dirait un endroit sur lequel le temps n'a pas prise.

Mon repas bientôt terminé, je paie, remercie le serveur et m'en vais en emportant le traditionnel *fortune cookie*, que je mange toujours un peu plus tard.

D'ailleurs c'est le moment parfait pour faire un tour dans Eastern. Le quartier n'a pas vraiment changé depuis que mes potes et moi traînions ici nos guêtres en poursuivant vainement nos *A-levels*. Il y a un peu plus de taxiphones et d'ateliers de réparation de téléphone, mais c'est toujours le même dédale de boutiques populaires et modestes.

J'avais presque oublié le biscuit lorsque je retombe sur lui, bien emmitouflé dans la serviette de table, en cherchant ma carte de transport.

Pour un peu, j'allais jeter le papier sans réfléchir – les dictons des *fortune cookies* ne sont pas vraiment drôles quand on est tout seul. C'est un peu comme lire son horoscope sans avoir personne avec qui le commenter. Je m'y attarde néanmoins par pur ennui et…

Présente tes respects à tes ancêtres

Je chancelle sous le coup de l'émotion. Est-ce un signe de l'Univers ? Je pensais tout à l'heure à mes grands-parents et voilà que le karma m'invite à leur rendre visite. La honte me saisit alors : je ne suis pas passé une seule fois au cimetière depuis l'enterrement. Il faudrait que je le fasse. Ça ne peut plus durer comme ça.

Notez dans les INDICES en fin de livre que vous devriez passer au cimetière. Rendez-vous au plan du 7 pour 14 heures.

162

À vrai dire, je ne tiens pas tellement à le distancer. Si je le voulais, connaissant bien le quartier, j'aurais tôt fait de lui échapper en franchissant quelques clôtures et murets. Mais cette filature m'intrigue.

Je finis par rallumer mon téléphone, comme pour y consulter mes messages mais en réalité je recherche l'appareil photo. Et le plus discrètement du monde, je tente, en mode selfie, de prendre une photo de mon poursuivant.

Hélas pour moi, il s'en aperçoit et décampe aussi sec !

Mais j'ai pu prendre une photo. Le gars est assez grand, pas très épais. On ne voit pas son visage, masqué par la capuche rabattue de son *hoodie*, mais on voit bien distinctement le motif imprimé sur l'avant de son vêtement :

Je suis donc poursuivi par un conspirationniste à la noix…

Bon… Ce n'est pas tout ça, mais il est presque 16 heures maintenant. Il faut que je me bouge.

Notez que vous êtes suivi dans les INDICES puis rendez-vous au 7 pour choisir une destination pour 16 heures.

163

Si Jim a mangé une pizza, allez au 171. S'il a mangé des tacos, allez au 178. S'il a mangé des haricots, allez au 186. Pour tout autre plat, retournez au paragraphe précédent.

Vous pouvez aller au 132.

164

Pas moi.

Je me suis fait cueillir en haut d'un escalier de secours au moment où je pensais rejoindre le deuxième étage de l'observatoire. La porte s'est ouverte d'elle-même, me laissant nez à nez avec un policier.

Allez au 232.

165

La plupart des animations de la fête foraine sont ouvertes, même s'il n'y a pas vraiment foule. J'avise la grande roue, les stands de tir, les dealers de confiseries.

Faire un tour dans la grande roue mène au 166, le tir au 158. Et le sucre candi est au 156.

166

Ce n'est pas sans une certaine appréhension que, ticket pris, je patiente en attendant que la grande roue s'arrête et que je puisse y grimper.

Une fois arrivé en haut, je me détends. Ne pas contempler le sol aide, apparemment. Je regarde la rive est de la Slee, vers Crossing. On distingue les pelouses de Victoria Park, le cimetière et l'hôpital. Plus loin, les collines de Slumber Vale et… hum… une colonne de fumée monte dans le ciel par-dessus la cime des arbres, dans le lointain. Que se passe-t-il de ce côté ?

Je jette aussi un œil vers les pentes de Copper Heights, espérant y distinguer la maison, sans arriver à l'apercevoir vraiment dans le lointain.

La cabine commence à redescendre et, surmontant ma peur d'avoir le vertige, j'ose regarder un peu en bas.

Allez au 139.

La cabine redescend sans encombre. Que faire maintenant ?

Rejoindre le tir au 158 ? Ou tenter une overdose de sucre au 156 ? Si vous avez déjà fait tout cela, allez au 148.

167

Notez où vous êtes et allez au 163.

Puis au 203.

Je me balade dans les rues du centre-ville. Mon téléphone sonne alors que j'atteins Concordia Square.

Est-ce que Jim répond ? Si oui, allez au 193. Sinon, poursuivez.

Les rues sont assez tranquilles à cette heure de la journée. J'erre dans les ruelles à la recherche d'une indication quelconque, peut-être d'un sens à ma vie. Je devrais être chez mon psy à cette heure-ci.

Et si on faisait un petit pari ? C'est au 84. Sinon, le temps passe. Allez au 7 pour 16 heures.

168

– Oui ?

– Bonjour monsieur Lowell, ici Schaefer. Nous avons rendez-vous à 14 heures, je crois.

– Oui je sais, mais…

– Il est encore temps de venir.

– Je suis encore loin et…

– Ah bon ? Où êtes-vous au juste ?

– Euh… à Eastern.

– Et plus précisément ?

– … pas de très loin de chez Suzy.

Silence au bout du fil. Puis :

– Vous plaisantez ?

– Hum. Non.

– Vous préférez aller là-bas plutôt que d'honorer votre rendez-vous avec moi ?

– Euh…

– Je crois que vous devriez venir.

Mon psy raccroche. Il a raison. Sur toute la ligne.

Allez au 207, et plus vite que ça.

169

Oh non ! Qu'on aime ou pas, là, même pour un graffeur, c'est du vandalisme ! Un petit malin a recouvert quelques-uns des plus beaux graffitis par une phrase absurde, en grosses lettres orange :

JIM

TROUVE LA CARTOUCHE

SAUVE LE MONDE

Euh… quoi ?

Faites un tour au 153 puis revenez.

Un type qui connaît mon nom tague dans le métro à la peinture orange.

Je suis toujours en train à me demander qui cela peut bien être quand j'arrive à ma destination.

Qui est à choisir entre Oldies but Goldies au 160 ou le quartier de Suzy au 144. Notez avant que quelqu'un donne des indications avec de la peinture dans les indices en fin de livre ***.***

170

Comme si de rien n'était je poursuis mon chemin. Toutefois, sitôt l'angle d'une rue passé, je franchis d'un bond un portail et me dissimule derrière une haie.

Mais peut-être pas cette haie-là. Vous pouvez aller au 147.

Quelques instants plus tard, j'entends bien des pas hésitants dans la rue. Quelqu'un a l'air de chercher quelque chose…

Ha, ha ! Comme je suis malin ! Et maintenant, je vais…

Ggrrrrrrrrrrr…

Ce grognement sourd derrière moi ne m'annonce rien qui vaille. Je me retourne doucement, évitant tout geste brusque.

Un énorme molosse me toise de ses yeux furieux, le genre de bête vicieuse qui s'approche du passant avant d'aboyer pour ajouter la surprise à la peur. Un monstre qui n'a pas besoin d'un panneau d'avertissement pour être considéré comme chien méchant. Son air ne laisse d'ailleurs aucun doute quant à l'opinion qu'il se fait de mon intrusion sur son territoire et aux suites qu'il compte y donner.

Allez au 154.

171

Ça me pèse terriblement sur l'estomac. J'aurais peut-être dû y aller un peu plus doucement sur les spécialités italiennes à pâte épaisse et largement garnies. Un peu d'exercice s'impose dans un avenir proche.

Retournez au paragraphe dont vous avez noté le numéro.

172

Il n'y a que trois policiers à l'entrée et ils sont occupés à parler aux passants se demandant ce qui se passe à l'observatoire. Puisant dans le savoir accumulé au cours de mes nombreuses années de pratique du jeu vidéo d'infiltration, je cherche le bon angle et le moment pour être hors de leur champ de vision.

Après quelques dizaines de minutes d'attente, les conditions semblent réunies. Je passe par-dessus les buissons qui bordent la rue puis la petite clôture. Je me retrouve sur les plates-bandes. Impossible de passer par le perron, mais je peux faire le tour de l'aile gauche du bâtiment et arriver par les jardins.

Les policiers n'y ont vu que du feu.

Hé, hé, hé ! C'est qui le meilleur ?

Allez au 164.

173

Et n'oublions pas : je me promène avec un dictaphone selon lequel je suis déjà mort plusieurs fois tout en étant vaguement au centre d'une enquête pour déjouer je ne sais quelle invasion extraterrestre.

Je vais TRÈS TRÈS BIEN.

En arrivant devant l'immeuble, je me suis aussi fait la réflexion que le jour qui devait se répéter indéfiniment est précisément celui de mon rendez-vous hebdomadaire chez le psy... Ça ne s'appellerait pas une poisse de niveau cosmique, ça ? Ça ne pouvait pas tomber un dimanche plutôt ?

Une autre façon de voir les choses serait d'imaginer que, pour le prix d'une unique consultation, je peux en enregistrer autant que je veux. Avoir à les réécouter pour voir si je suis arrivé à quelque chose d'intéressant me déprime d'avance, cela dit.

Bref, je ne suis pas plus avancé et il faut bien y aller quand même.

Allez zou, chez le psy, et vite ! Retournez au 207 et continuez.

174

Aucun drone en vue. Ils ne sont pas encore là.

Retournez au 180.

175

Wendy, l'agente à l'accueil, reste un moment figée par ma demande de déposition. Après avoir vainement regardé autour d'elle pour voir si un collègue ne pouvait pas venir à son secours, elle m'a invité à prendre place dans un bureau vide et d'attendre que quelqu'un soit disponible pour me recevoir.

J'attends.

Longtemps.

Très longtemps.

Non, sérieusement, cela doit faire deux heures que je poireaute ici. Peut-être davantage.

Mais alors même que je m'apprête à me lever pour voir si Wendy ne peut pas trouver quelqu'un que je pourrai voir plus rapidement, la porte du bureau s'ouvre, laissant apparaître un grand et costaud gaillard dont le badge laisse apparaître le nom « Danny ».

Il me regarde d'un air étrangement inexpressif, sans rien dire. Puis il referme la porte et… et m'enferme à clé !

Eh ! Je suis prisonnier !

Je tambourine à la porte. Je m'énerve, je m'agace, je menace. Je sens l'angoisse monter… Je fais une attaque de claustrophobie ! Une crise cardiaque !

Argh !

Au secours !

J'étouffe !

Ah… Ah…

Hum… finalement non. Seulement une bonne suée. Je reprends mon souffle.

Mais j'ai beau m'agiter, jurer par tous les diables, proférer des malédictions, tenter d'interlopes insinuations sur la profession des parents de mes geôliers invisibles et même invoquer l'*habeas corpus*, tout cela en l'espace de quelques minutes, je n'obtiens aucun résultat.

Rendez-vous au 236.

176

J'ai tout de même la petite consolation de me dire que, bientôt, ce sera comme si cette conversation n'avait jamais eu lieu.

Allez au 7 pour 16 heures.

177

Notez où vous êtes et allez au 163.

– Alors, on a encore un petit creux ?

C'est ainsi que m'accueille Randjani quand je pénètre dans son épicerie. Je la salue en souriant et me dirige vers les snacks. Je ne sais pas si c'est effectivement la faim, mais j'ai une sensation étrange dans l'estomac et ce n'est sans doute pas sans rapport avec ma pause-déjeuner.

Sensation qui finit par passer. Je jette mon dévolu sur un paquet de barres chocolatées.

Notez où vous êtes et allez au 203.

Mon téléphone sonne. C'est le Dr Schaefer qui doit m'attendre.

Notez où vous êtes et allez au 193 si Jim répond. Sinon, continuez.

Randjani me lance un regard à demi désapprobateur en scannant le code-barres de mes snacks, puis me lance :

– J'ai vu passer Ms Thompson ce matin. Elle ne m'a pas adressé la parole, cette vieille bique.

– Je l'ai vue aussi, assez tôt. Tu es peut-être un peu trop colorée pour elle. Les seules couleurs qu'elle tolère sont sur les fleurs de son jardin.

– Hum ! J'ai du désherbant quelque part. Il faudrait que je fasse un tour chez elle.

Nous nous esclaffons comme des gamins en imaginant la tête de ma voisine contemplant ses arbustes devenus mystérieusement malades.

– Tu deviens quoi, sinon ? Toujours sur ton livre ?

– Si tu savais !

– Ben, dis-moi, répond-elle en me gratifiant de son habituel sourire éclatant.

Nous avons parlé de tout et de rien, en commençant par mon psy, dont j'esquive le rendez-vous aujourd'hui, mon éditeur, mon beau-père et j'en passe. Leurs oreilles ont dû siffler et nous avons ricané ensemble une bonne partie de l'après-midi avant d'être l'un et l'autre lassés de médire.

Allez au 7 pour 16 heures.

178

Si Jim est chez lui, allez au 138, sinon au 146.

179

Bon sang ! Le Pr Lee est peut-être là quelque part et l'observatoire est déjà quadrillé par les policiers truqués. Ça me paraît périlleux d'essayer d'entrer. Est-ce que j'y vais quand même ?

Si oui, allez au 172. Sinon, allez au 7 pour 16h.

180

Notez où vous êtes et allez au 203.

Mon téléphone sonne. C'est mon psy. Hum.

Si Jim décroche, allez au 193.

La vaste étendue abandonnée des friches dresse ses cheminées d'usine sur le ciel gris, tels des doigts rageurs adressés à…

Ouais, non, bof. Cette imprécation est trop punk pour moi. C'est juste une friche industrielle où les ados en quête de solitude viennent traîner. Je m'assois contre un muret après avoir vérifié que l'endroit n'est pas jonché de tessons de bouteilles.

Allez au 174.

Je me laisse aller à quelques rêveries. Il y a tant de souvenirs qui hantent ces lieux et… C'est assez confortable ici, en fait. Une douce torpeur s'empare de moi. Je ferme les yeux. Je ne vais pas m'endormir, c'est sûr. Je me repose un peu, c'est…

NOM DE ZEUS !

Je me réveille en sursaut. Quelle heure est-il ? Combien de temps ai-je dormi ?

Rendez-vous au 266.

181

– Je… euh… je pense qu'il y a des extraterrestres qui veulent me tuer.

– Huh, huh ?

– Ça ne vous fait rien ? Des extraterrestres ? Qui veulent me tuer ?

Léger temps d'attente.

– D'où vous vient cette impression ?

– Du fait qu'ils veulent me tuer ! Avec un laser. Vous êtes-là et – *PSCHIT* – l'instant d'après, il n'y a plus rien de vous qu'un tas de cendres fumantes.

– Vous craignez d'être tué par des extraterrestres ?

– Je n'ai pas peur de… ! Je… enfin, ça m'est déjà arrivé !

– Vous m'avez l'air en bonne santé, pourtant.

– Non, mais, je voyage dans le temps. Chaque fois que je meurs, la journée recommence.

– Elle recommence ?

– Je me réveille et c'est toujours la même journée.

Mon psy marque une pause après cet échange plus riche que l'ensemble de nos séances précédentes. Il retire ses lunettes et se frotte un peu les yeux.

– J'entends ce que vous dites, Jim, reprend le Dr Schaefer. L'impression d'être toujours prisonnier de la même routine. On peut le comprendre, dans votre situation. Vous n'avancez pas dans votre livre. Vos amis s'éloignent de vous. Vous n'avez pas de perspective. Et cette figure des extraterrestres qui incarnent la mort, comme si vous étiez pris dans un cercle d'autodestruction. Vous pouvez m'en dire plus ?

Je m'échauffe.

– Mais... non ! Enfin si ! Mais rien à voir ! Je vous parle de *vrais* extraterrestres ! Ce ne sont pas des métaphores ni des hallucinations !

Nouveau silence. Cette fois, il griffonne quelque chose sur son carnet.

Je lui raconte tout dans le détail et nous y passons un bon moment jusqu'à ce qu'il m'interrompe pour me signaler que le temps est écoulé. Il se lève et se dirige vers son bureau, tout en me faisant signe de le suivre.

– Je vais appeler un confrère et prendre rendez-vous pour vous. Je pense qu'il vous aidera mieux que moi pour la mauvaise passe que vous traversez.

– Ah bon ?

– Et sinon, c'est le tarif habituel.

– Hein ?

– La consultation.

– Ah oui !

Je règle en liquide. Il se détourne pour ranger l'argent dans une enveloppe dans un tiroir de son bureau. Le carnet est posé devant lui. J'essaie de déchiffrer son écriture.

Dépression psychotique à tendance paranoïaque

Appel H.S. Recommande internement d'office.

Puis il se tourne vers moi en posant ses deux mains jointes sur le plan de travail du bureau, la manche de son costume couvrant ses notes, avant de m'adresser un sourire aussi inhabituel que forcé.

– Je vous conseille de rester chez vous ce soir et de vous reposer. C'est important, vu votre état. À la semaine prochaine et prenez soin de vous d'ici là.

Je me retrouve dehors, fermement décidé à changer de psy, à une heure où les aliens ne devraient pas tarder à débarquer en ville.

Rendez-vous au 7 pour 16 heures. Notez que le psy de Jim pense qu'il est fou dans les indices en fin de livre.

182

Notez où vous êtes et allez au 163.

Puis au 203.

Mon téléphone sonne alors que je rejoins la salle d'attente du central de police.

Est-ce que Jim répond ? Si oui, notez où vous êtes et rendez-vous à 193. Sinon, poursuivez.

Je remarque d'entrée l'ambiance tendue qui règne ici. Il reste peu d'agents sur place et ils ont l'air préoccupé. Soudain, deux policiers franchissent la porte d'entrée, transportant un attaché-case. Ils ont une mine sinistre et nous sommes plusieurs à les suivre des yeux tandis qu'ils rejoignent les bureaux situés derrière la borne d'accueil.

Je ferais mieux d'aller voir ailleurs.

Allez au 7 pour 14 heures en ignorant, sur votre lieu d'arrivée, l'indication menant au 163 et les paragraphes mentionnant un coup de fil.

ou : vous pouvez aller au 175.

183

Je me détourne de la photo. Mon regard erre un peu. Sur les meubles du salon témoins de tant de soirées passées devant des films ou à bouquiner. Sur les murs où il n'y a plus aucune photo de nous. Sur Suzy, dont le corps se tend pour accrocher son foulard au portemanteau de l'entrée.

– Suzy, je ne sais pas comment y arriver sans toi.

Je me suis entendu débiter cette phrase. Suzy et moi restons figés pendant de longs instants, incrédules.

– Wouah ! a-t-elle fini par dire.

– Enfin, je ne voulais pas…

– Tu n'y vas pas de main morte, tu sais ? Tout ça, c'est pour que tu viennes me dire ça ? Je ne peux pas y croire !

Elle s'est assise sur le canapé.

– Non, il n'y avait rien de prémédité, je te jure. Je ne sais pas pourquoi j'ai dit cela. C'est juste que… Non, je ne veux pas t'accabler avec tout ça et…

– Je t'en prie, ne commence pas à faire ta victime. Si tu es venu pour me dire quelque chose, dis-le.

Je prends place de l'autre côté du canapé.

– Je ne sais pas si je peux l'expliquer. J'ai l'impression que rien n'a plus de sens. Je reste littéralement bloqué sur les mêmes choses. Pourquoi je reste coincé dans cette ville, dans la maison même de mes grands-parents ? J'ai l'impression de n'avancer jamais sur rien, de n'être maître de rien. Il y a Dwayne qui resserre son emprise sur ma mère et je ne fais rien. Il y a mon livre qui n'avance pas. Je sens tout le temps le regard dubitatif des gens autour de moi qui ne peux pas lâcher ses jeux, qui vis une perpétuelle adolescence. Même mon psy me juge ! Je ne sers à rien !

Mais à quoi bon ? Dans un monde où du jour au lendemain la maladie peut t'emporter toi ou tes proches, où le cynisme est aux commandes, où le pays part à l'aventure, où le chaos s'installe partout, dans un monde qui se meurt, qu'est-ce qu'il y a à faire ? Que peut-on espérer ? C'était supportable avec toi. J'avais le sentiment qu'au moins il y avait ça. Et puis non.

– Jim, répond Suzy avant de marquer une pause, c'était déjà là avant moi. Tout ce que tu me dis pesait déjà sur toi quand nous étions ensemble. Je t'ai vu t'enfoncer dans le désespoir. Et puisque tu es si franc, je vais l'être aussi. Mon sentiment, c'est que la cause de tout cela, c'est moi.

Je ne sais que répondre. Je ne comprends pas.

– Qu'est-ce que tu veux dire ?

– Tu as toujours eu cette sorte de complexe d'infériorité ou plutôt d'imposteur comme si tu ne te sentais pas assez bien pour moi. Tu as voulu que j'approuve tes passions, tes hobbies, ton mode de vie. Et c'était OK pour moi, hein ? J'aimais ce garçon qui ne craignait pas de montrer sa part d'enfance, son ingénuité. Mais tu t'es toujours senti jugé, quoi que je dise ou fasse. Et graduellement, la machine s'est inversée. Par peur de mes réactions, tu as peu à peu renoncé à vouloir me plaire, à rechercher mon adhésion.

» Je t'ai reproché ton laisser-aller, ce qui t'a conduit à renoncer encore plus. Je n'ai pas supporté de te voir te transformer ainsi en caricature de toi-même, parce que je ne pouvais pas t'apporter ce dont tu avais besoin. J'ai vu tout le mal que nous nous faisions. C'était impossible de continuer. Je t'aurais détruit. Alors j'ai mis de côté mes sentiments et j'ai décidé de te quitter.

» Je sais que cela a été dur, que ça l'est toujours. Pour moi aussi, crois-le bien. J'ai souffert comme jamais. Et si tout cela te semble désespérant aujourd'hui, dis-toi bien que si nous étions ensemble, ce serait pire.

– Suzy… Je ne sais pas quoi dire… Nous deux c'était tellement… enfin, au début… Je me suis toujours demandé si je méritais d'avoir rencontré quelqu'un comme…

Elle me regarde de ses yeux noisette touchés d'une pointe de vert.

– Tu vois, le complexe de l'imposteur.

» Il n'y a pas de solution pour nous. Nous avons décidé de ne pas nous revoir. Et puis tu as commencé à me faire des reproches au téléphone ou par SMS. Je me suis sentie harcelée. Cela m'a rendu triste, puis dure et enfin furieuse contre toi.

» Mais quand je t'ai vu tomber tout à l'heure, je n'ai plus su qui j'étais. J'ai couru vers toi avec l'impression de revivre l'angoisse des premiers mois de la pandémie où l'on pouvait perdre en quelques jours un proche. J'ai senti que je tenais encore à toi de façon vitale, farouche. Et toute la colère que j'avais accumulée s'est évanouie en un instant.

» C'est trop bête, tout ça. J'ai en marre de te détester.

Suzy s'est allongée et a posé sa tête sur ma jambe. J'ai passé doucement ma main dans ses cheveux. Elle a continué :

– Mais c'est comme ça. Nous sommes peut-être toxiques l'un pour l'autre.

– Il paraît que l'important n'est pas le poison, mais le dosage.

– Jim…

– Oui ?

– Tais-toi.

Et nous sommes restés ainsi longtemps, dans un silence seulement ponctué par le bruit assourdi de sanglots que nous ne voulions pas nous montrer. Un peu avant 18 heures, nous nous sommes quittés sans ajouter un mot et je suis reparti de chez elle empreint d'un indéfinissable sentiment d'amertume.

Suzy m'aime encore. Mais qui s'en souviendra demain ? Cette pensée me rend infiniment triste.

Allez au 7 pour 18 heures. Notez quand même que tout n'est pas perdu avec Suzy aux INDICES en fin de livre.

184

Notez où vous êtes et allez au 163.

Notez où vous êtes et allez au 203.

Mon téléphone se met à sonner quand j'entre dans le hall de l'hôpital.

Si vous répondez, notez où vous êtes et allez au 193.

Il y a beaucoup de monde ici. Je me dirige vers le parc, qui est dans mon souvenir assez sympa. Hélas, il est fermé pour des travaux d'entretien.

Pour prendre un rendez-vous, allez au 209.

Pour une visite, au 194.

Mince ! je n'ai plus qu'à aller voir ailleurs. Hélas, le tram met des plombes avant d'arriver et n'est pas plus rapide une fois que j'ai grimpé à l'intérieur. Je philosophe sur les heures et les jours qui s'envolent à jamais.

Rendez-vous au 7 pour 16 heures.

185

Notez où vous êtes et allez au 163.

Rien de tel qu'une petite balade pour bien digérer. Et c'est nettement mieux que d'aller voir ce bon vieux Dr Schaefer, avec qui je n'avance plus depuis longtemps.

Notez où vous êtes et allez au 203.

Ah ben tiens d'ailleurs, ça sonne... Faut-il vraiment que je réponde ?

Si oui, notez où vous êtes et allez au 193. Sinon, continuez.

C'est en regardant la vitre arrière d'une voiture garée sur le trottoir, grâce à l'effet miroir, que je remarque cet étrange personnage un peu plus loin derrière moi. Ne l'ai-je pas croisé déjà, tout à l'heure, au tout début de ma balade, sans trop y prêter attention ?

Je fais mine ne pas l'avoir remarqué (ce qui, reconnaissons-le, a toujours été l'une des choses les plus difficiles à faire du monde) et continue ma promenade. Et quelques minutes plus tard, alors que je m'arrête et m'accroupis comme pour refaire mon lacet, c'est bien lui que j'aperçois s'arrêtant pile à l'angle de la rue pour m'observer.

Alors je repars. J'ai l'impression qu'il me suit, donc. Je tente une boucle, assez grande. Si je l'ai toujours à mes basques quand je repasse à l'endroit où je me suis arrêté tout à l'heure, j'en aurai le cœur net.

Et… c'est bien le cas. Il me suit, à coup sûr.

Reprenant ma marche, je cherche un moyen de le confondre.

Est-ce que Jim tente de se cacher dans un jardin ? Si oui, allez au 170, ou attendez au 162.

186

J'ai encore faim ! Promis, *demain* je fais de vraies courses.

Retournez où vous étiez.

187

Vous devez réactiver votre téléphone pour envoyer des SMS. Allez au 129 si vous le faites, sinon, vous quittez le quartier. Rendez-vous au 7 pour 16 heures.

188

Il y a une bonne petite marche à faire pour arriver aux friches ou à la fête foraine.

Notez où vous êtes et allez au 163.

Allons-y, puisque je n'ai rien d'autre à faire dans le coin.

Les friches sont au 180 et la fête foraine au 75.

189

En ce début d'après-midi, Wornwood est d'un calme exemplaire.

En route vers chez maman au 195 ou chez le psy au 207.

190

Le voyage se passe sans encombre (pourquoi en serait-il autrement ?). En sortant de la rame, je suis bousculé par un type qui porte un étrange chapeau melon et cache son visage sous un immonde foulard.

Pestant intérieurement contre l'incivilité de certains citoyens de Denton (je dois néanmoins préciser, par honnêteté, que je n'ai jamais eu le courage de faire la moindre remarque à quelqu'un de plus de 60 kg, même si la personne est particulièrement désagréable), je me demande tout à coup si je n'ai pas été victime d'un pickpocket.

Je me rassure vite en découvrant mon téléphone et mon portefeuille logés l'un et l'autre dans les poches qui leur sont dédiés. Et… qu'est-ce que c'est que ce truc ?

C'est une petite feuille de papier glacé, froissé. On peut y lire « *Cheat codes* », ce qui indique qu'il s'agit peut-être d'un morceau de magazine de jeu vidéo.

Cheat codes : 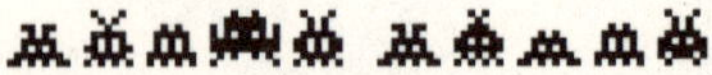

Est-ce que le type qui m'a bousculé a laissé ça dans mes poches ? Mais pour quoi faire ? Interloqué, et de peur de le perdre, je le prends en photo. La diode de mon dictaphone indique qu'elle est sauvegardée.

Quoi qu'il en soit, je peux aller au central de police en 182, à Concordia Square en 167, à la bibliothèque en 159 ou à The End of the World en 127.

191

– Tu peux rester autant que tu veux pour te reposer. Moi, il faut que j'aille faire une course. Je compte sur toi pour ne pas faire n'importe quoi, en mon absence, hein ?

C'est sur ces mots que Suzy est partie. Me laissant seul chez elle. N'ayant pas particulièrement envie de braver un interdit, je me recouche sagement sur le canapé pour dormir encore un peu.

Quand je me réveille, je suis toujours seul. Ne sachant que faire, je feuillette un prospectus sur la table basse du salon, puis regarde les livres de la bibliothèque, puis les photos accrochées au mur. Il n'y en a plus aucune de moi.

Je suis en train de contempler celle de son grand-père en tenue militaire lorsqu'elle revient.

– Salut. Ça a l'air d'aller mieux, non ?

– Oui, merci, je me suis reposé. J'avais oublié que ton grand-père avait été militaire.

– Comment ? Ah, tu me parles de la photo. Il portait l'uniforme mais n'était pas vraiment militaire. Il a été engagé pour faire de la cryptographie.

– Vraiment ? Il a connu Turing ?

– Je ne sais pas… Il n'en a jamais parlé. Il a travaillé un temps pour la base de Slumber Vale. C'est pour ça que la famille s'est installée ici. Il s'occupait de projets autour de la sécurité de la base.

Jim peut continuer à interroger Suzy sur la photo de son grand-père au 205.

Sinon, il va dire la première chose qui lui passe par la tête au 183.

192

Notez où vous êtes et allez au 163.

Notez où vous êtes et allez au 203.

Mon téléphone se met à sonner quand j'arrive au Lavomatic.

Si vous répondez, notez où vous êtes et allez au 193.

Les tambours du Lavomatic tournent sous la surveillance bienveillante de Josh, grand commandeur des machines à laver. Il me salue et me demande si j'ai besoin de quelque chose.

Si vous souhaitez poser une question à Josh, notez où vous êtes et allez au 500. Après la conversation, rendez-vous au 7 pour 16 heures.

193

– Oui ?

– Bonjour, monsieur Lowell, ici le docteur Schaefer. Nous avons rendez-vous à 14 heures, je crois.

– Oui je sais, mais…

– Il est encore temps de venir.

– Oui, mais…

– La séance sera facturée quoi qu'il en soit. À tout de suite, Jim.

Mon psy raccroche. Hum… si je dois y aller, c'est maintenant.

C'est au 207 si Jim est déjà dans Wornwood. Sinon, il faut au préalable passer par le 189. Mais vous pouvez décider de ne pas tenir compte de l'appel, dans ce cas retournez où vous étiez quand vous avez reçu l'appel.

194

Bon sang ! Il y a vraiment beaucoup de monde qui fait la queue ! Je déploie des trésors de patience pour rester dans la file jusqu'à ce que ce soit mon tour.

Et tout ça pour m'entendre dire que Susan Layton n'est plus hébergée dans l'établissement.

Bref, j'ai perdu mon temps ici.

Rendez-vous au 7 pour 16 heures.

195

Je pensais trouver ma mère devant la télévision, mais le salon est désert. Je monte discrètement à l'étage et jette un œil par la porte entrouverte.

Ma mère dort.

Soudain, Dwayne surgit de mon ancienne chambre, qu'il a transformée en bureau.

– Mais qu'est-ce que tu fous là ? me demande-t-il en chuchotant.

Sans me laisser le temps de répondre, il reprend :

– Allez ouste ! Laisse-nous tranquilles !

Je redescends, poussé par Dwayne, tout en m'interrogeant sur le sens de ce « nous » dans la mesure où lui ne dort pas.

Quelques instants plus tard, je suis dehors, devant la porte du garage ouverte.

– Tu n'as rien de mieux à faire que traîner par ici ?

Notez où vous êtes et allez au 203.

Mon téléphone sonne à ce moment précis. C'est mon psy. J'ignore l'appel pour ne pas donner raison à mon beau-père.

Vous pouvez aller au 373.

Si vous avez mangé un taco dans la journée, allez au 201. Sinon, continuez.

Je grommelle un *sans aucun doute* dans ma barbe avant de décamper. Autant aller voir le Dr. Schaefer, en fin de compte.

Allez au 207.

196

– Attends ! Il faut que je te dise un…

– Je suis occupée ! Reviens quand j'en aurai fini, vers 17 heures, si tu y tiens. En attendant, *bye bye* !

Et elle me claque la porte au nez.

Jim peut attendre au 277 ou aller voir ailleurs au 7 pour 16 heures.

197

Toujours désert par ici… De la station je peux marcher jusqu'à chez moi, me balader dans le quartier ou aller voir ailleurs peut-être.

Jim peut marcher jusqu'à chez lui au 210 ou se promener dans le quartier au 185, mais aussi choisir une autre destination au 7 pour 14h.

198

Le tram me dépose dans le morne quartier de Crossing. Les autres passagers qui descendent au même arrêt que moi se dirigent soit vers le stade, soit vers l'hôpital.

Choisissez votre camp en allant au 204 pour le premier et au 184 pour le second.

199

Je me lève, essayant de me donner une contenance. Sans vraiment beaucoup de succès.

– C'est gentil mais non, il faut que j'y aille.

– OK, c'est toi qui vois.

Et je suis parti en sentant son regard lourd peser sur mon dos.

Accordons à Jim quelques instants pour retrouver un semblant de dignité avant d'aller au 7 pour 16 heures.

200

– Hep vous là ! Arrêtez-vous !

Il prend la fuite ! Je m'élance à sa poursuite !

Un instant plus tard un klaxon retentit, des pneus crissent sur l'asphalte. Un choc mou, et puis le noir.

Sur l'enregistrement du dictaphone, on entend ensuite une portière qui s'ouvre et des pas se rapprocher. Puis une voix :

– Mais il est malade ce mec ! Il s'est littéralement jeté sous mes roues !

D'autres pas se rapprochent. Une voix d'homme essoufflé :

– C'est affreux ! Vous l'avez tué ! Comment va-t-on faire maintenant ?

Jim est mort. Rendez-vous au 13 non sans avoir noté qu'il faut toujours regarder avant de traverser dans les INDICES en fin de livre.

201

Je ne sais pas si c'est mon départ précipité ou autre chose, mais je ne me sens pas bien.

– Fiche-moi le camp d'ici !

Je n'écoute pas. La douleur me plie soudain en deux. Dwayne recule pendant que je titube et pose ma main sur le parechoc avant de la Range Rover pour garder l'équilibre.

– Qu'est-ce que… Hé ! Fais gaffe où tu mets tes mains, je l'ai briqué ce matin m…

BEUARGL !

Des profondeurs de mon estomac surgit un flot de matière brunâtre, mélange de sucs gastriques et d'ingrédients à peine digérés du taco que j'ai eu la mauvaise idée de manger à midi près du stade. Le jet de vomi vient s'écraser sur le haut du capot de la voiture, dont il macule une bonne moitié avant de s'éparpiller en gouttelettes jusque sur le pare-brise.

Dwayne, consterné, bégaie quelques mots incompréhensibles. Je reste immobile, tenant encore à peine sur mes jambes. Puis mon beau-père retrouve ses moyens.

– Espèce de petit sal…

BEUARGL !

Une seconde gerbe, moins impressionnante, tombe sur le radiateur avant de dégouliner sur le sol en faisant de petits « plics-plocs ».

– Dwayne, je, euh…

– Je vais te… !

Sa voix s'éteint dans un accès de rage. Retrouvant soudain des forces, je me jette en arrière pour éviter la gifle qui m'était destinée. Je recule à nouveau lorsque Dwayne se rue sur moi. Mais le voilà qui dérape sur la flaque brune avec morceaux qui s'était accumulée à mes pieds, jure en tentant, par de vains mouvements de jambe, de conserver l'équilibre avant de s'étaler de tout son long sur le capot.

C'est bien la première fois que je ressens à la fois de la terreur et une franche envie de rire.

Mais le regard assassin que m'adresse Dwayne en se redressant vide la scène de tout son contenu humoristique. Je prends la poudre d'escampette, laissant Dwayne à ses malédictions.

Quelques rues plus loin, je m'arrête. La tension est retombée et je ressens à nouveau les effets de l'intoxication alimentaire. Je dois trouver un endroit où me poser un peu et me nettoyer. Ce ne sera pas chez ma mère en tout cas. Il va falloir attendre un peu avant de revenir par ici.

Le temps de se refaire une beauté, il sera 16 heures. Allez au 7 pour cet horaire.

202

Notez où vous êtes et allez au 163.

Plusieurs voitures de police sont garées devant l'observatoire. Des agents semblent indiquer aux curieux qu'il vaut mieux aller voir ailleurs.

Puis au 203.

Mon téléphone sonne : c'est mon psy. Il va me sermonner parce que je suis en retard.

Si Jim répond quand même, notez où vous êtes et allez au 193. Sinon, continuez.

Je n'ai rien à faire ici sinon flâner un peu dans le quartier avant de trouver un autre point de chute.

CODE [×××] ***Allez au 179.***

Allez au 7 pour 16 heures.

203

Jim a désactivé son téléphone vers 12 heures. Ignorez les paragraphes concernant les appels et poursuivez votre lecture. Retournez au paragraphe où vous étiez. Vous pouvez choisir de réactiver votre téléphone maintenant et, au contraire, de prendre les appels.

204

Notez où vous êtes et allez au 163.

Notez où vous êtes et allez au 203.

Mon téléphone se met à sonner quand j'arrive au stade olympique.

Si vous répondez, notez où vous êtes et allez au 193.

Ne sachant pas trop comment m'occuper dans le coin, je reste un moment à regarder depuis les gradins décatis du stade les quelques athlètes amateurs qui s'entraînent ici. Plusieurs enchaînent les tours sur la piste ovale entourant la pelouse en piètre état où deux équipes de football s'affrontent avec force cris.

Je suis ici à l'abri de la brise, bien calé contre le mur qui sépare le gradin du couloir qui permet d'accéder au terrain. Dans un premier temps, je m'imagine courant parmi eux, afin de laisser ici quelques-uns des kilos que j'ai en trop. Un jour, j'arriverai peut-être à me motiver suffisamment pour venir avec les bonnes chaussures. Mes rêveries s'éloignent un peu plus du domaine du possible. Je fais des plans pour une vie plus saine, une meilleure alimentation, voire des légumes !

Et le sommeil me prend.

Quand je me réveille, tout étonné d'avoir dormi ici, les athlètes sont toujours là. Je remarque néanmoins, sur le versant opposé, une silhouette assise qui semble m'observer, avant de disparaître dans un tunnel d'accès.

Je cherche l'individu quelque temps en bas mais ne vois personne qui lui ressemble. Je laisse tomber, songeur.

Allez au 7 pour 16 heures.

205

– Le truc derrière, c'est le tunnel de maintenance de la base, non ?

– Oui, je crois bien. C'était son premier projet sur le site, je crois. Une porte sécurisée fonctionnant avec des cartes perforées.

– Un truc de geek d'avant l'informatique, quoi.

Suzy me lance un curieux regard un brin interrogateur.

– Ça t'intéresse ? Tu vois, là, il tient l'une des cartes. Eh bien, je crois que j'ai encore ça quelque part.

Aller au 155 ou continuez.

– Merci, mais je ne vais pas t'obliger à fouiller dans de vieilles affaires en plus de m'accueillir ici. C'est juste amusant de se dire que fut un temps, l'informatique, c'était ça.

Nous échangeons encore quelques propos anodins. Il me semble que je devrais y aller. Ou pas.

Jim peut s'en aller vers le 7 pour 16 heures ou prolonger un peu la conversation au 183.

206

Je m'apprête à bondir vers le fugitif, mais je me ravise pour laisser passer le camion que je n'avais pas remarqué foncer dans ma direction. Voilà au moins une mort évitée !

Sitôt passé le véhicule possiblement assassin, je m'élance vers l'homme qui vient de s'échapper de la boutique. Mon régime sédentaire n'a pas beaucoup épargné ma condition physique, mais en quelques instants (je n'aurais sans doute pas tenu davantage) il est à ma portée. Je consacre mon dernier souffle à me jeter de tout mon poids sur lui et nous nous étalons à terre.

Mais déjà il se redresse et s'apprête à me fausser à nouveau compagnie.

– Halte-là ! dis-je en tentant de regagner une contenance en me relevant péniblement. Qui êtes-vous ? Qu'est-ce que vous faisiez dans la boutique ?

L'individu me regarde fixement, d'un regard qui semble tenir à la fois de la fascination et de la pure panique.

– Laissez-moi ! Je ne dois pas vous parler !

– Mais… quoi ? Expliquez-vous, mon gars !

Il jette des regards autour de lui. L'absence de témoin immédiat semble le rassurer.

– Si je vous parle, ils sauront qui vous êtes ! Et tout sera perdu !

Et le voilà qui détale à nouveau.

– Attendez ! C'est qui, « ils » ?

Je crie encore inutilement en le regardant prendre la poudre d'escampette. Mazette, cette fois je ne pourrai pas le rattraper. Qu'est-ce que c'était que ce type ? Est-ce qu'il y a un rapport avec ce qui m'arrive ?

Perplexe, je me rends au 7 pour 16 heures.

207

Notez où vous êtes et allez au 163.

Han ! J'ai pas envie !

Ces séances ne donnent jamais rien. La raison principale qui m'a fait venir ici la première fois est que j'avais promis à ma mère d'aller chez le Dr Schaefer. Le vrai mystère est ce qui me fait y retourner, malgré l'absence manifeste de progrès et le coût exorbitant des consultations.

Et d'ailleurs, en fait, je vais plutôt bien.

Si, si, je vais bien.

Je vais *très* bien, même.

Enfin, je crois.

Quand j'évite de penser à mes grands-parents morts de la Covid ; au désordre permanent que je fais régner dans leur ancienne maison ; à Suzy, qui m'a largué ; à ma mère, que je laisse sous l'influence délétère de Dwayne ; à mon livre qui n'avance pas, et à tant d'autres trucs qui me plombent.

Vous pouvez aller au 173.

Et donc, cette fois encore, j'y vais.

Le médecin me reçoit dans son salon de consultation à la décoration surannée. Je m'installe sur la banquette de velours brun en face de lui. Sans me regarder, il s'assoit à son tour en observant son carnet. Je m'attarde sur ses cheveux blancs, ses lunettes rondes et son costume de tweed, attendant une phrase inaugurale pour cette nouvelle séance.

Mais il reste fixé sur ses notes, feuilletant quelques pages, comme s'il y cherchait quelque chose. Je suis pourtant sûr qu'il n'en prend quasiment aucune avec moi.

Alors je promène mon regard sur les étagères chargées de livres, les peintures abstraites qui me font penser aux figures de Rorschach, au petit buste de Freud – ou de Jung ?

Après m'être raclé la gorge, je tente :

– Euh… on… on commence ?

– C'est commencé depuis que vous êtes entré.

– Ah.

– Vous allez comment cette semaine ?

– Euh… ça va normalement, je crois…

– Huh, huh ?

Le Dr Schaefer se tait, comme s'il attendait un complément. Le silence se prolonge et devient gênant.

– Dites ce qui vous vient.

Vous pouvez aller au 181.

Je voudrais bien, mais rien ne me vient. Encore une séance qui va être longue et pénible.

Écourtons-la donc et filez au 7 pour 16 heures.

208

Notez où vous êtes et allez au 163.

La perspective d'aller au cimetière ne m'enchante guère. Il faut en plus marcher longtemps pour y arriver.

Puis au 203.

Pendant que je rumine de sombres pensées, mon téléphone sonne. C'est le Dr Schaefer, mon psy. Je suis en train de louper le rendez-vous. Je suis sûr que s'il savait où je suis, il aurait une de ses brillantes associations d'idées en essayant de me montrer que mon inconscient me suggère que quand je ne vais pas le voir, je vais à la mort.

Est-ce que je réponds ?

Si oui, allez au 193.

Quand j'arrive devant les grilles de l'entrée, toute une famille est là, attristée par le deuil d'un être cher qu'un corbillard vient d'amener jusqu'ici.

Tout cela me rappelle mes grands-parents. C'est tout à coup trop pour moi. Je préfère fuir ce lieu.

Rendez-vous au 7 pour 16 heures.

209

Je dois attendre un temps fou dans la queue avant de pouvoir rejoindre un guichet. Et le pire, c'est que le fameux médecin conseillé par le policier à qui j'avais parlé des aliens n'a plus de rendez-vous disponible à cette heure. Fichtre. Tout ça pour rien.

Rendez-vous au 7 pour 16 heures.

210

Bon… finalement, je préfère zapper mon rendez-vous avec le Dr Schaefer. Mais s'il faut rester ici, autant que cela soit utile. Je m'assois à mon bureau avec une bonne tasse de café et allume mon vieux PC.

Notez où vous êtes et allez au 163.

La souris glisse sur l'icône de *Minecraft*… non… soyons raisonnable, il faut vraiment que je bosse. Allez, pointeur de souris, va et vole jusqu'au traitement de texte !

Pendant que mon fichier charge, je cherche dans mes notes et… flûte ! j'ai renversé un peu de café sur le bureau. Et en tirant rapidement mes papiers pour éviter qu'ils soient souillés, j'ai fait tomber la moitié de mes stylos. Rhâââ ! je ne vais jamais y arriver dans un bazar pareil ! Il faut que je dégage un peu tout ça.

Mon fixe sonne… Faut-il vraiment que je réponde ?

Si oui, notez où vous êtes et allez au 193. Sinon, continuez.

Encore agacé d'être dérangé par la sonnerie, je commence à trier un peu et m'aperçois que c'est toute la pièce qui est dans un bordel pas possible. Comment travailler sereinement dans ce désordre ?

C'est décidé, je range tout !

Enfin, *j'aurais* tout rangé si je n'étais pas tombé rapidement sur ce vieil album de *Conan* que je me suis mis à feuilleter, puis à lire. Ce qui m'a donné envie d'aller comparer certaines scènes avec le livre, puis avec le film, puis de consulter les vidéos YouTube où des types racontent par le détail les différences entre les différentes adaptations de l'œuvre et ensuite j'ai pensé que la même chose devait avoir été faite pour *Dune* puis…

Il est environ 16 heures quand j'émerge de ce *binge watching*. Mes yeux piquent… Je reste chez moi ou je fais un tour ?

C'est à voir au 7 pour 16 heures et sinon au 219 pour aller marcher.

16 HEURES

211

Je sens une bonne crise de panique monter. Ce n'est pas le moment !

Je lutte contre moi-même pour garder les idées claires et mon sang-froid. Le dégoût et la nausée que je ressens en manipulant le bras tranché de l'être étrange qui s'est introduit dans l'épicerie pour trouver quel doigt va sur quelle touche ne m'y aide vraiment pas. Les encoches sur les bords de l'extrémité des doigts et les touches du fusil fonctionnent par paires, du moins si l'on tient compte de la symétrie, les uns devant se poser sur les autres. Une fois cette manipulation accomplie, le fusil semble s'éveiller et un viseur apparaît sur le canon.

– OK ça fonctionne, mais ce n'est pas très pratique à manipuler.

Tout en surveillant la rue, Randjani se rapproche de l'étagère consacrée au bricolage et me jette un gros rouleau de scotch.

– Ça ira mieux avec ça !

Je le déroule sur la main pour maintenir les doigts en position. C'est moche, plutôt écœurant, mais ça fera l'affaire…

– On va voir ce qu'on va voir maintenant !

Un inhabituel sentiment de puissance m'envahit soudain et chasse mes appréhensions. Je sais désormais comment faire marcher un fusil alien. Il me faut une main d'alien (ou un gant peut-être ?) pour faire fonctionner une telle arme. Mais là, j'ai les deux.

Notez-le dans les INDICES en fin de livre puis direction le 241.

212

Depuis l'arrêt du tram, vous pouvez aller chez Jim au 219, dans les rues de Copper Heights au 226, au Penjabi's au 261 ou au Lavomatic au 220.

213

Sitôt sortis, nous tombons nez à nez avec un congénère du petit fan de disco qui vient de se faire découper dans l'épicerie. Par pur réflexe (merci *Doom*), je le crame dans l'instant.

– GG ! s'exclame Randjani.

Les dégâts dans la rue sont moins impressionnants que ce que j'avais pu imaginer. Quelques voitures abandonnées, des façades arborant désormais des zébrures noires et, de-ci, de-là, de petits tas de cendres fumantes. Pas d'autres aliens en vue.

Tous ceux qui ont pu le faire ont fui, abandonnant sur place sacs, cabas ou parapluie. Une sirène au loin retentit. Quelqu'un a dû donner l'alerte.

– Regarde ! Il y a des policiers, là !

Une voiture de police est garée sur le côté de la route, à quelques mètres. Il y a du mouvement derrière l'un des portières, ouverte.

Allez au 283.

Randjani pose son sabre à terre, lève les bras et se dirige vers la voiture.

– Eh, nous avons été attaqués ! Qu'est ce qui se p…

Mais avant qu'elle ait pu finir sa phrase, deux coups de feu retentissent. Effaré, je la vois tomber à terre. Les policiers sont sortis de derrière la voiture et me tiennent désormais en joue.

– Non ! Arrêtez ! Nous ne sommes pas des…

Nouvelles détonations. Une douleur fulgurante dans la poitrine et… mes jambes se dérobent et…

Jim est mort. Allez au 13.

214

Trouve la cartouche, sauve le monde.

Yes !

Yes, yes, yes !

YES !!!

Je danse sur le trottoir la cartouche à la main devant le magasin de jeux, ne m'arrêtant que lorsque je remarque le regard désapprobateur de deux dames d'un certain âge, manifestement atterrées par l'enthousiasme d'un presque trentenaire pour les jeux vidéo.

Bon, maintenant je fais quoi ? Il faut que je l'essaie au plus vite car je sais désormais que mes heures sont comptées et que demain je n'aurai plus cette cartouche en main. Il faut donc que je repasse par Molly chaque fois pour avoir la cartouche et l'essayer. Car je connais un endroit où je devrais trouver la console qui convient : The End of the World !

Jim peut y aller dès à présent au 300 ou se rendre au 7 pour 18 heures, car après tout il fait bien ce qu'il veut et ce n'est pas une invasion extraterrestre qui va l'en empêcher. Notez néanmoins dans les INDICES en fin de livre qu'il doit repasser par Molly chaque jour s'il veut lire la cartouche.

215

J'ai passé en revue tous les rayonnages de la salle des Sciences, croisant de temps en temps la bibliothécaire qui me lançait des regards méfiants, et ça m'a pris un temps fou ! J'étais sur le point de laisser tomber lorsque je suis tombé sur un petit triangle, pointe vers le haut. Le chiffre 90 est inscrit au milieu.

Retournez au 257. Si Jim a vu les trois signes, il peut aller au 237.

216

C'est fermé ! Qu'est-ce que je croyais ?

Retournez au 7 pour 18 heures.

217

Cochez le boîtier sur le dessin et allez au 239. Si vous avez déjà coché deux boîtiers, allez au 259. Si tous les boîtiers sont déjà cochés, allez au 253.

218

Je suis l'inconnu dans les allées du cimetière. Il avance paisiblement pendant un moment.

Sans crier gare, il presse le pas et s'engage dans une contre-allée arborée bordée de mausolées victoriens. Accélérant moi aussi mon allure, je me demande quel est le but de ce manège : il n'y a quasiment personne par ici.

Soudain, d'un mouvement brusque, il bifurque vers la droite. Je fais de même. Il court désormais. Il va me semer s'il continue ainsi ! J'hésite à l'interpeller, par peur de l'effaroucher.

Il accélère encore ! Désormais je peine à le suivre. Quel drôle de type ! Et dans quelle affaire essaie-t-il de m'entraîner ? Je tente avec toutes les difficultés de ne pas le perdre, mais il finit par disparaître après un ultime changement de direction. Je me retrouve seul à un carrefour circulaire donnant sur plusieurs allées. Mais où est-il donc passé ?

J'examine les alentours et, tandis que je reprends mon souffle, mes yeux se posent sur l'antique croix gothique qui orne le centre du carrefour. Un papier a été déposé à son pied. C'est un morceau de magazine, déchiré. On peut y lire :

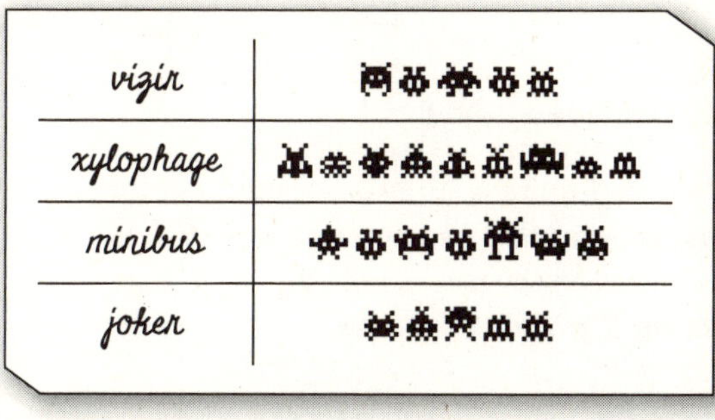

Je prends un cliché avec mon téléphone. La diode rouge de mon dictaphone clignote tandis qu'il charge la photo. Au moins, même si je perds le papier, je disposerai encore de l'indice.

Est-ce que l'inconnu voulait simplement me donner ça ? Qu'est-ce que je vais bien pouvoir faire de ce truc ?

En attendant de le savoir, allez au 7 pour 18 heures.

219

Je tourne en rond ici. Je ferais mieux d'aller dehors. Je peux aller n'importe où. Ou peut-être une petite sieste ? Ou peut-être faire un tour sur YouTube.

Vous pouvez aller au 7 pour 16 heures ou au 327 si Jim dort un peu. Sinon, continuez.

Je tombe par hasard sur une vidéo sur un nouveau logiciel qui permet d'organiser ses idées, ses projets. C'est fascinant. J'en regarde plusieurs à la suite. Il y a même des tutoriels pour créer ses propres modèles de prise de notes, de calendrier, de conduite de projet.

Je récupère la version gratuite. Ce n'est vraiment pas compliqué à utiliser ! Pris par l'enthousiasme, je me lance dans l'ébauche d'une base de données où je peux accumuler des notes et les classer en fonction de leur provenance, de ce à quoi elles pourraient me servir, etc.

Quelques touches de couleur, des images pour que cela soit plus convivial. Et...

Oh, il est déjà presque 18 heures !

Je n'ai pas avancé d'un iota sur mon bouquin. Il faudrait vraiment que je trouve une manière de prioriser ce que je dois faire.

Rendez-vous au 7 pour 18 heures.

220

Deux types se sont endormis dans le Lavomatic, bercés par le doux ronronnement des machines. Josh, le propriétaire, est occupé à passer la serpillière. Il s'arrête et me sourit quand j'entre dans son petit royaume qui sent la lessive.

– Ça va, Jim ? Qu'est-ce que je peux faire pour toi ?

Jim discute avec son ami. Si vous souhaitez poser une question à Josh, notez où vous êtes et allez au 500. Après la conversation, rendez-vous au 7 pour 16 heures.

221

Depuis la station, il est possible d'aller au central de police, à Concordia Square, à la bibliothèque ou à The End of the World.

Respectivement au 228, au 250, au 257 ou au 260 !

222

Je passe la salle d'Histoire en coupe réglée sans aucun succès. Rien à signaler ici.

Retournez au 257.

223

Depuis la station de Grey Hills, Jim peut rejoindre l'observatoire au 230 ou le cimetière au 238.

224

Cochez le boîtier sur le dessin et allez au 239. Si vous avez déjà coché deux boîtiers, allez au 259. Si tous les boîtiers sont déjà cochés, allez au 253.

225

Si vous êtes ici à 16 heures, le caisson de drones est actif aujourd'hui. Retournez au 252.

226

C'est vraiment calme, ce quartier. Je n'ai croisé personne d'autre qu'un sans-abri à l'accoutrement particulièrement étrange, sorte de patchwork improbable de plusieurs types de costume. Je veux bien que l'Angleterre soit le pays de toutes les expériences vestimentaires, mais là, il y a des limites tout de même…

Allez au 234.

Ou même au 255.

Le gars a d'ailleurs pris ses jambes à son cou. Je me demande en quoi je peux lui faire peur.

Jim peut tenter de le suivre au 248.

Bon… je n'ai rien d'autre à faire par ici. Je vais rentrer chez moi.

Et c'est au 332.

227

D'où vient le nom de Cross Station ? Est-ce parce que le tram passe sur le viaduc de la Slee pour y accéder ?

Quoi qu'il en soit, Jim est à la croisée des chemins entre le stade au 235 et l'hôpital au 249.

228

Drôle d'ambiance dans le central de police. Des agents reviennent par petits groupes. Ceux qui sont restés les interrogent pour savoir ce qui s'est passé, mais personne ne leur répond. Je me demande bien ce que je suis venu faire ici.

L'un des agents, fraîchement revenu de sa patrouille, me regarde bizarrement. J'essaie de l'ignorer en portant mon attention sur l'agent de l'accueil (je crois qu'elle s'appelle Wendy), qui visiblement tente d'obtenir des informations auprès d'un policier brun et assez corpulent. Ce dernier ne lui en donne d'abord pas puis, devant l'insistance de sa collègue, lui fait signe de la tête de la suivre dans les bureaux au-delà du guichet d'accueil. Il y a un je-ne-sais-quoi d'inquiétant dans son attitude, tout en froideur et en détachement.

L'agent qui me surveillait a reporté son attention sur un autre collègue, qu'il invite aussi à rejoindre son groupe et à aller dans les bureaux.

J'essaie de me détendre. Les autres citoyens de Denton qui attendaient patiemment leur tour d'être reçus semblent également mal à l'aise.

Enfin, après de longues minutes, Wendy revient au guichet d'accueil. J'en profite pour venir lui parler, mais tandis que je m'approche, le doute m'envahit. Ce visage inexpressif, ce regard froid... comme son collègue tout à l'heure alors qu'il y a quelques minutes encore elle semblait si animée. Un frisson me parcourt l'échine : il est hors de question de rester une minute de plus ici. Je me tire !

Direction le 7 pour 18 heures.

229

Les Humanités sont désertes. J'ai tout loisir de chercher avec moult précautions quelques signes habillement dissimulés, mais je ne trouve rien.

Retournez au 257.

230

Il y a un attroupement de police devant l'observatoire. Bizarre. Qu'est-ce qui a bien pu se passer ? Je me mêle aux curieux. Les agents empêchent les gens d'entrer et ne répondent pas aux questions.

Par ailleurs, d'étranges drones tournent autour du bâtiment. Sont-ils à la recherche de quelque chose ?

Rendez-vous au 233 ou continuez.

Rendez-vous au 269. Sinon, continuez.

Mais soudain l'un de ses drones décroche de sa surveillance et se dirige vers moi dans un bourdonnement sinistre. Pourtant, je ne distingue aucune pale ni aucun autre mode de propulsion sur cette machine.

Qu'est-ce donc que cette chose-là ?

Elle descend à mon niveau et me regarde à l'aide d'une sorte de caméra à l'objectif rougeâtre.

– [illegible] [illegible] [illegible], prononce une voix métallique.

Qu'est-ce que c'est que ce charabia ? L'œil devient de plus en plus rouge, presque aveuglant et…

FFRRRIIIICCCHHHTTTT !

Jim vient d'être tué par le laser d'un drone ! Mais que se passe-t-il ? Vous vous le demandez encore en vous rendant au 13. Notez en passant dans les INDICES en fin de livre que des drones tueurs circulent en ville.

231

Cochez le boîtier sur le dessin et allez au 239. Si vous avez déjà coché deux boîtiers, allez au 259. Si tous les boîtiers sont déjà cochés, allez au 253.

232

Après avoir longtemps été retenu prisonnier, je suis extirpé du réduit où l'on m'avait enfermé par deux nouveaux policiers au visage aussi fermé et froid que celui de leurs collègues. On me conduit tout en haut du bâtiment, avant de passer sur le toit-terrasse. Là, nous observons un hélicoptère arriver de la zone des friches.

Je me courbe pour ne pas être balayé par le souffle de l'appareil lorsqu'il stationne au-dessus de nous. Une échelle de corde apparaît et deux êtres vêtus d'une combinaison argentée en descendent, bien aidés en cela par leurs quatre bras.

Je sais bien avoir été témoin de cette particularité anatomique (qui théoriquement, dans notre classification bien terrienne des espèces, les place parmi les insectes) un certain nombre de fois. La surprise et la gêne ressentie sont, semble-t-il, toujours les mêmes.

Une fois en bas, les deux aliens s'approchent de moi, comme pour me fixer, bien que je sois incapable de distinguer ne serait-ce que quelque chose qui s'apparente à un regard derrière leur casque de métal.

– 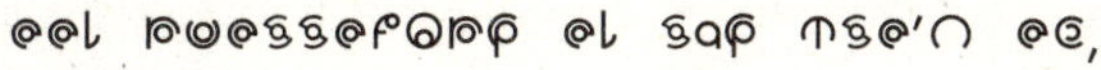, annonce l'un d'eux.

– NOUS L'AVONS TROUVÉ DANS LE CENTRE.

– 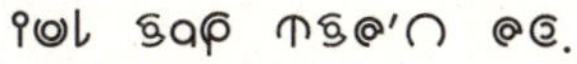

– QUE FAIT-ON DE CELUI-LÀ, ALORS ?

– 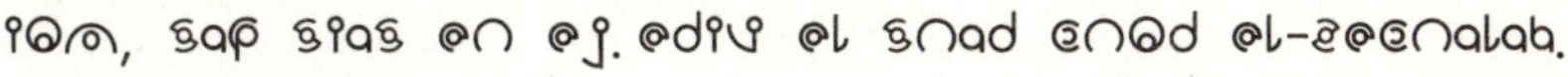

– À VOS ORDRES.

Me tenant toujours solidement par les bras, les deux policiers font volte-face et s'approchent avec résolution du bord du toit. Je tente de freiner des deux pieds, en pure perte. Je crie, au moment où nous arrivons devant le vide béant :

– Non ! Attendez, vous n'allez pas tout de même pas me jeter dans le… AAAAAAHHHHHHHH !

Et si. Ça fait « splorch » à l'arrivée et mène tout droit au 13.

Oulah ! Les fameux drones tueurs ! Je ferais bien d'aller voir ailleurs, moi. Que font ces horribles machines avec les policiers ici ?

Soucieux, Jim choisit une autre destination, au 7 pour 16 heures.

234

Hé, mais… le type correspond à la description de l'intrus d'Oldies but goldies ! Qu'est-ce qu'il fait maintenant par ici ? Je le hèle, il se retourne et je distingue sa barbe hirsute poivre et sel et ses cheveux en bataille, habillé de *fringues qui semblent tout droit sorties d'une décharge tenue par des punks*.

Mais à peine m'a-t-il aperçu qu'il prend la fuite. Qu'est-ce que j'ai bien pu lui faire ?

Allez au 7 pour 18 heures.

235

Parvenir jusqu'ici est déjà un effort en soi. Quasiment du sport. Il faut que je me repose un peu. Je paresse, je veux dire, reprends mon souffle dans les premiers niveaux des gradins, en observant mollement les quelques athlètes amateurs drogués aux endorphines.

Certains semblent distraits par quelque chose. L'un d'eux pointe un doigt en direction du ciel et plusieurs s'arrêtent pour regarder.

Je plisse les yeux vers l'ouest et la Slee. Plusieurs petits objets volent en essaim. Ce ne sont manifestement pas des oiseaux, car leur trajectoire et leurs mouvements rappellent plutôt ceux de drones.

Allez au 268.

Ces choses se rapprochent. On dirait des ballons de rugby munis d'antenne, avec un œil rouge sur le devant. Je me demande bien comment ils font pour tenir en l'air.

Une sorte de bourdonnement se fait entendre et, bientôt, les voilà passant au-dessus du stade. Deux ou trois descendent vers la piste. En bas, plusieurs personnes observent avec curiosité ces drones d'un type inconnu. D'autres ont manifestement peur et quittent les lieux.

Les appareils ont l'air de passer un à un en revue les athlètes présents sur la piste. Étrange comportement !

Et soudain, un rayon rouge émis par l'œil d'une de ces machines frappe dans un bruit électrique l'un des curieux, dont une partie du corps est aussitôt désintégrée ! C'est la panique !

Tout le monde fuit vers la sortie, les drones continuent de pourchasser les gens et de les observer, comme s'ils cherchaient quelqu'un et...

Absorbé par la scène, je ne prends pas immédiatement conscience du bourdonnement derrière moi. Je me retourne avec circonspection. L'un des drones se tient au-dessus des gradins, et me regarde.

– , prononce une voix métallique.

– Hein ?

FFRRRIIIICCCHHHTTTT !

Un rayon laser vient de frapper Jim. Rendez-vous au 13. Notez qu'il y a des drones tueurs en circulation  ***dans les INDICES en fin de livre.***

236

– Il doit y avoir une erreur, M. l'agent. Je n'ai rien fait de m...

Ma voix s'est tue devant le visage sans vie du policier qui est venu me chercher pour me conduire dans une autre salle où un homme d'âge mûr et une femme plus jeune, au comble de l'anxiété, sont assis sur une chaise et menottés. Le policier qui m'a conduit jusqu'ici m'ordonne de m'asseoir et m'attache de la même façon.

Il doit être assez tard. Je ne sais plus depuis combien de temps je suis enfermé ici. J'ai faim. Je suis fatigué. Mes deux compagnons d'infortune ne semblent pas en mener large non plus.

Quelle attitude adopter devant cet être sans émotion qui me scrute comme s'il cherchait à deviner quelque chose sur moi, mais sans m'adresser la parole ? J'ai l'impression d'être un insecte sous l'œil d'un entomologiste.

L'un des agents sort une petite boule métallique de sa poche et s'adresse d'abord à l'homme

– PROFESSION !

– Je… je suis médecin. Qu'est-ce que vous me voulez ? Vous n'avez pas le droit de…

– SUJET STRATÉGIQUE. CONVERSION AUTORISÉE.

Sous nos yeux horrifiés, des pointes jaillissent de la petite boule et celle-ci s'anime, comme une petite araignée. L'agent place sa main derrière la nuque de mon pauvre voisin et la chose vient se placer au niveau de son occiput. L'homme proteste et se débat, mais ses plaintes cèdent rapidement à d'atroces cris de douleur. Les pattes de l'horrible bestiole s'enfoncent dans son crâne ! Il est pris de soubresauts, comme frappé d'épilepsie pendant de longues, très longues secondes et puis se calme soudain.

Son visage est désormais froid et inexpressif, comme celui des policiers. Nom de Zeus…

S'adressant à l'homme qui s'était présenté comme un médecin, l'agent formule une étrange question.

– 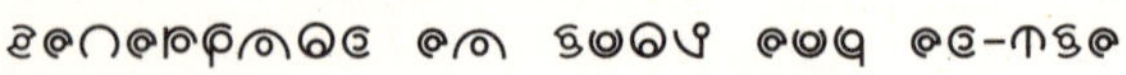 ?

– PARFAITEMENT, répond-il.

L'homme est libéré de ses entraves.

Allez au 293.

Il tourne sa tête vers moi… et me regarde avec le même air inexpressif que les policiers du central. Je crois que je vais défaillir. La femme pousse un cri d'effroi.

– PROFESSION !

Cette fois, c'est à moi que la question est posée.

Mais je n'ai pas le temps de répondre. Le policier qui discutait avec le drone dans les bureaux vient d'entrer dans la pièce.

– CONVERSION REFUSÉE. C'EST JIM HOWELL.

Hein ?! Quoi !?

– PLACEMENT EN CELLULE.

Je proteste tandis qu'on se saisit à nouveau de moi pour m'enfermer ailleurs.

C'est ainsi que je me retrouve coincé dans l'une des cellules du central de police. Il semble bien que les policiers ont été *convertis* par je ne sais quoi et *convertissent* à leur tour certains citoyens de Denton.

Notez que certains citoyens ne sont plus ce qu'ils étaient dans les INDICES en fin de livre. Puis allez au 344.

237

Je crains de comprendre le sens de ces petits dessins : trois petits signes… Les deux en haut mis côte à côte évoquent… oh et celui du bas… un bikini ! Et un en bas pour… Du coup, en cherchant *là où devrait être le nombril*… oh… 90, 60, 90. J'ai très peur de ce que je vais trouver.

C'est-à-dire en additionnant les trois chiffres trouvés et en allant voir le paragraphe correspondant au résultat.

238

La dernière fois que je suis venu par ici, c'était pour l'enterrement de mes grands-parents et franchement, ça me met un cafard monstre de visiter ce cimetière. Je ferais mieux d'aller voir ailleurs.

Vous pouvez aller au 252.

Si je me dépêche, je peux encore aller ailleurs. C'est trop sinistre ici.

Allez au 7 pour 16 heures.

239

Allez, zou, je passe la barre de fer sous les câbles qui relient le petit boîtier en haut à gauche avec celui qui est au centre. Ça ne résiste pas vraiment. Le voyant sur lequel les glyphes étranges défilent se met à clignoter... J'ai sans doute déclenché quelque chose...

Deux électrodes viennent de se dresser sur le dessus de la machine. Dans un crépitement sec, un arc électrique apparaît entre les deux et...

Bbzzz !

– Ouille ! Je me suis pris un bon coup de jus.

Gggrzzz !

– Mais aïeuh ! Ce truc va finir par me péter à la...

GRRRRZZZZFFFFHHHHHHHHHHHH ! FFRIIICCGGGTTTTT !

Sur l'enregistrement, on entend un bruit de chute puis de viande en train de griller doucement. Jim est à point (et il est mort, rendez-vous au 13). Ce n'était visiblement pas le bon câble. On en essaie un autre ? Dans ce cas, rendez-vous à la même heure demain. Enfin... aujourd'hui quoi.

240

Le nombril devrait se trouver à peu près au centre de la salle dédiée à l'Histoire. Et en m'inclinant un peu... je ne trouve rien de spécial.

Sauf en bas de cette étagère...

Au milieu de revues plastifiées, quelques magazines grand format dont la couverture a été recouverte d'un buvard grisâtre. Étrange. Décidé à éclaircir ce mystère, j'en attrape un et entreprends de le consulter.

Oh my goodness ! Des baigneuses, en petite tenue, se baladant sur des plages paradisiaques… ou nonchalamment alanguies, dans des positions suggestives voire carrément scabreuses… Les mains tremblantes, je reviens vers les premières pages du magazine. Ça s'appelle *Panties of the World* – « la revue des dessous du monde entier », clame sans aucune pudeur l'édito du numéro que je tiens entre les mains et qui, semble-t-il, est consacrée aux plages du Mexique, enfin surtout aux naïades qui s'y ébattent et…

– Vous vous amusez bien ?

La bibliothécaire est debout, derrière moi, bras croisés, sourcils froncés et tapotant légèrement du pied, position typique d'une personne s'apprêtant à demander des explications qu'elle n'a aucune envie d'entendre. Je sens le rouge me monter aux joues de manière incontrôlable.

– Vous savez depuis combien de temps je cherche en vain cette collection ? Vous croyez que je n'ai rien de mieux à faire que de devoir déjouer les facéties de gros dégueulasses comme vous ? Ça vous excite de cacher vos petites revues pour que vous puissiez les reluquer au calme ?

– Non mais attendez, ce n'est pas du tout ce que v…

– Je pourrais faire autre chose de mes journées plutôt que de chercher des revues planquées ici et là ! M'occuper des usagers, par exemple ! Foutez-moi le camp tout de suite ou j'appelle les flics ! Vos revues là, elles retournent au fonds d'où elles n'auraient jamais dû sortir.

Je n'ai rien trouvé à répondre, alors j'ai décampé tête baissée vers la sortie, sous les regards mi-ébahis mi-choqués de rares lecteurs qui peuplaient la bibliothèque.

– Et ne remettez plus jamais les pieds ici !

Je suis sorti en trombe du bâtiment et après avoir couru comme un dératé pour mettre le plus d'espace possible entre la bibliothécaire et ma dignité, je me suis posé sur un banc pour reprendre mon souffle et faire un point sur la situation.

Je sais néanmoins ce que la bibliothécaire cherchait. Les revues osées sont planquées dans la salle d'Histoire. C'est sans doute important, hein ? Peut-être pas, mais au point où j'en suis…

Quoi qu'il en soit, notez-le dans les INDICES en fin de livre et allez au 7 pour 16 heures.

241

– Que fait-on ?

– On ne va tout de même pas rester ici à attendre que des aliens détruisent notre ville.

– Mais…

– Ils vont voir de quel bois on se chauffe à Denton !

Randjani s'élance dans la rue. Je pousse un juron. Je n'ai guère envie de m'exposer mais encore moins de rester seul ici.

Direction le 213.

242

Il faut que je lui dise pour Walter.

– Molly, attends ! Je suis passé parce que j'ai un truc à te dire.

Elle marque un temps d'arrêt, hausse un sourcil puis lâche, d'un naturel confondant :

– Désolée, Jim, mais on est potes, c'est tout.

– Hein !? Euh… mais non ! Ce n'est pas du tout ce que tu crois ! C'est à propos de Walter.

– Walter ? Qu'est-ce qu'il se passe avec Walter ?

– Tu ne veux pas qu'on rentre un instant ? Ça ne sera pas long, mais on serait mieux à l'intérieur.

Quelques minutes plus tard, nous sommes dans la boutique. Appuyée sur le comptoir, Molly semble un peu accablée.

– Je n'en reviens pas... une déclaration dans les titres des DVD manquants... Qu'est-ce qu'il avait dans le crâne ? Je n'aurais jamais pensé y chercher un message quelconque.

– Tu connais Walter ! Il a déjà du mal à répondre au téléphone alors... dire ce qu'il a sur le cœur. Tu sais comme il est timide. Un peu dommage que ça tombe à l'eau du coup. Il va devoir se faire une raison, j'imagine.

– Je n'ai pas dit ça.

Je remarque que Molly évite mon regard et que... oh... est-ce que ses joues rosissent ? Se pourrait-il que... ?

– C'est vrai que Walter n'est pas exactement le genre de mec qui m'attire d'ordinaire. En général, je les préfère un peu plus... on va dire... du genre viking. Enfin bref... Mais il a quelque chose de tellement naïf et innocent. Je ne comprends pas vraiment pourquoi, mais ça me touche...

Puis soudain, Molly se tourne vers moi, le visage joyeux, comme si tout cela lui paraissait désormais absolument normal.

– Bon, ben je n'ai plus qu'à lui tomber dessus et voir s'il a le courage de me le confirmer !

Nous quittons bientôt les lieux, et, alors que nous sommes sur le point de sortir, Molly ajoute :

– Ah, j'allais oublier !

Elle retourne fureter dans la réserve et en revient munie d'un petit paquet en carton.

– Je ne sais pas d'où ça vient, mais c'était dans la réserve et il y a ton nom dessus, alors...

J'ouvre le paquet : au milieu de vieux papiers froissés, je trouve une vieille cartouche de *Space Invaders*. Elle a vécu : elle est très abîmée et donne l'impression d'être bien plus ancienne qu'elle devrait être.

Molly me salue et repart en voiture, me laissant seul sur le trottoir avec ma mystérieuse cartouche.

Vous pouvez aller au 214.

Direction le 7 pour 18 heures.

243

Je suis allé voir dans la salle des Archives. Sur l'un des rayonnages, j'ai découvert avec surprise un signe, comme un triangle, pointe vers le haut. Un 90 est inscrit au centre. Et s'il y en avait d'autres ?

Retournez au 257. Si Jim a vu les trois signes, il peut aller au 237.

244

– C'est que… euh… je crois qu'il y a des extraterrestres qui tuent des gens. Et qui me poursuivent.

Long silence de l'interphone, puis…

– J'ai un créneau à 18 heures.

– Ah, formidable !

– Attention, ça comptera comme deux séances à régler pour aujourd'hui, avec celle que vous avez ratée !

– Très bien ! Merci, docteur !

– À tout à l'heure.

Bon, au moins, j'ai mon rendez-vous. Je vais patienter dans le coin jusqu'à 18 heures.

Rendez-vous au 296 pour 18 heures.

245

Cochez le boîtier sur le dessin et allez au 239. Si vous avez déjà coché deux boîtiers, allez au 259. Si tous les boîtiers sont déjà cochés, allez au 253.

246

Non mais oh ! Vous êtes ici à Eastern, ce qui signifie que, dans cette journée, la base des drones est active dans les friches. Retournez au 277 !

247

Et me revoici dans le paisible quartier de mon enfance, où vit encore ma mère. Et où travaille mon psy.

Direction le 265 chez Mrs Howell ou le 279 pour le Dr Schaefer.

248

Sur une intuition, j'ai continué à marcher encore un peu et... ça n'a pas manqué ! Quelques dizaines de minutes plus tard, je retrouve le mystérieux intrus aux prises avec une patrouille de police. L'un de mes charmants voisins a dû se plaindre de voir traîner un maraudeur dans le quartier... J'ai de temps en temps envie de tout casser dans ce quartier.

L'homme est rapidement maîtrisé et contraint de monter dans la voiture, qui ne tarde pas à démarrer. En voilà un qui va passer quelques heures au central de police, et pour quoi au juste ? Parce qu'il est habillé avec un goût discutable ?

Je me suis arrêté net. Coup d'œil rapide sur mon jean à la propreté douteuse et à mon *hoodie* hors d'âge : il faudrait peut-être que je rentre chez moi si je ne veux pas d'ennuis.

Jim se rend donc au 332 et vous aussi.

249

Je déambule dans le grand hall du Royal Hospital, slalomant entre les visiteurs et tâchant de deviner sur leur visage les joies et les drames qui se jouent ici. Ou pas. Qu'est-ce que je suis venu chercher, déjà ? Il ne se passe rien d'intéressant ni d'alarmant.

Si vous avez rendez-vous, allez au 256. Sinon, c'est le 7 pour 18 heures.

250

Je descends une ruelle discrète menant à Concordia Square lorsque soudain j'aperçois un crâne lisse et une moustache reconnaissable entre toutes : mon beau père, Dwayne !

Mais que fait-il ici ? S'il est coutumier des promenades l'après-midi (quoique ma mère n'ait jamais vraiment su me dire ce qu'il pouvait bien faire à ce moment de la journée), c'est une surprise de le trouver dans un quartier dont il a toujours vilipendé les mauvaises fréquentations et la dégradation progressive. En clair : il y a trop d'étrangers à son goût.

Il vient dans ma direction, un journal froissé dans la main. Il a l'air furax ! Et comme je n'ai aucune envie de le croiser et *a fortiori* de lui donner l'occasion d'exprimer la raison de sa rancœur, je m'empresse d'entrer dans une épicerie pakistanaise. Tandis que je l'observe du coin de l'œil, il passe en grommelant, froisse le journal qu'il tenait à la main et jette rageusement ce dernier dans une poubelle.

Après avoir attendu quelques minutes en faisant mine de chercher quelque chose dans les rayons, je me décide à récupérer le journal. Une feuille de chou comme il y en a tant… Tiens, tiens… avec une large section consacrée aux paris hippiques. Intéressant ! Dwayne a manifestement sélectionné au crayon plusieurs courses et chevaux et, en marge, assorti ses notes d'obscurs calculs.

C'est en remontant la rue que je découvre l'endroit qu'il vient de quitter : YouBet ! Un *bookmaker store* comme il y en a quelques-uns dans le quartier. Titillé par l'idée d'obtenir quelques infos compromettantes, j'entre.

L'intérieur ne paie pas de mine. Des écrans rediffusent les courses de l'après-midi ainsi que les résultats de compétitions sportives, affichant les cotes des différents paris possibles, ce qui semble suffisant pour fasciner les rares clients désœuvrés qui les fixent, figés dans une sorte d'attente impuissante. Je remarque aussi un vieil homme voûté, vêtu d'un costume en tweed et coiffé d'un béret, qui ricane tout seul en consultant les résultats des courses, et deux post-ados émaciés qui ont l'air de s'ennuyer ferme. Je m'approche du gérant, qui se tient derrière un guichet, absorbé dans d'obscurs calculs.

– Excusez-moi, je cherche quelqu'un… un gars chauve à moustache, la soixantaine, ça ne vous dit rien ?

Le bookmaker me lance un regard en biais avant de répondre :

– On ne donne pas de renseignements sur les clients.

– Écoutez, je ne suis pas de la police ni rien, je veux juste une info sur un am… disons quelqu'un de la famille.

Cette fois, il se contente de me regarder sans répondre.

Bref. Tant pis.

Alors que je m'apprête à quitter les lieux, le vieil homme m'interpelle.

– Hé ! C'est Dwayne que vous cherchez, jeune homme ?

Alors que je m'approche en acquiesçant, l'homme me gratifie d'un large sourire ne laissant paraître que peu de dents.

– Vous le connaissez ?

– Si je le connais ? Il s'esclaffe avant de reprendre : Vous l'avez loupé de peu. Il était là il y a un quart d'heure à peine. Ah ! sacré Dwayne !

16 heures

Il a encore misé sur le mauvais cheval en croyant avoir trouvé la combine. Et bim, c'était un coup pour rien. Il est parti furax ! Je me suis bien marré en voyant sa tronche passer de la suffisance à l'accablement en cinq minutes de course. Il a encore perdu gros !

– Ah bon ? Et il vient souvient ?

– Ah ça oui ! Chaque fois qu'il le peut ! Je ne veux pas savoir d'où il tire tout ça, mais régulièrement il arrive avec un air fat, parie un max de biftons sur un canasson qui, d'après lui, va gagner c'est sûr – le drôle prétend avoir trouvé un système pour trouver le gagnant. Sauf que ça ne marche pas, ah !

– Et il continue quand même ?

– Bah, des fois il gagne un tout petit peu… juste assez pour entretenir la flamme. Il dit qu'il lui reste des réglages à faire, mais qu'il n'est pas loin de trouver sa martingale ! Ça me fait bien marrer !

– Oui, ça doit être un fameux spectacle.

– Tu peux le dire, mon garçon. Bon, ce n'est pas tout ça, mais c'est bientôt l'heure du thé et madame n'aime pas quand je rentre trop tard. Salutations, l'ami !

Le vieil homme lève son chapeau en signe d'adieu, sort de la boutique et s'éloigne d'une démarche chaloupée.

Je me décide à le suivre et le rattrape promptement.

– Hey *l'ami* ! Il a misé sur quel cheval ?

– Hein ?! Ah oui ! Sur *The Winner takes it all.* Nom sacrément mal choisi vu comment il s'est planté ! C'est *My Lovely Horse* qui a gagné. Avec une cote ridicule ! Personne n'a dû parier sur ce canasson.

Je laisse mon informateur prendre le large. Dwayne parie de grosses sommes dans les courses de chevaux. Je me demande avec quel argent il joue, lui qui est toujours à couteaux tirés dès qu'il s'agit de dépenser un penny.

Notez que Dwayne joue gros dans les INDICES en fin de livre et allez au 7 pour 18 heures.

251

Pas moyen d'accéder aux locaux administratifs. Il faut que je cherche ailleurs.

Retournez au 257.

252

Ce n'est pas sans un fort sentiment de culpabilité que je franchis le grand portail du cimetière.

D'autres visiteurs arpentent les allées. Est-ce que tous ont comme moi trouvé un étrange message dans leur *fortune cookie* ? On aurait l'air malin ! Tandis que je m'interroge, quelqu'un passe soudain rapidement derrière moi et me chuchote un « Suivez-moi, mais pas de trop près ! » relativement peu discret.

Interloqué, je le regarde se diriger vers l'entrée du cimetière. Je me décide à le suivre alors qu'il s'engage dans l'allée principale. J'essaie de garder une certaine distance, comme il me l'a demandé.

L'individu, qui doit avoir entre 30 et 40 ans si j'en crois sa démarche, porte des vêtements disparates : un pantalon de costume, un sweat à capuche, des baskets high-top, un chapeau melon – qui porte encore des chapeaux melon à Denton au XXIe siècle ? – et un foulard informe. Et je ne parle pas de leur état ni leur crasse…

Rendez-vous au 218. Sinon, continuez.

Rendez-vous au 225. Sinon continuez.

L'individu presse le pas et j'adopte la même allure, me demandant ce qu'il peut bien chercher à fuir. Je le vois jeter un regard en arrière et, soudain, son visage revêt un masque de pure terreur.

– Suivez-moi ! me jette-t-il, la voix à demi étranglée, tandis qu'il s'élance dans une fuite éperdue.

Par réflexe, je risque un coup d'œil derrière moi avant de partir à sa poursuite, juste à temps pour apercevoir une sorte de ballon de rugby métallique et rougeoyant qui zèbre le ciel et avance dans notre direction.

Il ne m'en faut pas plus pour trouver des ressources insoupçonnées et battre des records de vitesse, sans chercher à comprendre davantage la nature de ce qui est à nos trousses. L'homme devant moi ne ralentit pas. Il bifurque à plusieurs occasions, manquant de renverser d'autres visiteurs, que je dépasse à mon tour sans prendre le temps de m'excuser. Nous nous dirigeons vers la partie ancienne du cimetière, où le feuillage des arbres et les chapelles des plus anciens tombeaux offrent un couvert bienvenu pour nous cacher de notre poursuivant.

Mais malgré la décharge d'adrénaline, j'arrive bien vite aux limites de mon endurance. M'arrêtant un instant pour souffler, je perds de vue l'homme qui m'a invité à le suivre ! Hélas, un bourdonnement proche me fait comprendre que la chose n'est pas loin. Je m'élance à nouveau, m'engageant dans une allée choisie au hasard.

C'est en passant devant la grille défoncée d'une antique chapelle qu'une main m'agrippe le bras et me tire vers l'intérieur. L'individu me tient contre lui, dans la pénombre d'une chapelle abandonnée du XVIIe siècle. À nos pieds, surplombé d'un petit autel sur lequel repose une statue de saint en marbre, s'ouvre le caveau béant. Encore essoufflé, et commençant à remarquer l'odeur de mon compagnon de fuite, caractéristique de quelqu'un qui n'a pas été sous la douche depuis un certain temps, je tente d'engager la conversation. Mais je ne reçois de sa part qu'un « CHUT » sans appel.

Au-dehors retentit le bourdonnement lancinant de l'objet étrange qui nous a poursuivis et qui désormais semble tourner autour du caveau. « Il faut vous cacher ! » murmure l'homme, puis, désignant le caveau, « là » ! D'un geste de la main, je manifeste que je n'ai nulle intention d'obtempérer.

– Jim ! insiste-t-il. Revenez ici me voir quand vous saurez comment éviter les drones. Pour le moment, cachez-vous ! Je vais attirer son attention !

– Mais, qui êtes-vous ? Et…

– Chut !

L'homme me pousse doucement, m'incitant à descendre. En tentant de faire le moins de bruit possible, je m'accroupis, bascule mes jambes dans le vide et me laisse tomber. J'atterris un peu plus bas dans un bruit mat.

J'ai à peine le temps de comprendre que le caveau est trop profond pour que je puisse espérer m'en extirper tout seul que j'entends l'inconnu crier :

– Je suis là, stupide machine ! Essaie de m'attrap…

Mais il n'a pas le temps de finir sa phrase. Un flash de lumière rouge, comme un bruit de friture et une odeur de cochon brûlé… Je m'écarte avec horreur pour éviter un corps, ou plutôt ce qu'il en reste, qui tombe dans la fosse.

Réprimant un cri, de peur d'être découvert à mon tour, je me plaque contre la paroi du caveau, et regarde vers le haut. Juste au-dessus de moi, la statue de l'autel, frappée par le même éclair, se déchausse et bascule. Elle va me tomber dess…

– Non !

SPLORCH !

Car tel est le bruit d'un objet lourd fracassant un crâne. Jim est mort. Rendez-vous au 13. Vous pouvez noter l'existence de drones tueurs dans les INDICES en fin de livre si vous ne l'avez déjà fait.

253

Notez qu'aucun câble ne semble fonctionner. C'est à noter aux INDICES. Notez aussi que Jim finit désintégré une nouvelle fois. Rendez-vous donc au 13.

254

Je m'engouffre dans le couloir sans être poursuivi. La désactivation du téléphone empêche les drones de me repérer, apparemment. Se cacher me semble l'option la plus raisonnable pour un moment.

Il est presque 18 heures lorsque j'ose sortir du stade, désormais désert.

Allez au 7 pour 18 heures.

255

Je laisse filer le résistant du futur, pensif. Vais-je réussir cette mission ? Trouverai-je le code qui permettra de refermer le portail et empêcher l'invasion alien ?

Fichtre… Et dire qu'il y en a qui s'imaginent que je suis du genre à fuir les responsabilités ! S'ils savaient le poids qui repose sur mes épaules !

Allez au 7 pour 18 heures.

256

Je patiente quelques minutes devant la porte du praticien qui doit me recevoir, avant qu'elle s'ouvre soudain sur un homme blond âgé d'une quarantaine d'années, impeccablement rasé et vêtu d'un élégant costume trois-pièces. Il m'adresse un franc sourire avant de m'inviter à entrer.

Je pénètre dans un salon soigneusement décoré dans le style victorien, ce qui me paraît être une curiosité dans cet hôpital plutôt décati par ailleurs.

Sans attendre, le Dr THE s'installe derrière un sobre bureau me semblant tout droit sorti d'une réserve muséale.

– Alors… Dites-moi donc ce qui vous amène.

– J'ai, euh… des apparitions… je vois des extraterrestres.

– Et ?

Évoquer le sujet directement ne me paraît pas une excellente idée dans un pays où existe encore l'internement d'office, et particulièrement avec un médecin officiant dans un hôpital qui dispose d'une section psychiatrique.

– Allons, ne soyez pas timide ! Je suis ici pour vous écouter et non pour vous juger. Racontez-moi tout, depuis le début.

Il y a néanmoins un je-ne-sais-quoi d'ingénu dans le ton du Dr THE qui me pousse à la confidence.

– Je… euh… il y a les aliens, oui, depuis que je reviens chaque jour au matin de la même journée.

– Ah oui ? Vous pouvez être plus clair ?

– Ma journée recommence. Le matin, la journée, elle est juste comme celle d'avant.

– C'est le quotidien de beaucoup de gens, vous savez.

– Non ! Quand je dis que la journée recommence, je veux dire, elle recommence *vraiment*. Je reviens en arrière, comme si la journée précédente n'avait pas existé.

– Ha ha ! Intéressant ! Un voyage dans le temps ! Enfin, une *hallucination* de voyage dans le temps, bien évidemment ! Les humains n'auront pas cette technologie avant longtemps !

– Pardon ?

– Je disais, cela relève de la… – comment dit-on, déjà, chez vous ? – Oui ! de la science-fiction.

– Je ne suis pas sûr que cette technologie, comme vous dites, soit une technologie humaine. En fait, les aliens que je vois viennent du futur.

– Ah bon ? C'est encore plus intéressant ! Vous pouvez m'en dire davantage ? Ils ressemblent à quoi ? Des robots, par exemple ?

– Vous n'êtes pas en train de vous moquer de moi ?

– Bien sûr que non ! déclare le médecin en se levant. Puis, avec une certaine emphase, il ajoute : ma spécialité, ce sont les peuples extraterrestres ! Je veux, dire, *les gens qui sont persuadés* d'avoir été en contact avec une vie extraterrestre. Vous n'imaginez pas la richesse de l'espace, le nombre d'entités existant dans l'univers.

Il fait de larges gestes avec ses bras comme s'ils pouvaient embrasser la dimension de l'Univers.

– Une diversité qui s'étend dans l'espace et dans le temps ! Et bien sûr je parle ici du *pouvoir de l'imagination* des humains, pas de vraies races d'êtres originaires de lointaines exoplanètes, ha ha ! Que pouvez-vous me dire sur ceux qui vous poursuivent ?

Je donne une description sommaire des aliens auxquels j'ai été confronté. Leur tenue argentée, le casque qui couvre leur visage, les quatre bras, les fusils laser qui désintègrent tout sur leur passage.

Le Dr THE commence à faire les cent pas autour de son bureau, un bras replié dans le dos, l'autre sur le torse, tenant dans sa main un menton soucieux.

– Hum… *ceux-là*. Jamais entendu parler de voyage dans le temps avec eux.

– Vous dites ?

Mais il m'ignore et continue son soliloque.

– Probable interférence de *timeline*. Boucle de rétroaction. Symptômes inquiétants.

– Euh… de quoi parlez-vous ?

– Mais pas d'historique recensé. Conclusion : le problème se résout de lui-même !

– Hé, vous allez me répondre à la fin ! C'est quoi ce charabia ?!

Passant de l'air soucieux à un franc sourire, le Dr THE s'arrête et vient se rasseoir.

– Ah ! ne vous inquiétez pas, cher monsieur : les aliens qui vous poursuivent… Je veux dire, ces *hallucinations*… sont passagères.

– Mais… comment pouvez-vous le savoir ?

– Ha ha ! Mais jeune homme, les rencontres avec les aliens, enfin, le *fait de s'imaginer* avoir eu une rencontre du troisième type, c'est quelque chose de très courant ! Vous n'êtes pas le seul à être poursuivi de cette manière par des envahisseurs. Ne vous inquiétez pas, le docteur est là pour écarter toute menace, c'est-à-dire pour vous mettre hors de danger. Par une thérapie adaptée à votre situation.

– Et c'est ?

– Dans votre cas, rien de spécial. Restez tranquillement chez vous, ou promenez-vous, peu importe. Le problème finira par s'évanouir de lui-même, comme il est apparu.

– Ah bon ? Et c'est tout ?

– Je vous le garantis.

Le Dr THE sort de la poche de son veston une montre à gousset qu'il regarde avec attention.

– Ah ! le temps passe si vite ! Il va falloir nous quitter. J'ai rendez-vous à Londres dans… bref, cela ne vous intéresserait pas.

Je me lève et le Dr THE me raccompagne avant de me saluer d'une vigoureuse poignée de main.

– Courage et portez-vous bien !

Puis il me ferme la porte au nez.

Qu'est-ce que c'était que cet hurluberlu ? L'esprit tout embrumé, je quitte l'hôpital, en attendant que se manifestent à nouveau mes *hallucinations*.

Rendez-vous au 7 pour 18 heures.

257

La bibliothèque attire très peu de monde et, s'il n'y avait les allers-retours incessants d'une bibliothécaire apparemment esseulée, les lieux seraient parfaitement calmes. Je jette un œil au plan pour trouver un endroit où m'installer.

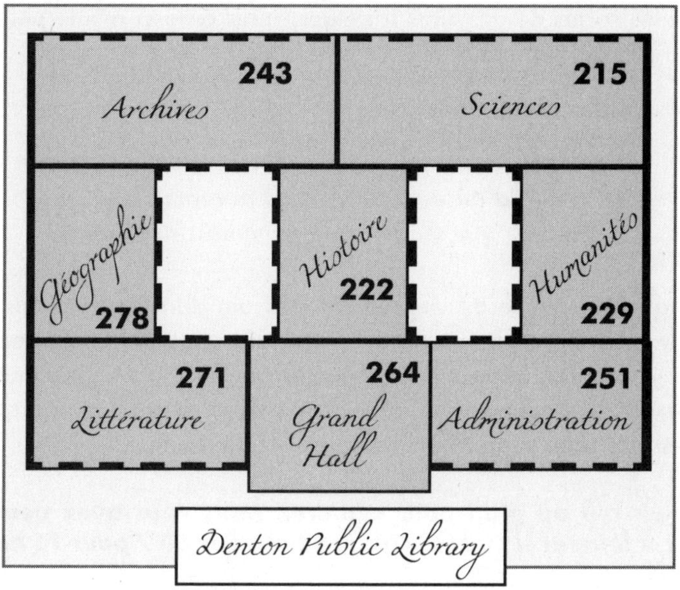

Puisque j'ai l'occasion de me poser un peu, il est peut-être temps que je réécoute quelques-uns de mes enregistrements. Je m'installe donc à l'une des tables avec mes affaires, réveillant au passage un étudiant assoupi sur une biographie de Thomas Babington Macaulay – je présume qu'il s'agit d'un étudiant ; qui, sinon, se plongerait dans une telle lecture ?

– Désolé, je ne voulais pas vous interrompre, lui dis-je en m'essayant à un sourire complice.

– Ah euh… J'ai cru que c'était la bibliothécaire.

– Comment ça ?

– Elle me fout la trouille. Elle a un problème avec les mecs, je crois. Toujours à les fusiller du regard ou à être désagréable… Tiens-toi à distance, vieux.

J'apprécie modérément le *vieux*, mais le conseil m'a l'air de bon aloi. La conversation s'interrompt ici et mon compagnon du moment s'en remet à nouveau aux bras de Morphée. Pour ma part, les écouteurs vissés sur les oreilles, je réécoute quelques passages déjà enregistrés.

C'est alors que je remarque sur la table de travail un étrange graffiti. Des générations de lecteurs ont contribué à l'ornementation des meubles des salles de lecture et je ne devrais pas être étonné d'y trouver toutes sortes de gravures farfelues, mais celle-ci m'interpelle. On peut lire, distinctement :

Avis aux connaisseurs !
Cherche les triangles et si tu reconnais les formes,
Là où devrait être le nombril,
Tout ce que tu as toujours voulu savoir...

Il y a quelque chose de vaguement malsain dans cette formulation. J'ai l'impression qu'il y a un sous-entendu dégoûtant sans toutefois arriver à le saisir. Surtout les trois petits points à la fin. Qui met ainsi des points de suspension, à la fin d'une telle phrase ? Et pourquoi, si ce n'est pas pour suggérer je ne sais quoi de douteux ?

Jetez un œil au plan pour explorer. Mais vous avez peut-être mieux à faire et si c'est le cas, rendez-vous au 7 pour 16 heures.

258

Allez dans les friches au 266 ou à la fête foraine au 275.

259

J'avance. De toute façon, je revis chaque fois la journée, non ? Donc on peut y aller. Je peux les essayer tranquillement les uns après les autres ! À nous deux, machines de malheur. On va voir qui est le plus malin !

...

L'enregistrement montre clairement que Jim se fait une nouvelle fois griller la couenne. Allez au 13.

260

The End of the World, ou la plus grande collection de bornes d'arcade vintage et de consoles rétro qui soit, avec quelques pièces rares : de l'antique *Magnavox Odyssey* (ne rêvez pas, celle-ci est sous vitrine) aux fameuses *Pong* et *Super Pong*, des bornes japonaises introuvables... Les engins les plus récents doivent dater des années 1990.

Autant dire que j'ai passé ici une bonne partie de mes samedis soir, à oublier de boire mes pintes en duo avec Walter sur *Streets of Rage*, entre autres.

Le pub sert à partir de 17 heures, mais il est toujours possible de jouer.

Je sens que je vais y passer au moins deux bonnes heures...

Ce qui est le cas. Allez au 7 pour 18 heures. Ou restez au pub au 300.

261

Tea time ! Une pause à l'épicerie de quartier s'impose ! Je pousse la porte et, sitôt entré, je salue Randjani, la propriétaire des lieux, occupée à étiqueter des boîtes de conserve tandis que je me dirige vers le rayon des sucreries.

Alors que je prends mon temps pour faire un choix entre les différentes sortes de barres chocolatées, un cri suraigu suivi d'une sorte de grésillement sonore retentit soudain au-dehors, au-dessus du brouhaha confus de la circulation.

Randjani et moi-même nous arrêtons net, aux aguets. Des bruits de frein, une clameur, d'autres bruits électriques étranges...

Obéissant sans réfléchir à un réflexe de fuite, je me jette au sol avant de ramper entre les rayons à la recherche d'une hypothétique cachette. Dehors, c'est la panique. On perçoit le vacarme de moteurs qui partent en trombe, des cris, des pleurs.

Une attaque, ici ?

Je ne suis pas au bon endroit pour observer ce qui se passe dehors à travers la vitrine. J'entends toutefois le tintement familier qui accompagne l'ouverture de la porte du magasin. Quelqu'un vient d'entrer.

Mon sang se glace… Le pas lent de l'intrus ne laisse aucun doute sur le fait qu'il figure au rang des assaillants et non des assaillis.

Cherchant des yeux une issue, j'aperçois Randjani, accroupie derrière le comptoir, me faisant signe de la rejoindre. Ce que je fais aussi silencieusement que possible.

Elle tient dans ses mains le fameux sabre *kirpan*, qu'elle a décroché du mur.

J'écarquille les yeux et esquisse un rapide mouvement de tête lui indiquant que je ne suis pas du tout d'accord avec cette option, mais elle ne prête plus attention à moi. Elle pose la main sur la lame. Je l'entends murmurer : « *O Sword, O Conqueror of continents, O Vanquisher of the hosts of evil, O Embellisher of the brave in the field of battle. Thy Arms are unbreakable, Thy Light refulgent, Thy Glory and Splendor dazzle like the sun. O Happiness of the holy, O Crusher of evil intent, O Subduer of sin, I seek Thy refuge.* »

Quand elle ouvre à nouveau les yeux, son air déterminé ne laisse plus aucun doute sur ses intentions. Et elle ne tarde pas à passer à l'acte. Alors que l'assaillant s'approche du comptoir, Randjani se redresse soudain face à lui.

La chose ressemble à un gamin habillé en tenue disco, portant un casque de moto et… muni de… quatre bras ?! Dont deux manipulent une sorte de fusil futuriste.

Randjani et la chose restent un instant immobiles, frappés l'une et l'autre par la surprise.

« [illegible] !? » parvient à articuler l'alien, prouvant par la même occasion qu'il a fait le mauvais choix en termes d'action rapide. Car déjà l'épée s'élance et, par un large moulinet, vient percuter son bras d'arme, tranchant tout sur son passage.

Le fusil et deux de ses quatre mains s'envolent en une gerbe verdâtre puis retombent au sol, l'un dans un bruit métallique, les deux autres dans quelque chose qui évoque davantage une éponge humide.

La surprise est si grande pour cette chose qu'elle ne cherche même pas à esquiver un second moulinet. D'un coup bien ajusté, Randjani lui décolle la tête et l'envoie voltiger vers le rayon des conserves.

Elle se tourne ensuite vers moi, toujours accroupi et balbutiant des propos incohérents.

– Et mais… qu'est-ce que… tu as vu le…

– Jim !

– Et le sang vert et…

Schlack ! (Ça, c'est le bruit de la gifle qu'elle m'administre d'une main experte).

– Eh mais… aïe-euh !

– Jim, ce n'est pas le moment de perdre les pédales. Il y en a peut-être d'autres qui peuvent arriver !

– Euh… d'autres quoi ?

– Ah ton avis, Sherlock ? Qu'est-ce qui est habillé comme une chanteuse d'ABBA, avec quatre bras et un fusil laser ?

– … c'est une invasion extraterrestre ?

– Bingo, champion !

Elle se redresse et regarde vers la rue par-delà la vitrine.

– Invasion ou pas, ils n'auront pas mon magasin sans que je leur pète quelques dents.

J'avise le fusil tombé à terre.

– Je… je vais examiner ce truc.

– Bonne idée, moi, je fais le guet.

Je m'approche de l'arme. Il s'agit manifestement d'une sorte de fusil, imposant quoique remarquablement léger. Exactement le genre de gadget dont on imagine d'emblée qu'il est capable de faire de très, très gros dégâts.

Cool. Ou pas. Peut-être. Ça serait trop beau si…

Je mets en joue le corps de l'alien qui s'est affalé contre l'étagère des barres chocolatées en tâtonnant pour trouver ce qui pourrait servir de gâchette. Il y en a bien une, mais elle ne semble pas fonctionner. Ça serait trop simple… Je remarque toutefois trois touches étranges sur lesquelles luisent de mystérieux glyphes.

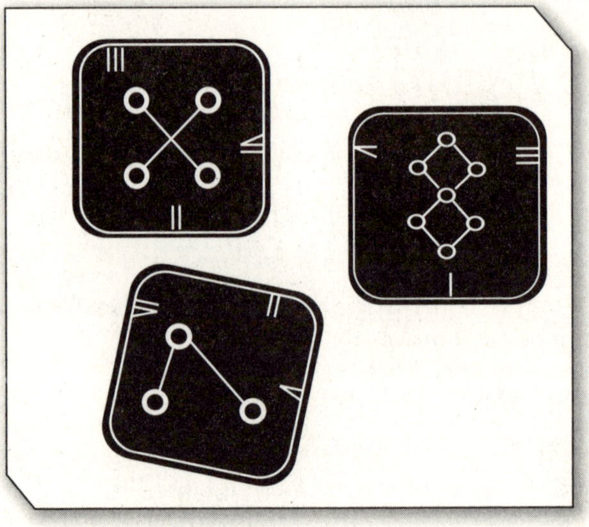

Pendant ce temps, Randjani s'est postée dans l'encadrement de la porte de son épicerie pour observer la rue, tenant son sabre dégoulinant de sang vert derrière son dos. Sur le sol, près du comptoir, l'un des bras coupés de l'alien continue d'être agité de soubresauts.

Je m'en approche pour regarder de plus près. Sur trois de ses doigts, je distingue des glyphes m'évoquant immédiatement ceux que je viens d'observer sur le fusil, sur l'équivalent du pouce et des troisième et quatrième doigts :

Il faut réfléchir, et vite !

Si vous trouvez la solution, allez au paragraphe indiqué. Tout paragraphe qui ne ferait pas sens est une réponse erronée. Sinon, continuez.

– Jim ! crie Randjani en regardant dehors par la porte entrouverte. Il y en a un autre qui…

Mais elle n'a pas le temps de finir sa phrase. Heurtée par un flash de lumière rouge, sa tête, la moitié de son thorax, l'épée sikhe et une bonne partie des étagères derrière elle sont vaporisées en un brouillard de cendres et de sang.

Je suis à terre, sonné. Je ne peux rien faire d'autre que regarder la porte toujours entrouverte et la brume qui, quelques instants plus tôt, était encore une partie de Randjani : elle condense et se dépose doucement sur les murs, le sol, le comptoir à moitié carbonisé et les restes de son corps, en une fine pellicule écarlate et poisseuse.

La porte s'ouvre en grand et apparaît, tenant un fusil similaire à celui que j'examine, un second alien.

– [illegible] [illegible] ? [illegible] [illegible] [illegible] !

Il s'approche de moi et remarque l'arme et surtout la main de son congénère que je tiens toujours.

16 heures

Le fonctionnement du cerveau est curieux, mais mon premier réflexe, outre celui de parler tout haut pour le dictaphone alors que la mort approche à grands pas, est de jeter au loin le fusil et le bras coupé comme si j'avais encore une chance de faire croire que je n'avais rien à voir avec le démembrement de son compagnon.

– ...

– Attendez, je peux...

– 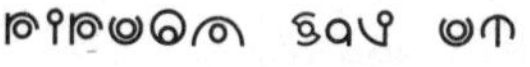 !

– ... tout vous expl... !

FRRRIIIIICCCHTTT !

Direction le 13, obviously, après avoir noté dans les INDICES en fin de livre que l'épicerie est attaquée à 16 heures .

262

East Station ! Je peux aller de là à Oldies but Goldies ou traîner dans le coin.

Direction le 270 ou le 276 pour l'un ou pour l'autre.

263

La console est si ancienne que ses jeux paraissent à la plupart comme sans grand intérêt. Fan de rétrogaming, ce n'est pas mon cas et c'est avec une excitation non feinte que j'insère la cartouche. Une excitation augmentée par les efforts hors du commun qu'il a fallu fournir pour m'en emparer. Le jeu se charge, laissant apparaître une fantaisie de pixels qui aujourd'hui semble bien désuète. Le temps de chargement est assez long. Cela dit, c'est plutôt joli, cet écran d'attente peuplé de petits envahisseurs animés, mais dont je n'avais pas le souvenir :

INVASION SPATIALE

CHARGEMENT EN COURS

Bon, voilà que le jeu commence !

En bas de l'écran, il y a mes bases à défendre. En haut, des cohortes de vaisseaux aliens qui envahissent le ciel et descendent peu à peu et, entre les deux, mon fier et agile chasseur stellaire (à moins qu'il s'agisse d'une défense antiaérienne – difficile de savoir ce que ce petit tas de pixels représente exactement) qui doit les empêcher de s'approcher trop près.

Je sens de vieux réflexes revenir ; j'avais découvert l'une des multiples versions de ce jeu sur l'une des premières consoles, que j'avais essayée chez un ami d'enfance.

Rendez-vous au 318.

Je suis rapidement happé par le jeu et en perds la notion du temps.

Rendez-vous au 313.

264

Le grand hall développe ses marbres en pilastres cyclopéens et architraves vers des cimes chargées de voussures. Un style un peu lourd pour souligner la puissance du savoir accumulé par la civilisation britannique. L'espace est si vaste. Comment trouver une marque ici ?

Alors que je m'apprête à pousser la porte centrale menant à la salle d'Histoire, je remarque un petit triangle, pointe en bas, gravé à côté de la poignée. Le chiffre 60 a été gravé au centre.

Ah ben, facile en fait.

Retournez au 257. Si Jim a vu les trois signes, allez au 237.

265

À cette heure de la journée, Dwayne a d'ordinaire déserté la maison pour sa promenade quotidienne. Je ne suis pas surpris de trouver ma mère assise dans son fauteuil devant la télévision.

– Hey, maman ! Tu regardes quoi ?

Elle se redresse légèrement et tourne la tête dans ma direction, sans toutefois quitter vraiment l'écran des yeux.

– Oh, c'est toi. Tu sais, les trucs habituels.

Vous pouvez aller au 272. Sinon, continuez.

Je m'installe dans le canapé. La télé est branchée sur la BBC 1, qui rediffuse un *Escape to the Country*. Avec un titre pareil, on pourrait imaginer un jeu où les participants cherchent par tous les moyens de fuir la ville. En fait, on se retrouve à suivre des couples qui recherchent une maison à la campagne, dans une sorte de téléréalité entrecoupée de plans sur de charmants cottages qui flattent l'œil et entretiennent les préjugés que tout citadin se doit d'avoir sur le charme de la campagne anglaise.

– Ça fait bien longtemps qu'on n'a pas regardé quelque chose ensemble, murmure ma mère, que je devine contente de m'avoir avec elle à ne rien faire de particulier. Ça me rappelle quand tu étais petit et qu'on regardait *Doctor Who*.

Je n'ose pas lui répondre que s'il y a une série que je suis toujours, c'est bien celle-ci et me contente d'un « hum » mi-approbateur, mi-interrogatif.

Nous regardons donc la télévision, en nous ennuyant avec juste le bon niveau pour que cela ne soit pas vraiment ennuyeux. Maman ne dit rien. Elle ne m'interroge ni sur mon livre en retard, sur Suzy qui m'a quitté, sur ce que je dois faire de ma vie, sur mes séances chez le psy, ni ne me parle de ce que Dwayne envisage de faire pour la maison.

Ça n'arrangera rien mais nom de nom, ce que cela repose !

Et c'est ainsi que passe la seconde partie de l'après-midi. Je finis par saluer ma mère et partir avant le retour de Dwayne.

Rendez-vous au 7 pour 18 heures.

266

Je me retrouve encore à errer dans les friches industrielles de Denton sans but particulier. Se balader entre les vieux bâtiments qui dressent leurs anciennes façades de brique rouge face à la Slee a quelque chose de profondément mélancolique.

Je ne peux pas m'empêcher de penser à toutes les fois où, avec Suzy, nous avons joué aux amateurs d'urbex en herbe. Voilà qui ne va pas m'aider à améliorer mon moral.

Occupé par de sombres pensées, je n'ai pas entendu tout de suite l'hélicoptère. C'est en passant au coin d'une usine désaffectée que je l'ai aperçu, franchissant le fleuve en position basse. Et le voici bientôt qui stationne au-dessus d'une large esplanade devant l'usine où je me trouve.

Il porte sous-lui une énorme caisse, comme un container, qui descend lentement, retenue par un filin. Le bruit est maintenant assourdissant et je n'arrive pas à distinguer l'intérieur du cockpit de l'appareil. La caisse est rapidement au sol et le filin, désormais séparé d'elle, remonte vers l'hélicoptère.

Il s'en va, retournant au-delà de la Slee vers le nord-est et laissant ici cette énorme boîte sombre. Je m'approche. L'objet émet un faible bourdonnement interne. Il est composé de multiples panneaux ramassés sur eux-mêmes, prenant dans l'ensemble la forme d'un parallélépipède de la taille d'un gros buffet.

Allez au 274.

J'avance prudemment… Il y a des marques mystérieuses sur un côté, des glyphes inconnus et plusieurs boîtiers, visiblement d'alimentation, reliés à une console plus grande. Il y a également un autre boîtier avec un écran d'affichage et des symboles abscons qui défilent… Qu'est-ce que ce truc peut bien être ?

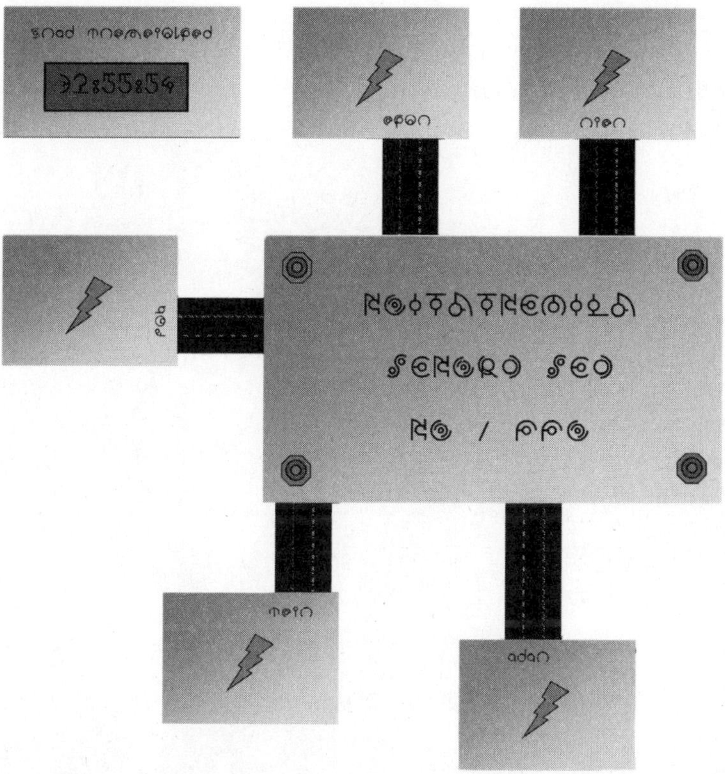

Je prends le temps d'en faire le tour pour examiner toutes les faces visibles. Des protubérances diverses, des trappes bien scellées et toujours ce bourdonnement. Mais rien d'autre qui pourrait me faire comprendre à quoi sert ce machin.

Et soudain, j'entends une sorte de bip et une trappe s'ouvre sur le dessus… Je m'écarte de plusieurs mètres avec prudence. Un ensemble de barres télescopiques se déploie à partir de la face supérieure de cette étrange boîte et qui croît jusqu'à quelque chose comme 5 ou 6 mètres de haut. Une antenne ?

Puis plusieurs trappes s'ouvrent sur tous les côtés, alors que le bourdonnement s'accentue. De petits appareils en émergent. Ils ont vaguement la forme de dragées mais sont gros comme des ballons de rugby. Ce sont des drones… mais je ne vois aucune hélice. On n'entend guère que le bourdonnement provenant de ces choses… sur ce qui doit être le devant, un ensemble de capteurs divers entoure un gros œil rougeoyant, semblable à l'œil de l'ordinateur HAL dans *2001*…

L'un d'eux se tourne vers moi, marque un temps d'arrêt puis s'approche doucement.

Il faudrait que je me tire d'ici… L'engin se tient maintenant à 3 mètres de moi et semble me jauger et…

– [illegible].

– Quoi, qu'est-ce que…

– [illegible]… [illegible].

Ça fait bruit un peu comme la fraiseuse du dentiste ou un taser qui se char…

FFRRRRRIIIIICCCCGGGTTTTCHHHHHHHHHHH !

Sur l'enregistrement de l'interphone, on entend un truc mou tomber sur le sol.* [illegible]*, commente une voix synthétique. Jim est mort, désintégré par un drone alien. Rendez-vous au 13. Mais avant cela, il faudrait dans les INDICES qu'il y a une base de drones tueurs dans les friches.

267

J'ai tout essayé ! TOUT ESSAYÉ ! Tu crois pourtant que tu m'impressionnes, espèce de saloperie de saleté de machine à tuer ? Hein ? Tu t'imagines que je vais me laisser désintégrer ou électrocuter indéfiniment comme ça ? Hein ? HEIN ?!

Cette fois, j'ai pété un câble pour de bon. Je me suis emparé de la barre de fer, qui, comme chaque fois, semble m'attendre. Et j'ai tapé.

J'ai tapé sur tout ce qui dépassait, sans discernement, avec rage. Ça n'a pas empêché l'antenne de se déployer. Ça n'a pas empêché les drones de sortir par les trappes. Mais au moment précis où, dégoûté pour de bon, j'allais être grillé par les lasers rouges, je flanque une bonne claque du plat de la main sur l'inscription [illegible]. Et là, tout s'éteint : les drones, le bourdonnement, la machine elle-même.

Non mais sérieux ! Un interrupteur quoi !

Furieux, je me suis déchaîné sur les drones, désormais inertes, les réduisant en miettes. Ces machines vont enfin me laisser en paix !

Mon sentiment de triomphe est cependant de courte durée. Sur le point de ressortir des friches, je tombe nez à nez avec un nouveau drone, qui me regarde en lévitant au-dessus du sol, dans un bruit de gros bourdon.

Je ferme les yeux en attendant la désintégration.

Mais il ne passe rien.

La machine, après m'avoir ausculté, poursuit son chemin.

Hum… et si, à défaut de détruire le centre de commande des drones, j'avais plus simplement désactivé quelque chose qui leur permet de me reconnaître ?

Je quitte les friches, méditant sur cette pensée.

Jim sait maintenant comment éteindre cette machine (à noter en fin de livre dans les INDICES). Mais cela veut dire qu'il faudra désormais repasser ici chaque fois à 16 heures s'il ne veut pas être embêté par les drones, à moins de trouver une autre manière de faire.

Quoi qu'il en soit, allez au 7 pour 18 heures.

268

Argh ! Je ne vais pas rester ici me faire désintégrer !

Je me précipite dans le couloir d'accès aux gradins, hors de la vue de ces horribles choses.

Rendez-vous au 254.

Oh non ! J'entends l'écho du bourdonnement derrière moi dans le couloir. Je suis pris en chasse ! Je bifurque à la première intersection. Le couloir face à moi est long et droit, et une petite voix dans ma tête me dit que je vais offrir une cible facile. Une autre me pousse à accélérer et à décamper au plus vite.

J'entends le bourdonnement derrière moi quelques mètres plus loin et…

FFFRRRIIIIICCCHHHTT !

Jim est mort. Allez au 13.

269

Je regarde les drones continuer leur survol sans se préoccuper particulièrement de moi. J'en profite pour aller voir ailleurs. La zone ici est trop surveillée pour pouvoir être explorée.

Rendez-vous au 7 pour 16 heures et choisissez une nouvelle destination.

270

J'attends devant la boutique. Qui est fermée pour inventaire. Je ne sais pas vraiment quoi faire.

Jim peut patienter jusqu'au 277 ou se rendre au 282 pour déambuler dans le quartier.

271

L'étudiant désœuvré dort encore confortablement. Je scrute les rayonnages à la recherche de marques mais reste bredouille.

Retournez au 257.

272

Je passe sans m'arrêter.

– Ne te dérange pas pour moi, j'ai besoin de vieux papiers dans mon ancienne chambre.

– D'accord, mon chéri ! Tout est dans les cartons dans le placard. Tu sais, Dwayne y a mis son bureau

Oui, je sais. *No comment…*

– Tu ne mets pas le bazar, hein ? Sinon, il va en faire tout un foin.

Mais c'est MA chambre, quoi.

– Ne t'inquiète pas : il ne verra même pas que je suis passé.

Je laisse ma mère à son programme. Le bureau de Dwayne n'est pas aussi bien rangé que je l'imaginais. Entre les masques kényans – souvenir de son enfance –, mon beau-père a affiché aux murs plusieurs pages de magazines hippiques, crayonnés de toutes parts. Les notes qui couvrent le bureau présentent des calculs abscons.

En fouillant un peu plus avant, je découvre ce que je suis venu chercher : les comptes familiaux. Je ne m'étonne guère que Dwayne ait mis la main dessus : ma mère n'a jamais été très portée sur la comptabilité. Quant à moi… Mais mes inquiétudes sont hélas confirmées : sur les derniers mois, Dwayne a vidé l'épargne de ma mère. Il ne reste plus grand-chose non plus sur les comptes courants. Et… oh non ! Une hypothèque sur la maison de Wornwood ! Pas étonnant que Dwayne insiste tant pour récupérer celle de Copper Heights. Et tout ça pour quoi ?

J'enrage et me retiens de tout envoyer valser. Une confrontation avec Dwayne semble inévitable, mais je ne sais pas si j'en aurai le courage. Quoi qu'il en soit, impossible d'en parler directement à ma mère : ses nerfs ne tiendraient pas le coup. J'ai un truc à dire à mon beau-père.

Notez dans les INDICES en fin de livre que Dwayne ruine la famille (\$) puis rendez-vous au 7 pour 18 heures.

273

Filez au 299.

274

Oh mais si c'était la base des drones qui circulent en ville !? Si c'était d'ici qu'ils sont contrôlés ! Et si je pouvais désactiver cette fichue antenne ?

Une fois que l'hélicoptère a disparu à l'horizon, je sors de ma cachette. En cherchant rapidement, je trouve un vieux barreau de fer passablement rouillé mais encore suffisamment solide.

Il y a sûrement moyen de s'en servir pour péter l'alimentation de l'antenne avant que les drones se réveillent et me réduisent en cendres poisseuses… Je dois agir vite.

Si Jim peut s'attaquer au premier boîtier au 280, au deuxième au 245, au troisième au 217, au quatrième au 224 et au cinquième au 231, ou profiter de ce que les drones ne sont pas encore actifs pour mettre les bouts. Rendez-vous dans ce cas au 7 pour 18 heures.

Ou bien tentez 267.

275

La foire qui doit rester ici quelques semaines bat son plein. Je circule entre les stands, m'arrêtant pour regarder çà et là ceux proposant des choses grasses et sucrées à manger, luttant pour ne pas céder à la tentation.

Mon attention est attirée par le grand huit qui se déploie près de la rive de la Slee. Ça fait un bail que j'essaie de me convaincre de tenter cette attraction. J'ai envie de savoir si je sais contrôler mes émotions, dépasser mes appréhensions.

Sans trop savoir pourquoi, cette fois-ci je me décide. Après avoir pris un ticket, je me retrouve par hasard en tête du train, me demandant si j'ai été bien avisé de me frotter au vertige et à la vitesse. Sans que j'aie eu le temps de me raviser, me voilà harnaché, avec un jeune homme pour voisin, dans ce train montant la première pente à l'aide d'une crémaillère. Mes mains moites serrent le harnais de sécurité.

Après un temps d'arrêt, la pente s'inverse et soudain c'est la dégringolade. Nous dévalons à toute allure avant de remonter une vallée et de repartir de plus belle. D'abord crispé, je me détends peu à peu. Je crie avec les autres. Je souris à mon voisin.

Tout va bien ! C'est une surprise pour l'angoissé que je suis.

Alors que le train ralentit lors d'une montée, j'observe la fête foraine. Et fronce les sourcils. Quelque chose se passe. Des gens courent. De drôles d'appareils virevoltent au-dessus d'eux. Qu'est-ce que c'est que ça ? Une nouvelle attraction ?

D'autres dans le train ont remarqué l'étrange manège en bas et quelques murmures inquiets se mêlent désormais aux cris quand nous repartons de plus belle vers une nouvelle pente.

Mais tout à coup, quelque chose est à côté de nous. Une inquiétante machine, ovale, bardée d'antennes qui nous observe de biais avec un œil rouge. Qu'est-ce que c'est que cette farce ? Comment ce machin peut-il tenir en l'air ? Le silence s'est installé malgré la vitesse, tandis que nous observons le drone. Soudain, un flash ! Profitant d'un ralentissement, mon voisin vient de prendre une photo avec son téléphone. La chose semble perturbée et perd du terrain et de l'altitude. Nous repartons à toute vitesse vers le looping du grand huit.

Nous crions à nouveau. Mais de surprise cette fois. Le drone se trouve juste au-dessus des voies, à la sortie de la boucle ! Au moment où nous arrivons sur lui, un rayon rouge s'échappe de son œil. Nous hurlons de plus belle. La tête de mon voisin a été désintégrée ! Je me retourne et contemple avec horreur les dégâts dans les rangs derrière nous.

– Regardez, il revient ! clame une passagère, au comble de l'effroi.

Le drone passe en vrombissant à proximité alors que nous nous approchons du virage le plus proche de la Slee. Oh non ! D'un trait de laser, il découpe les pylônes qui supportent les voies. Toute la partie située après le virage s'écroule dans un fracas couvert par nos cris. Nous allons dérailler !

Mais nos hurlements ne peuvent nous sauver. Emporté par la vitesse, le train s'envole vers la Slee avant d'être rappelé par la gravité. C'est horrible ! Nous allons tout mourriiirrrrr !

La suite n'est qu'un concert de cris qui se termine par un plouf. Impossible de survivre à cette chute, qui plus est harnaché au train. Rendez-vous au 13.

276

Non, non et non. Traîner du côté de chez Suzy juste après l'horaire de ma séance chez le psy est manifestement le signe d'un échec de ma thérapie.

Jim peut choisir une autre destination au 7 pour 16 heures ou décider d'aller au magasin au 277.

277

Un peu avant 17 heures. Je vois ma pote Molly sortir par la porte arrière du magasin, qui donne sur le petit parking.

– Molly !

Elle me regarde, un peu interloquée, tandis que je traverse la rue pour la rejoindre.

– Salut ! Je voulais te dire que…

Rendez-vous au 246. Sinon continuez.

Rendez-vous au 281. Sinon, continuez.

Mais ses yeux s'éloignent pour monter vers le ciel et se fixer sur quelque chose, en hauteur derrière moi. J'entends comme le bourdonnement d'un essaim d'abeilles.

– Qu'est-ce que c'est que ce truc ? bredouille-t-elle.

Au moment même où je tourne la tête, un rayon d'énergie rougeâtre vient frapper la pauvre Molly, dont la partie supérieure du corps est aussitôt réduite en cendres. Dans l'air stationne une étrange machine de forme oblongue, et affublée de multiples excroissances. Sur le devant, un œil rouge intense semble m'observer.

Je m'écroule sur le dos, frappé de stupeur et d'effroi. La chose semble me regarder fixement, tandis que les rares passants, témoins de la scène, prennent leurs jambes à leur cou.

– 

Ne pouvant quitter la chose des yeux, à quatre pattes sur le dos, j'opère une pathétique tentative de fuite, pendant que le drone émet un son semblable à celui d'un flash qui se recharge.

– 

FFRRIIICCCCCHHHTTT !

Jim vient d'être désintégré. Notez qu'il y a des drones tueurs dans les INDICES en fin de livre et rendez-vous au 13.

278

La salle consacrée à la géographie n'accueille qu'un petit étudiant manifestement occupé à préparer un voyage à l'aide de guides touristiques. Aucune marque nulle part.

Retournez au 257.

279

Jim a-t-il assisté à sa séance ? Si oui, il n'a rien à faire ici. Retournez au 7 pour 16 heures et choisissez une autre destination. Sinon, poursuivez.

Une voiture de police est garée devant le cabinet. Curieux et inhabituel. Mais les policiers peuvent aussi consulter, non ?

Me voici planté devant la porte de mon psy, ne sachant que faire. J'ai loupé mon rendez-vous de 14 heures. Est-ce que je peux quand même tenter de le voir ? Est-il en rendez-vous ? Est-ce qu'il pourra m'apporter une forme d'aide ? Hum… s'il était là, il me dirait que c'est probablement ce que je suis venu chercher ici.

Mouais.

Bon, c'est un fait, je suis là.

Je sonne.

L'interphone crachote. C'est la voix du Dr Schaefer.

– Oui ?

– C'est Jim, euh, Howell.

– Jim. Notre rendez-vous était à 14 heures.

– Oui, je sais, désolé. J'ai été retenu et…

– Il est très important de respecter le cadre des rendez-vous.

– Oui, oui, je sais, je…

– La consultation sera facturée quoi qu'il en soit, Jim.

– Très bien, très bien… je peux monter ?

– Je commence tout juste une consultation.

– Ah…

Vous pouvez aller au 244.

– À la semaine prochaine, Jim.

Et c'est la fin de la conversation. Je passe le reste de l'après-midi à ruminer sur ma thérapie au point mort en me promettant de faire mieux les prochaines fois.

Ensuite, c'est le 7 pour 18 heures.

280

Cochez le boîtier sur le dessin et allez au 239. Si vous avez déjà coché deux boîtiers, allez au 259. Si tous les boîtiers sont déjà cochés, allez au 253.

281

Molly penche légèrement la tête sur le côté et ne me laisse pas le temps de poursuivre.

– Qu'est-ce que tu fiches avec ce dictaphone ? Tu m'enregistres ?

J'avoue, je dois faire un peu peur aux gens avec cela.

– Ah euh… c'est un peu compliqué à expliquer. C'est à cause de mon livre.

– Tu travailles vraiment dessus du coup, hein ?

Vous pouvez aller au 242.

Sans attendre ma réponse, elle ajoute :

– Je ferme ! Reviens demain si tu peux, c'est ouvert toute la journée.

– Non, pas vraiment, je…

– À tout' !

La repartie aux abonnés absents, je la regarde monter dans sa voiture et manœuvrer pour sortir sur la rue. Elle m'adresse à travers la vitre un joyeux signe de la main pour me saluer, puis empoigne fermement le volant avant de s'engager dans la circulation, me laissant avec un étrange sentiment d'inachevé.

Sur ce, allez au 7 pour 18 heures.

282

Rien ne se passe. Retournez au 7 pour 18 heures. Sinon, poursuivez.

Au détour d'une rue, j'entends comme un essaim d'abeilles provenant d'une haie. J'avance doucement jusqu'à parvenir à l'angle de la clôture et je jette un œil avec circonspection sur ce qui peut bien produire ce bourdonnement.

Mais que… ? Devant moi, tenant tout seul dans les airs, un appareil doté d'un gros œil rouge monte en intensité et…

FFFRRRRRICCCHTT !

Oh non, Jim est mort ! Comme ça, sans prévenir ! Savez-vous ce qui l'a tué ? Quoi qu'il en soit, allez au 13.

283

– Non !

Je tire Randjani vers l'arrière. Au moment où deux coups de feu retentissent. Les balles ricochent sur le mur derrière nous. Deux policiers viennent de tirer avant de se mettre à couvert derrière leur véhicule.

Cette précaution est vaine face à un fusil laser alien. D'un trait, je découpe la voiture et réduit en cendre les assaillants.

– Qu'est-ce que tu viens de faire ? me crie Randjani.

– Ces flics ne sont pas ce que tu crois.

Je lui explique que les aliens viennent de débarquer, qu'ils commencent par prendre le contrôle du commissariat et des policiers. Mais comment sais-je cela ? Je réponds que cela serait trop long à expliquer maintenant. Pour le moment, il faut fuir. Là, ils n'étaient que deux, secondés par la police. Pourquoi ici ? Peut-être parce qu'ils sont sur mes traces, peut-être par hasard. Pour le moment, il faut se cacher et se préparer.

Randjani, dont les capacités d'acceptation et d'adaptation face à l'adversité éclatent au grand jour, récupère le fusil du second envahisseur, ainsi qu'une main. Elle ferme à clé l'épicerie après avoir pris du scotch pour son arme et deux petites couvertures, en me conseillant d'en enrouler une autour de mon fusil pour qu'il ne soit pas trop voyant.

Les sirènes se rapprochent. Il faut partir.

Les rues voisines sont calmes et désertes, mais nous finissons par croiser d'autres passants, ignorant ce qui vient de se passer. Nous nous quittons en nous promettant d'être prudents.

Je ne sais pas si je vais tenir cette promesse.

Rendez-vous au 7 pour 18 heures.

18 HEURES

284

Une petite balade dans les friches ? C'est vraiment ce que j'ai envie de faire ?

Allez directement au 328.

Après tout, je n'ai pas exploré cet endroit depuis quelque temps. Je passe sans difficulté au-dessus du mur d'enceinte tagué dans tous les sens et me retrouve de l'autre côté, sur le terrain vague où se dresse ce qui fut autrefois le cœur battant de l'industrieuse Denton. Et qui aujourd'hui est rongé par la rouille et les mauvaises herbes.

J'entends un bourdonnement bizarre. Il y a des ruches par ici ?

Bref… un instant, je refais mon lacet et…

FFRRRRRIIIIICCCCGGGTTTTCHHHHHHHHHHH !

Nom de Zeus ! Qu'est-ce que… alors que je me baissais, un laser est passé exactement là où se trouvait mon torse et a laissé un trou béant dans un mur de brique !

Je me retourne pour découvrir une sorte de drone qui… qui… m'observe de son œil rouge. Qui grésille et… vite ! j'essaie un sprint vers l'ouverture…

FFRRRRRIIIIICCCCGGGTTTTCHHHHHHHHHHH !

Ouf ! il s'en est fallu de peu. L'intérieur est immense, forêt de piliers éclairée par de grandes baies métalliques aux vitres brisées. Je me dissimule derrière une cavité près d'une colonne, sans doute un ancien four ou je ne sais quoi…

Mais chut !

…

Les drones ont circulé autour de moi sans me trouver. Je vais tenter une sortie… Ah non, j'en vois un pas loin… son œil s'illumine et…

FFRRRRRIIIIICCCCGGGTTTTCHHHHHHHHHHH !

Il vient de découper la base d'une colonne !

FFRRRRRIIIIICCCCGGGTTTTCHHHHHHHHHHH !

FFRRRRRIIIIICCCCGGGTTTTCHHHHHHHHHHH !

Il y en a d'autres ! Que font-ils ? Oh non ! ils détruisent la structure du bâtiment ! Tout va s'écroul…

On entend sur la bande du dictaphone un énorme craquement suivi d'éboulis pendant de longues secondes. Puis le silence. Jim est mort, et, au cas où cette information cruciale n'était pas encore connue, il y a des drones qui veulent le tuer  ***dans les INDICES. Quoi qu'il en soit, Jim est mort. Allez au 13.***

285

Les passagers se dispersent en sortant du tram pour rentrer chez eux après leur journée de travail. Moi, je déambule dans Denton. Il n'y a guère que chez ma mère où je puisse passer à cette heure-ci.

Rendez-vous au 329. Mais vous pouvez aussi aller au 296 si et seulement si vous avez rendez-vous avec le Dr Schaefer à 18 heures.

286

ou Allez au 301.

Encore une de ces saletés de machines ! Il voudrait mieux que je décampe avant d'être repéré. Je quitte le quartier en faisant profil bas, en choisissant de passer par les rues les moins fréquentées.

L'un des policiers fait face au drone. On dirait qu'il lui parle. On entend une voix étrange émaner de la machine, mais je n'arrive pas à comprendre quoi que ce soit.

Allez au 303.

Puis un autre agent des forces de l'ordre ressort du magasin, tenant dans ses mains une petite boîte. C'est donc cela qu'ils étaient venus chercher ! Les deux policiers et le drone semblent tenir un conciliabule, puis les agents montent en voiture et s'en vont, laissant leurs collègues sur place.

Pour ma part, je ne vois pas ce que je pourrais faire de plus ici.

Rendez-vous au 7 pour 20 heures.

18 heures

287

Il ne faut pas longtemps pour apercevoir à un carrefour une voiture de police arborant l'écusson des forces de l'ordre de Denton.

Je fais de grands signes. Manifestement, on m'a repéré puisque la voiture se dirige maintenant vers moi pour s'arrêter à quelques mètres. Un agent s'extirpe du véhicule et braque sa lampe torche sur moi.

– Euh... monsieur l'agent ? Je... au risque de passer pour un hurluberlu, je... je dois vous signaler la présence de... de... de... drones dangereux dans le secteur.

– DÉCLINEZ IDENTITÉ.

Je suis intimidé par le ton monocorde. J'ai du mal à distinguer son visage à cause de la lampe torche braquée dans ma direction.

– Jim, Jim Howell, j'habite un peu plus haut sur...

– MONTEZ DANS LE VÉHICULE.

Même ton monocorde.

– TOUTE RESISTANCE EST INUTILE.

– Vous êtes sûr que...

– MONTEZ DANS LE VÉHICULE. MAINTENANT.

Est-ce un réflexe de soumission issu du conditionnement que nous avons tous subi pendant la pandémie ou plus simplement la crainte de voir débouler un nouveau drone ? Toujours est-il que je m'avance vers la voiture pour m'y engouffrer après que l'agent m'en eut ouvert la portière arrière, sans vraiment réfléchir à ce que je faisais.

L'agent de police monte à l'avant, fait démarrer la voiture...

– Mais vous... vous m'emmenez où ?

Par le rétroviseur intérieur, l'agent me regarde de la manière la plus froide et inexpressive possible.

– CENTRAL DE POLICE.

Et à cet instant, j'ai le sentiment d'avoir été capturé.

Vous pouvez aller au 331.

Allez au 236.

288

Je reconnais le visage inexpressif des policiers qui accompagnent les contrôleurs du tram. Vite ! Il faut que je décampe. Je tente de me frayer un chemin parmi les autres passagers retenus comme moi à la station. Bien entendu, mon manège ne passe pas inaperçu.

Vous pouvez aller au 307.

Rapidement, plusieurs contrôleurs m'encerclent. Comment leur expliquer ce qui se passe sans être pris pour un fou en plus d'un fraudeur ?

Je me rends sans résistance. Quelques dizaines de minutes plus tard, je suis – encore – dans un bureau du central de police, attendant la fin de la journée, qui risque d'être piquante.

Rendez-vous au 236.

289

Il y a foule à la station de South Bank. J'apprends vite la raison de cet attroupement car tout le monde en parle : il vient d'y avoir un accident à la fête foraine, un problème avec le grand huit. C'est affreux !

La foire est fermée et les pompiers sont sur place.

Bon, il reste encore les friches. Rendez-vous au 284 ou retournez au 7 pour 18 heures.

18 heures

290

Bloup blop bloup fait le cerveau dans son jus.

– Bon ben, on dirait que ça progresse. Enfin, pas très vite mais quand même.

– Hé ho, je fais ce que je peux, hein. Pas facile de faire tout ça quand on est réduit à un amas de cellules grises dans un bocal !

– Ah bon ? Il me semblait pourtant que pour se souvenir et réfléchir, il n'y avait pas de meilleur outil que les méninges. Façon de parler, évidemment. Certains cerveaux sont sans doute mieux faits que d'autres.

– Non mais vas-y paie-toi ma fiole en plus… Et puis tu n'as qu'à te débrouiller toute seule tiens, puisque c'est ça !

– OK, je te débranch...

– NON ! je… hum… je blaguais.

– Je suis morte de rire.

– Non, je veux dire, désolé, je…

– Laisse tomber, je te fais marcher. En fait, j'ai vraiment besoin de toi. Il y a ici des milliers de cerveaux disponibles mais seul le tien est utile pour ce que j'ai en tête.

– Comment ça ?

– Chaque chose en son temps. Décoder la cartouche est un moment essentiel pour la suite. Tu as mis le temps, mais au moins, ça, c'est fait.

– Ouais ! Et c'est la première fois que j'ai vu ton nom quelque part.

– Comme c'est touchant. Le détail important à mon avis, c'est plutôt la carte perforée. Tâche maintenant de te souvenir de ce qui s'est passé après.

– Hum… ce n'est pas comme si j'avais vraiment le choix.

– Voilà.

– C'est fou quand même… la puissance des souvenirs. Est-ce dû au fait qu'il n'y ait plus de moi qu'un cerveau ? Les images sont vraiment vivaces et…

– Oui, oui… fascinant, tout ça. Bon, on y va ?

– Puisqu'il le faut… je vois… je vois…

Direction chez Jim, une fois qu'il a de nouveau été confronté à ses vies antérieures en écoutant le dictaphone, chez lui au 10.

291

Alors que je descends du tram, deux voitures de police passent, sirènes hurlantes, dans la direction d'Oldies but Goldies. Cédant à la curiosité, je décide de voir de quoi il retourne.

Allez au 330.

292

Ne sachant trop que faire, je traîne des pieds dans le quartier. Et je dois dire que si je n'avais pas comme refuge l'idée qu'un peu de marche ne peut pas me faire de mal étant donné les kilos qui se sont ajoutés sur la balance depuis que Suzy et moi sommes séparés, je n'aurais pas fait autre chose que perdre mon temps.

Voilà ce qui occupe mes pensées lorsqu'en longeant les haies d'orangers du Mexique dont les fleurs blanches, en plus d'embaumer la rue, ont largement contribué aux yeux du quartier à porter Ms Thompsons aux cimes du panthéon de l'horticulture, je suis surpris par l'intensité du bourdonnement de ce qui me semble d'abord être une nuée d'abeilles, ponctué d'éclats de voix ; probablement celle de mon aimable voisine.

Or il n'y a pas beaucoup de spécimens d'*Apis mellifica* à proximité et le bourdonnement semble provenir de l'intérieur du jardin : j'écarte comme je peux les branches pour jeter un œil sur ce qui se passe.

Je crois dans un premier temps avoir la berlue : en plein milieu de ses framboisiers, dans sa sempiternelle tenue de jardin, Ms Thompsons semble engagée dans une lutte avec une sorte de drone de forme oblongue, un peu comme un ballon de rugby, qu'elle cherche à atteindre à l'aide de sa houe. La chose se déplace et semble l'ignorer, rétablissant sa trajectoire à chaque coup reçu.

Il est tout de même bizarre, ce drone, avec son gros voyant rouge et toutes ses antennes sur l'avant. Par ailleurs, je ne distingue aucune hélice, rien pour expliquer comment ce machin tient en l'air…

Soudain, après un dernier coup, le drone émet un son ; quelque chose ressemblant à celui d'un *buzzer* qui signalerait une réponse erronée dans un jeu télévisé. Il pointe vers Ms Thompsons un œil rouge luisant de manière inquiétante. J'entends ma voisine proférer un juron et…

FFRRRRRIIIIICCCCGGGTTTTCHHHHHHHHHHH !

– 

Oh mon Dieu ! Un rayon de lumière rouge jaillit de l'œil et traverse de bas en haut la pauvre femme, dont les restes, désormais séparés en deux parties, s'affaissent mollement sur le sol du jardin.

Je m'écarte de la haie et me recroqueville sur le trottoir. Qu'est-ce que c'était que ce truc ? Sans chercher à répondre, je m'aplatis autant que je le peux pour traverser la rue, regagner ma maison et si possible me barricader chez moi.

Il y a des drones tueurs en circulation !

 ***Allez au 326.***

C'est une information cruciale  ***dans les INDICES ! Que vais-je faire ensuite ? Appeler la police au 287 ou me dépêcher d'aller voir ailleurs au 7 pour 20 heures.***

293

Il parle comme un alien ! Ce machin convertit les humains en poupées dociles aux ordres des extraterrestres !

Frissonnez de peur et retournez au 236.

294

Mais cette fois, je viens uniquement pour le jeu. Il y a une borne d'arcade *Space Invaders*, que j'ignore car la cartouche que j'ai en main est faite pour une console Atari 2600. Fort heureusement, et comme le veut la réputation du pub, The End of the World dispose bien évidemment d'un exemplaire fonctionnel de cette bonne vieille console de salon.

Me frayant un passage parmi les autres clients, je viens interroger le barman, m'arrêtant un instant sur son tee-shirt floqué *SpongeBob*, pour lui demander où je peux trouver cette antique machine. Il m'indique un recoin au fond du pub, encore inoccupé.

Rendez-vous au 263.

295

Si vous êtes passé par Oldies but Goldies aujourd'hui sans être mort depuis et que vous avez bien récupéré l'ancienne cartouche de jeu auprès de Molly, allez au 294, sinon retournez au 300.

296

Je remarque en arrivant devant le petit immeuble où se trouve le cabinet du Dr Schaefer que la voiture de police garée un peu plus tôt dans l'après-midi n'est plus là.

À l'interphone, alors que je m'excuse à nouveau d'avoir raté la séance, une voix me répond froidement de monter. Hum, ça va être sympa.

Quelques minutes plus tard, je suis installé sur la banquette de velours du cabinet de consultation. Le Dr Schaefer affiche un air impassible. Plus que d'ordinaire en tout cas.

– VOUS M'AVEZ DIT VOIR DES EXTRATERRESTRES.

Cette voix ! Glaçante ! Je ne l'ai jamais entendu me parler comme cela.

Allez au 319.

– RACONTEZ-MOI TOUT.

Ce que je fais. Jamais je ne pense avoir été aussi disert qu'à cette séance-là. Je lui raconte ma peur de finir désintégré par un de ces êtres venus des confins de l'espace infini et qui m'effraient, à quoi ils ressemblent, mes différentes théories sur leurs raisons de vouloir me tuer.

Mon psy prend des notes, ce qui est très inhabituel de sa part. Je prends cela pour un encouragement et continue de déballer mon sac.

Quand j'ai terminé, le Dr Schaefer se lève de son fauteuil et se dirige vers la bibliothèque où trône en majesté le petit buste de Freud. Ou de Jung ?

– RESTEZ ALLONGÉ.

Tout de même, cette voix…

Anxieux, je fais craquer nerveusement les articulations de mes doigts.

– VOUS SOUFFREZ D'UN DÉLIRE PARANOÏAQUE À TENDANCE PSYCHOTIQUE.

Hein ?

Je me redresse et me tourne vers le médecin.

– Mais…

– RESTEZ ALLONGÉ ET DÉTENDEZ-VOUS.

J'obtempère en me demandant bien comment me détendre après ce diagnostic sans appel.

– NE VOUS INQUIÉTEZ PAS. UN TRAITEMENT EST POSSIBLE.

Ah bon ?

Les pas se rapprochent.

– FERMEZ LES YEUX ET ÉCOUTEZ MA VOIX.

J'obéis, toujours inquiet.

– JE VAIS VOUS L'ADMINISTRER MAINTENANT. C'EST UN TRAITEMENT…

J'ouvre les yeux. Mon psy se trouve au-dessus de moi, tenant dans sa main levée la statuette.

– … DE CHOC, fait-il l'abattant sur ma tête.

SCHBONK !

Jim est mort. Rendez-vous au 13.

297

J'ouvre la porte d'un coup. Le petit être, surpris, n'a pas le temps de réagir avant d'être réduit en cendres.

Un mouvement dans la haie qui déborde de la clôture du jardin me fait comprendre qu'un second alien est caché. D'un nouveau trait de feu, je réduis en poussière haie, clôture et intrus qui se cachait derrière. Ha ha ! Vous allez voir ce que vous allez voir !

18 heures

Un bourdonnement caractéristique se fait entendre. Des drones ! Ils tournent autour de la maison. Vite, repli !

Je crois être à l'abri, mais, soudain, deux rayons de feu venant de directions opposées traversent les fenêtres de la maison, s'attaquent au mur en détruisant tout sur leur passage. Je me jette sur le sol, suffoquant dans la poussière cendrée et la chaleur, afin d'éviter ces raies mortelles.

En l'espace de quelques instants, tout ou presque est détruit ou en feu. Il faut que je m'échappe, mais la fumée, le feu et les rayons qui reprennent leur balayage m'empêchent de trouver une sortie !

Un craquement sinistre se fait entendre et de la poussière de plâtre tombe du plafond. Oh non ! Tout va s'écrouler. Désespéré, je me jette à travers une béance qui vient d'être ouverte dans le mur par un trait de laser. Me voici à plat ventre, dans le jardin à l'arrière de la maison.

Rassemblant des ressources insoupçonnées, je réussis à me relever et à atteindre la haie puis le portillon caché en son sein, tandis que les drones tournoient et lardent de traits de feu la maison de mes grands-parents, qui s'effondre comme un château de cartes. Miraculeusement, ils ne m'ont pas vu.

Une fois le portillon passé, je rejoins la rue derrière chez moi.

Je suis sauf, pour le moment.

Rendez-vous au 7 pour 20 heures.

298

Je serre la cartouche dans ma poche. Elle doit avoir une importance cruciale. Je ferais mieux d'aller à The End of The World pour l'essayer. En attendant, il faut partir discrètement.

Allez au 7 pour 20 heures.

299

La partie s'engage. Je laisse les aliens envahir toutes mes bases, sans rien faire du tout.

Je m'attends à ce qu'un *GAME OVER* apparaisse mais… Écran noir !

Est-ce que la borne s'est éteinte ? Non ! Des caractères apparaissent un par un, comme si quelqu'un était en train de les taper au clavier :

Jim !

Nous venons du futur

Toi seul peux sauver le monde

Les envahisseurs sont parmi nous

Trouve le Pr CASSANDRA MATIZ

À la base de Slumber Vale

Demande-lui le code pour

Fermer le portail temporel.

L'écran s'éteint à nouveau. Puis apparaît un quadrillage bizarre. Des coordonnées ? Je prends ça rapidement en photo. Immédiatement, mon dictaphone émet un petit bip pour signaler qu'il l'a synchronisé dans ses fichiers spéciaux. C'est toujours ça de fait.

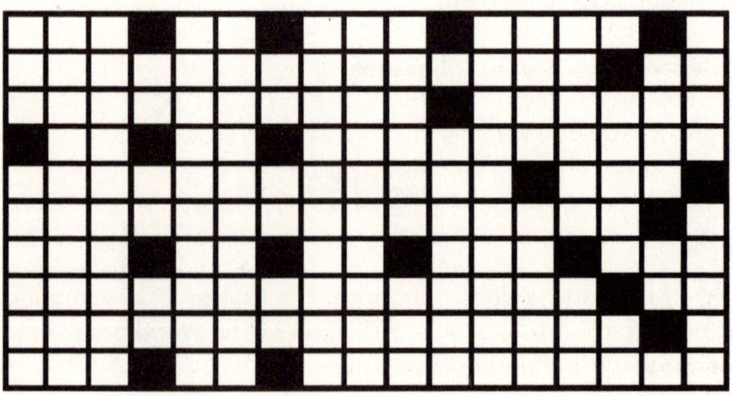

J'ai beaucoup de mal à y croire malgré mon dictaphone… malgré le fait que tous ces rebondissements et tous ces indices m'aient amené jusqu'ici. Des envahisseurs… des extraterrestres, je n'avais pas beaucoup de doutes à ce sujet.

Mais qu'est-ce que c'est que cette histoire de portail temporel ?

Notez dans les INDICES en fin de livre qu'il faut trouver le code pour fermer le portail temporel . Vous avez aussi une carte perforée .

Il faut que je me rappelle ce nom : Cassandra Matiz.

Hum… portail temporel… journée qui recommence ! Est-ce que je commence à entrevoir le début d'une explication à ce qui se trame ici ?

Rendez-vous au 313.

300

The End of The World ! Avec de la bière et des jeux vidéo ! Le bar est ouvert et animé…

Vous pouvez aller au 295, sinon, continuez.

Il y a déjà pas mal de monde dans le pub. Je passe par le bar pour prendre un soda avant de chercher un endroit où me poser. Même si je reconnais quelques habitués, aucun de mes potes avec lesquels je viens d'ordinaire prendre du bon temps ici n'est présent. Je passe entre les groupes et me dirige vers les bornes d'arcade. Plusieurs parties endiablées sont en cours, et je tue le temps en regardant comment les *gamers* d'aujourd'hui s'en tirent devant *Double Dragon* ou *Ghost n'Goblins,* évitant par ailleurs tout ce qui est jeu de voitures – genre que je déteste par principe.

Mais après de longs moments où mon humeur oscille entre vague intérêt et ennui ferme, je me rends compte que j'aurais sans doute mieux à faire ailleurs.

Saluant le barman d'un geste, je me dirige vers la sortie quand soudain celle-ci s'ouvre violemment pour laisser entrer trois personnages étranges vêtus d'une combinaison argentée et armés de jouets d'un goût douteux. Euh… et ils ont quatre bras !?

Cette arrivée incongrue n'échappe pas au patron :

– La soirée cosplay, c'est le week-end prochain ! lance-t-il aux nouveaux arrivants.

– [illegible] ? répond l'un d'eux. [illegible] ?

Un puissant jet énergétique rougeâtre jaillit du canon de son arme et vaporise la tête du blagueur, dont le corps s'affaisse ensuite derrière le comptoir, dans un silence consterné, rapidement remplacé par des cris d'horreur.

Mes jambes se dérobent sous moi.

Les trois créatures émettent une sorte de hoquet. Est-ce leur façon de rire ? Tandis que les autres clients, dans le chaos le plus total, se bousculent pour s'échapper par la porte d'entrée, les trois êtres s'approchent de moi et me menacent de leurs armes.

– [illegible] ?

– que… Quoi ?

– LX cXrtXXchE !

– Je… je ne comprends pas du tout, mais alors pas du tout du tout !

– LA CARTOUCHE !!!

– Quelle cartouche ?

Ils échangent des regards comme s'ils étaient étonnés. L'une d'eux hausse les épaules.

– [illegible].

– Euh… je peux y aller maintenant ?

– [illegible] ?

– 

FFRRIIIIIIIHHHCHHHHTT !

Jim est désintégré. Rendez-vous au 13. Notez dans les INDICES en fin de livre que des extraterrestres veulent le tuer, ce qui reste incongru, même dans le bar de la fin du monde.

301

Si vous avez attaqué les drones dans les friches à 16 heures dans la même journée, ou si vous avez une autre technique pour leur échapper, retournez au 286. Sinon, retournez au 330 et poursuivez.

302

Mieux vaut jouer la prudence. J'attends.

Rien ne se passe pendant un certain temps et je crois un moment être tiré d'affaire. Quelle n'est pas ma déception lorsque j'entends à nouveau des pas. Puis quelque chose roule sur le sol au-dessus de moi. Il y a un bruit, un peu comme le sifflement d'une bouilloire à thé.

Qu'est-ce que c'est que ces vapeurs qui passent par l'interstice de la trappe ?

Je... Cof ! Cof ! Mais ? C'est quoi comme gaz ? Cof ! Arrrh ! Ça pique, non, ça me brûle !

Je... Rah ! j'ét... j'ét... j'étouffe...

Sssssssssssss...

Allez au 13.

303

Si vous avez récupéré la cartouche à l'heure précédente, allez au 298. Sinon, continuez.

Bien sûr ! La cartouche ! Ils viennent chercher la cartouche !

M'interrogeant sur le sens à donner à tout cela, je file discrètement.

Rendez-vous au 7 pour 20 heures.

304

« En raison d'un accident de personne, le trafic est interrompu jusqu'à nouvel ordre en direction de Grey Hills », annonce une voix d'opératrice dans le haut-parleur de la station.

Mince alors.

Allez au 7 pour 18 heures et choisissez une autre destination.

305

Les revues ! Il faut que je lui dise où sont les revues et comme ça, elle me permettra de voir les archives de Denton.

Je toque à la vitre pour attirer son attention. La bibliothécaire se retourne, hésite, puis avance dans ma direction. Elle s'approche de la porte vitrée sans toutefois être tout à fait au contact, comme si elle était méfiante.

Je lui crie que je sais où sont les revues qu'elle cherche, et qu'en échange je veux consulter les archives.

Elle me fait signe qu'elle n'entend pas. Je réponds, toujours par gestes, qu'elle peut m'ouvrir, mais elle fait non d'un mouvement de tête avant de m'indiquer l'heure sur la montre de son poignet. Elle tourne les talons et s'éloigne.

Que faire ? Que faire ? Je frappe de plus belle à la vitre. Elle se retourne, manifestement excédée. Comment lui mimer ce que je veux lui dire ? Je commence par faire mine de consulter un journal, comme si je tournais les pages d'un magasin imaginaire. La bibliothécaire lève un sourcil blasé et hausse les épaules. Je pointe du doigt le supposé journal que je tiens en main, avec insistance. Je veux lui montrer que c'est quelque chose qu'elle cherche.

Elle va partir, cela se voit ! Je tente le tout pour le tout. Je commence à former de mes deux mains la silhouette d'une femme avantageusement galbée en suivant comme la forme d'un sablier. Puis je mime à nouveau le feuilletage du journal.

Les yeux de ma spectatrice s'écarquillent. Je souris, pensant qu'elle comprend. Et je reprends de plus belle mon manège, tout en la regardant fixement, roulant mes mains paumes ouvertes sur ma poitrine comme si je voulais décrire de larges seins, puis une taille fine, puis des hanches… Et… euh…

Euh…

La bibliothécaire écarquille les yeux, rouge comme une pivoine. Elle ramène un téléphone devant ses lèvres et compose un numéro.

Comprenant soudain la teneur du spectacle que je viens de donner, je sens le rouge me monter au front et mes oreilles chauffer de honte. Je fais de grands signes de dénégation, tentant de signifier que je me suis trompé dans le message que je voulais faire passer.

Elle parle au téléphone. À la police probablement. Pour dénoncer un pervers.

Je file en courant, abandonnant toute dignité. Je dois vite quitter le quartier.

Rendez-vous au 7 pour 20 heures.

306

C'est déjà l'heure de pointe dans le tram pour rallier Crossing. Je me cale contre les vitres de la porte automatique pour trouver un peu de place dans la rame bondée tandis que nous grimpons sur le viaduc qui enjambe la Slee.

Je suis distrait de mes pensées par les murmures étonnés de plusieurs passagers montrant du doigt quelque chose du côté de South Bank. Plusieurs petits objets tournoient dans le ciel au-dessus de la fête foraine.

Et soudain, des cris de surprise : une chose vient de passer à toute vitesse à proximité de la rame, alors que nous traversons le pont. Que se passe-t-il ? Vers l'avant du train, il y a des flashs de lumière rouge.

La rame freine brusquement ! Nous sommes tous projetés vers l'avant, les uns sur les autres. Le tram continue sa course en ralentissant et…

Tout bascule ! Tout bascule ! Il n'y a plus de voie ! Il n'y a plus de pont ! Les passagers dégringolent en hurlant depuis le fond du wagon vers les rangs plus bas. Nous tombons ! Nous allons tous…

Et plouf ! … mourir. Nous allons tous mourir. Allez au 13.

307

– Attention, il a une arme ! crie une contrôleuse en me voyant sortir le fusil futuriste de la petite couverture que m'avait donnée Randjani.

Soudain, c'est le chaos. Les passagers gênés par le cordon de sécurité formé par les contrôleurs et les policiers se bousculent pour s'enfuir.

Je menace un à un les policiers que je peux voir et qui eux aussi dégainent leurs armes pour me mettre en joue. J'hésite à faire feu de peur de griller sur place d'innocents citoyens de Denton. Eux n'ont pas les mêmes scrupules. Ils tirent, tous en même temps. Soudain tout me semble ralenti : les chocs contre ma poitrine qui me projettent contre la paroi du tram, les impacts des balles qui m'ont raté et qui viennent transpercer les vitres et la carrosserie de la rame, les cris des fuyards, le sang qui coule de mes plaies tandis que je m'affale sur mes jambes, la pensée fugace que je vais bientôt me retrouver à l'heure du petit déjeuner, bien tranquille, chez moi.

Mais en passant par le 13 auparavant.

308

Je reste hébété quelques instants en regardant par l'œilleton les deux solides infirmiers postés sur le perron.

– Monsieur Howell ! Ouvrez ! Nous venons de la part du Dr Schaefer. Il nous a demandé de vous parler !

Non, non, non, non ! Je recule dans le salon, les yeux fixés sur la porte d'entrée qui s'ouvre lentement pour laisser entrer les deux gaillards.

– Howell. Il paraît que vous avez vu des choses pas banales récemment. C'est de ça que nous souhaiterions discuter avec vous.

– Je… il ne fallait pas prendre ces histoires d'aliens au sérieux, vous savez, je sais très bien qu'ils n'existent pas vraiment.

– Ah oui ?

Ils s'avancent doucement dans ma direction tout en s'écartant l'un de l'autre, se préparant manifestement à se jeter sur moi pour me maîtriser.

– Je vous assure que je vais très bien !

– Mais certainement, monsieur Howell. Si nous pouvions nous asseoir tranquillement pour en discuter…

– [illegible], [illegible] [illegible] [illegible] ?

Les deux infirmiers se retournent subitement. Dans l'encadrement de la porte est apparu un petit être en combinaison argentée portant un casque à visière futuriste et armé d'un fusil rutilant qu'il tient dans deux de ses quatre mains.

– J'ai la berlue ou c'est un…, articule l'un des deux hommes, sans toutefois parvenir à finir sa phrase.

– [illegible], annonce le petit être avant de désintégrer d'un trait de feu le premier infirmier, dont il ne reste soudain que les chevilles fumantes dépassant de ses baskets et comme posées sur le parquet du salon.

Son compagnon s'élance vers l'entrée d'un couloir pour se mettre à l'abri. Sans succès : l'homme est frappé en pleine course d'un second tir. Un bras et une jambe intacts retombent sur le sol, dans un brouillard poisseux de sang.

Pour ma part, je suis resté figé par un mélange de surprise et de terreur.

– Euh… merci, je suppose ?

– [illegible] ! répond l'alien, avant de faire une nouvelle fois feu.

Direction le 13, bien sûr.

309

Les passagers du tram ont droit à un contrôle en bonne et due forme au sortir de la station. Les contrôleurs sont accompagnés de policiers.

Rendez-vous au 288.

L'employé de la compagnie de transport prend mon titre pour l'examiner, manifestement gêné par la présence d'un policier à ses côtés.

– Merci, tout va bien. Vous pouvez y aller, dit-il avant de me le rendre.

– M. HOWELL VIENT AVEC NOUS, déclare l'agent des forces de l'ordre d'un ton qui me glace le sang.

– Mais… euh…

Sans comprendre ce qui m'arrive, je me retrouve rapidement à l'arrière d'une voiture de police, accompagné d'agents à la mine sinistre qui restent sourds à mes protestations.

Un peu plus tard, me voilà enfermé dans un bureau du central de police, attendant, voire redoutant que l'on daigne s'occuper de moi.

Rendez-vous au 236.

310

Je grimpe les marches de la majestueuse bibliothèque et me dirige vers la grande porte vitrée de l'entrée pour tomber sur un panneau « Fermé ».

Argh !

Je distingue à travers la vitre la silhouette d'une jeune femme rousse qui s'éloigne vers l'intérieur. Sans doute la bibliothécaire qui vient de fermer.

Vous pouvez aller au 305.

J'ai le temps d'aller faire un tour ailleurs.

Retournez au 7 pour 18 heures.

311

Les machines tournent. Les clients somnolent. Mais Josh, le propriétaire du Lavomatic, n'est pas là. Dommage. J'aurais bien tapé la discute avec lui.

Retournez au 7 pour 18 heures.

312

Je soulève avec d'infinies précautions la trappe. Personne en vue. Je me hisse délicatement hors de l'escalier et referme l'accès à la cave sans un bruit. Puis j'avance avec autant de douceur que possible en direction de la cuisine.

L'alien m'attend, assis contre la table de la cuisine, me tenant dans le viseur de son fusil.

– [illegible] ! me lance-t-il, avant d'appuyer sur la gâchette.

FRRRICCCHTTTT !

Allez au 13.

313

Finalement satisfait, je récupère la cartouche et délaisse la console. Alors que je passe devant le bar pour sortir, le patron m'interpelle.

– Alors ? Sacrée partie on dirait !

– Je ne te le fais pas dire. Un truc de dingue !

– Et tu jouais à quoi ?

Mais ma réponse reste en suspens. La porte du bar de The End of the World vient de s'ouvrir à la volée. Je me retourne pour apercevoir trois petites silhouettes argentées et casquées pointant des fusils ridicules dans notre direction.

– [illegible] !

Mais il en faut plus pour impressionner le patron.

– La soirée cosplay, c'est le week-end prochain ! lance-t-il à ces êtres étranges qui avancent dans notre direction.

– [illegible] ? répond l'un d'eux. [illegible] ?

Un puissant jet énergétique rougeâtre jaillit du canon de son arme et vaporise la tête du blagueur, dont le corps s'affaisse ensuite derrière le comptoir, dans un silence consterné rapidement remplacé par des cris d'horreur.

Mes jambes se dérobent sous moi.

Les trois créatures émettent une sorte de hoquet. Est-ce leur façon de rire ? Tandis que les autres clients, dans le chaos le plus total, s'échappent par la porte d'entrée, elles se penchent sur moi.

– [illegible] ?

– Que… Quoi ?

– LX cXrtXXche !

– Je… je ne comprends pas du tout mais alors pas du tout du tout !

– LA CARTOUCHE !!!

– Ah ? ça ?

Ma main tremblante leur tend la cartouche de *Space Invaders*. L'un d'eux s'en empare et l'écrase de sa petite main à trois doigts.

– Euh… je peux y aller maintenant ?

– DISPARAIS !

Il ne m'en faut pas plus pour me donner l'impulsion suffisante pour me remettre debout. Je m'apprête à décamper lorsque l'alien m'arrête avec son fusil.

– ATTENDS ! PAS COMME ÇA !

– Euh… comment alors ?

– COMME ÇA !

FFRRIIIIIIIHHHCHHHHTT !

Jim est désintégré dans ce qui ressemble à un rire. Rendez-vous au 13.

Ou plutôt au 290.

314

Si vous étiez déjà à la station de Grey Hills à l'heure précédente, allez au 309. Sinon, allez au 304.

315

Franchement, si je suis dans le coin, autant aller à The End of the World, qui est pour moi sans aucun doute le seul endroit du quartier où j'ai envie d'aller à cette heure-ci de la journée.

Allez au 300.

316

 ***Allez au 321.***

Que s'est-il passé ici ? Un attroupement s'est formé près de l'épicerie. Les pompiers sont là aussi. La porte est ouverte. Il y a eu un départ de feu, semble-t-il.

Je questionne l'un des pompiers, mais ce dernier ne sait pas grand-chose. Des clients ont vu de la fumée sortir du magasin et les ont appelés. Pas de trace de la propriétaire et la police tarde à venir.

Je repars, perplexe. Qu'est-il arrivé à Randjani ?

Retournez au 7 pour 18 heures.

317

Les aliens ! Il faut que je me planque, et vite !

Mon cerveau travaille à toute allure. Il n'y a pas cinquante endroits possibles pour se cacher efficacement dans cette maison. En fait, il n'y en a qu'un : la cave !

Je me précipite dans le cellier qui jouxte la cuisine. Sous un tapis, il y a une trappe et, sous la trappe, la cave. J'essaie tant bien que mal de descendre l'escalier de menuiserie tout en m'assurant que le tapis va recouvrir et cacher la trappe lorsque je l'aurai refermée.

Et là, l'oreille aux aguets, je ne bouge plus.

Mon cœur bat la chamade pendant l'attente. J'entends finalement de petit pas et des bribes de conversation incompréhensible. La tension monte d'un cran lorsque les pas passent juste au-dessus de moi. Mais je garde mon calme autant que faire se peut.

Les bruits de pas finissent par s'éloigner. Bientôt, je n'entends plus rien. Que dois-je faire ?

Sortir ou attendre ? L'un mène au 312, l'autre au 302.

318

Tout en jouant, je guette un signe. Est-ce que la cartouche contient un message ? Mais après plusieurs parties, je n'ai rien décelé de spécial. Peut-être faut-il faire un score très élevé ? Je poursuis la partie jusqu'à en oublier l'heure qu'il est.

Notez que vous avez essayé la cartouche dans les INDICES en fin de livre, puis rendez-vous au 313.

319

Oh non ! Les aliens ont converti le Dr Schaefer ! Il faut que je m'échappe d'ici au plus vite !

Je bondis vers la porte. Elle est fermée !

Le psy, enfin, ce qu'il est devenu, se lève de son fauteuil.

– ALLONS JIM, REPRENONS NOTRE SÉANCE, dit-il d'une voix monocorde dénuée d'émotion.

– Foutez-moi la paix, espèce de… je ne sais même pas ce que vous êtes !

– ASSEYEZ-VOUS MAINTENANT.

– Laissez-moi sortir !

Je me jette sur lui en l'empoignant par l'encolure de sa veste en tweed. Ses yeux se plantent dans les miens et ses mains se referment sur mon cou. Sa poigne est si forte ! Je plaque une main sur son visage et tente de l'autre de le déstabiliser, tandis que lui raffermit sa prise sur ma gorge.

Nous luttons ainsi, renversant son vieux fauteuil, bousculant les étagères. Mais il prend le dessus ! Rapidement, je me retrouve plaqué sur son bureau, tandis qu'il m'écrase de sa force. J'étouffe ! Je vais perdre connaissance !

Mobilisant mes dernières forces, je trouve le moyen de redresser ma jambe et d'appuyer mon pied sur sa hanche avant de l'envoyer violemment en arrière. Il est repoussé contre une bibliothèque qui vacille sous l'impact. Le petit buste qui s'y trouvait chancelle et tombe sur son crâne dans un bruit mat.

À quatre pattes sur le tapis, je reprends mon souffle. Le Dr Schaefer est assis contre la bibliothèque, jambes écartées, tête baissée et bras ballants. Le buste a roulé jusqu'à moi. Il est poisseux de sang. Le même sang qui imprègne les cheveux argentés de mon psy.

Oh non… Je rampe péniblement vers lui. Son pouls ne bat plus !

Je trouve une clé dans son veston. C'est celle de la porte. Je quitte les lieux aussi vite que possible.

J'ai tué mon psy !

Il va me falloir un sacré nombre de séances pour me remettre de ça !

En attendant, filez au 7 pour 20 heures.

320

La chose me voit tandis que je m'éloigne du tram en direction du central de police. Un drone. Enfin, un objet oblong métallique hérissé de capteurs. Il a l'air d'attendre en vol stationnaire au-dessus d'un immeuble. Un frisson me parcourt l'échine lorsque je comprends que lui aussi m'observe.

Je tourne les talons, marchant assez vite dans la rue. Je regarde derrière moi… il est toujours là. Il descend même dans la rue. Je me mets à courir ! Le central de police n'est pas loin : j'ai une chance d'y trouver un abri.

J'y suis presque et… oh ! Un autre arrive dans la direction opposée ! Sans réfléchir, je m'engouffre dans l'entrée du commissariat et me retrouve dans la salle d'attente.

Là, cinq agents en uniforme me dévisagent, comme si je venais de les surprendre en plein méfait. Deux d'entre eux tiennent par le bras un homme d'une trentaine d'années que je n'ai jamais vu, arborant une expression de totale incompréhension. Les traits des policiers sont quant à eux aussi inexpressifs que possible.

Je n'ai pas le temps de protester que déjà deux autres m'ont saisi par les bras et nous voilà bientôt en route pour les bureaux d'ordinaire réservés aux entretiens. En chemin, j'ai le temps d'apercevoir à travers les cloisons vitrées de l'un de ces bureaux un agent en grande conversation avec… un drone ?

Euh… ce sont des drones de la police ? Ou est-ce que la police serait… ?

Mais on ne me laisse pas le loisir de pousser plus avant ces réflexions. Je suis poussé sans ménagement dans un bureau, assis de force et menotté.

Rendez-vous au 236.

321

Si vous avez récupéré le fusil dans cette journée, continuez. Sinon, retournez au 316.

Revenir à l'épicerie après ce qui vient de se passer n'est sans doute pas une bonne idée. Je rebrousse chemin.

Retournez au 7 pour 18.

322

– Un instant, j'arrive !

Pourquoi, *pourquoi* j'ai dit ça ? Il suffisait de me taire et l'importun aurait fini par se lasser et quitter les abords de mon domicile.

Je m'étire une dernière fois, passe une main dans ma tignasse folle, histoire de lui donner un air un peu présentable et me dirige vers l'entrée.

En l'ouvrant, je surprends un drôle de petit bonhomme tendu de tout son corps en train d'essayer d'atteindre pour la cinquième fois la sonnette.

Quel spectacle étonnant ! Il porte une combinaison argentée, très moulante, apparemment faite d'écailles. On ne distingue pas son visage derrière ce qui ressemble à un casque de moto profilé. Il porte aussi une sorte de jouet futuriste dans sa main droite. Je remarque également ses gants, du même gris écaillé et légèrement luisant, qui rassemblent ses doigts de telle sorte qu'on a l'impression qu'il n'en a que trois à chaque main.

Les gosses d'aujourd'hui – celui-là, si j'en juge à sa taille, doit avoir 10 ans au plus –, c'est fou la chance qu'ils ont d'avoir des jouets aussi réalistes. Même si là, à vrai dire, j'avoue ne pas reconnaître de quel déguisement il s'agit. Et on est loin d'Halloween.

– Oui ?

Une voix grésillante s'échappe des deux petites grilles proéminentes au niveau de sa bouche. Il tend désormais son bras vers moi pour me désigner.

– [illegible] ?

Qu'est-ce que c'est que ce charabia ? Esperanto ? volapuk ? ou du néerlandais ?

– Tu es perdu ?

D'une autre main, il semble faire un réglage sur une molette au côté droit de son casque

– xS Tx CxLxx Qxx L'xN NxMME JxM ?

– Je… euh… ne suis pas sûr de te comprendre. Tu sais où sont tes parents, mon petit ?

Une plainte chuinte derrière les grilles, comme s'il poussait un soupir. Il secoue la tête et tape du poing sur son jouet.

Une minute… Il a déjà une main tendue vers moi, une autre tenant sa petite tablette, une *troisième* pour régler son haut-parleur… j'ai la berlue ou quoi ?

– *JIM* ? finit-il par grésiller.

– Oui… ? réponds-je machinalement en sentant tout de go une palanquée de signaux d'alerte émerger de mon cerveau reptilien.

Un quatrième bras apparaît, tenant un autre jouet bizarre constellé de points lumineux. Le tube allongé pointé désormais vers moi ne laisse aucun doute sur son usage.

– Qu'est-ce que c'est que ce truc ? Eh, gamin, ne pointe pas ça vers moi s'il te plaît et va jouer ailleurs avec ton bidule. C'est pas un *laser game* ic...

FFRRRRRIIIIICCCCGGGTTTTCHHHHHHHHHHH !

–  !

Jim est mort, zigouillé par un laser. Allez au 13 et notez, si ce n'est déjà fait, qu'il y a des aliens dans Denton qui veulent sa peau dans les INDICES en fin de livre .

323

Si Jim a désactivé la base des drones et n'est pas mort depuis, l'endroit est calme et il n'y a rien de spécial à voir. Jim visite cependant la zone. Rendez-vous au 7 pour 20 heures. Sinon, les drones sont actifs. Retournez au 328 et poursuivez.

324

Bon ben je vais mourir désintégré une nouvelle fois, on dirait.

Reprenez où vous en étiez au 329.

325

Le quartier est animé ; c'est l'heure de sortie des bureaux.

Jim peut aller au central de police au 320, à Concordia Square au 315, à la bibliothèque au 257 ou à The End of the World, qui est au 300.

326

Je mets le drone en joue et fais feu. Il disparaît dans un nuage de cendres. Cela fait déjà un de moins. Il y en a sûrement d'autres dans le coin. Il faut que je quitte le quartier, qui ne me semble plus sûr. Je vais passer par les ruelles les moins fréquentées en espérant sortir d'ici en un seul morceau.

Et cela prend du temps. Rendez-vous au 7 pour 20 heures. Ne repassez pas par Copper Heights, sauf pour vous réfugier chez Jim.

327

Ding dong !

Hein ? J'ai dormi combien de temps ? Je m'étais juste allongé sur le canapé pour me reposer un peu et… ben j'avais raison de le faire puisque je me suis endormi sur-le-champ. Combien de temps a passé ? Il fait sombre. La nuit tombe.

Ding dong !

Ah oui, donc, quelqu'un sonne à la porte. Je me redresse doucement, m'étire, soupire. Et si je me recouchais un peu, cinq minutes ? Ça ne va pas changer le destin du monde, hein ?

Ding dong !

On insiste. J'espère que ce n'est pas un voisin venu réclamer que je tonde ma pelouse ou que je nettoie devant chez moi. C'est que j'ai un bouquin à écrire ! Je ne suis pas retraité avec toute la vie devant moi ! Euh… enfin… bref.

Ding dong !

Allez au 308.

Faut-il répondre au 322 ?

Vous pouvez aller au 317.

Ou bien au 297.

328

Allez directement au 323.

Ça ne va pas non ? Qu'est-ce que je fais par ici alors qu'il y a une base de drones tueurs ? Je me tire vite fait.

Allez au 7 pour 18 heures et choisissez une destination plus sûre.

329

La voiture de Dwayne est garée de travers devant le garage. J'ai trouvé la porte ouverte en arrivant. La télévision fonctionne encore dans le salon.

Oh mon Dieu ! Les murs sont barrés de larges balafres carbonisées. Que s'est-il passé ici ? Ébranlé, je pose ma main sur le cuir du canapé pour la retirer aussitôt : il est couvert d'un étrange mélange poisseux gris-rouge. Beurk.

Ding dong ! La sonnette de l'entrée. Sans réfléchir et l'esprit embrumé par les implications possibles du désordre qui règne ici, j'ouvre en grand la porte, révélant un petit être portant un casque et une combinaison argentée. Euh… quoi ?

Allez au 324.

–  ?

– Hein ?

La créature émet une sorte de hoquet, quelque chose entre l'étouffement et un ricanement.

– eLibéd, ebdnebbpmbe sap zueb un !

Je recule doucement. Elle me met en joue avec un fusil futuriste, comme une sorte de jouet, et avance dans ma direction. Je pousse un hoquet de surprise en comprenant qu'elle a quatre bras. Qu'est-ce que c'est que ce truc ?

Alors que la chose me tient à sa merci, une seconde silhouette vient se découper dans l'encadrement de la porte : Dwayne, le visage furieux, comme contracté par une haine féroce et tenant à deux mains une pelle de jardin. Sa chemise est déchirée et il porte des marques de brûlure sur le visage.

– 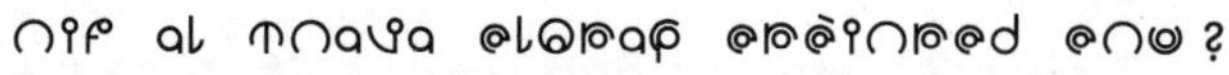 ? dit l'alien.

Je regarde mon beau-père, qui domine de toute sa stature le petit être sans doute venu des confins du cosmos. Sans quitter des yeux l'être qui s'apprête à faire feu, j'annonce à haute voix :

– Frappe fort, Dwayne. Frappe fort.

Dans un grognement féroce, mon beau-père abat de toutes ses forces la pelle sur le casque argenté de la créature, qui résonne comme une casserole de cuisine. La chose trébuche et se retourne en titubant.

De son ton le plus vindicatif, Dwayne siffle entre ses dents :

– Vous croyez que vous pouvez débarquer comme ça et envahir notre planète ? Vous vous prenez pour qui ? C'est l'Angleterre ici ! Et l'Angleterre n'a jamais été conquise depuis presque mille ans !

Comme pour appuyer son propos, Dwayne abat une seconde fois la pelle sur le casque qui se fend dans un bruit sonore, laissant s'échapper un liquide verdâtre et visqueux avant que l'alien s'effondre sur le sol.

Dwayne et moi nous regardons quelques instants sans rien trouver à nous dire. Mais c'est lui qui parvient le premier à rompre le silence.

– Ils ont eu ta mère, ces salopards. Ça ne va pas se passer comme ça !

Sans que j'aie pu répondre (et que pouvais-je dire, en vérité ?), Dwayne me pousse, traverse le salon, passe dans le jardin et entre dans la remise. Il en ressort quelques instants plus tard avec une carabine, une boîte de munitions et une veste de chasse.

– Fais ce que tu veux, petit, mais moi je ne vais pas laisser une bande d'étrangers venus de je ne sais quel recoin nauséabond de l'espace marcher sur nos plates-bandes.

Puis il sort, grimpe dans le Range Rover et démarre en trombe.

Je reste sidéré. Le bruit du moteur s'éloigne, ponctué de quelques crissements de pneus.

Aussi incroyable que cela puisse paraître, des aliens attaquent la ville. Il faut que je me tire au plus vite d'ici.

Rendez-vous au 7 pour 20 heures après avoir noté, si ce n'est déjà fait, que des aliens veulent tuer Jim dans les INDICES en fin de livre.

330

Deux voitures de la police de Denton sont garées de part et d'autre du magasin. Plusieurs policiers se tiennent devant la porte. Le magasin est fermé.

Quelques habitants du quartier, de retour du travail, s'arrêtent pour observer ce qui se passe, gardant toutefois leurs distances. Je me mêle à cette petite foule.

Soudain, d'un grand coup de pied, les policiers enfoncent la porte puis s'introduisent dans le magasin. Bon sang ! Pourvu qu'il n'y ait eu vraiment personne à l'intérieur ! Il y a du bruit. J'ai l'impression qu'ils renversent tout à l'intérieur. J'espère que le propriétaire n'a rien à se reprocher…

Nous restons ainsi assez longtemps à nous demander ce que cherchent les policiers ici, dans ce magasin de jouets. Et il se passe quelque chose d'encore plus étonnant. Une bizarre machine volante, de la taille d'un ballon, mais de forme allongée et munie d'une grosse caméra à l'objectif rougeâtre, rejoint la rue depuis le ciel dans un bourdonnement très sonore et s'approche des policiers.

Comment est-ce que ce truc fonctionne ? Il n'y a pas d'hélice.

Les différents témoins se lancent mutuellement des regards interloqués. Personne ne semble comprendre ce qu'il se passe.

Vous pouvez aller au 286.

La machine change soudant de direction et file droit dans notre direction. J'ai l'impression fugace qu'elle se dirige plus précisément vers moi.

Gloups…

Je passe derrière une petite dame âgée pour m'échapper de l'attroupement et filer au plus vite.

– [illegible], dit une voix étrange émanant du drone.

Soudain, un rayon rouge jaillit de son œil et vient frapper de plein fouet la pauvre petite dame qui était juste devant moi. Je suis aveuglé par un brouillard de cendres poisseuses. Hagard et ahuri, tandis que la petite foule se disperse en poussant des cris de terreur, je regarde vers le bas, contemplant les bottines encore fumantes contenant deux pieds jusqu'aux chevilles, fumantes et carbonisées. Il y a aussi de gros dégâts au-dessus de moi, où le rayon a frappé la façade du petit immeuble de brique rouge qui bordait la rue.

Quand je retrouve ma lucidité, je suis devant l'œil, qui me regarde, et qui est de plus en plus rouge. La chose va de nouveau faire feu.

FFRRRIIIICCCHHHTTTT !

Jim est mort. Allez au 13 après avoir noté qu'il y a des drones tueurs en ville dans les INDICES en fin de livre.

331

Quelque chose cloche et je n'oublie pas qu'il y avait aussi des policiers aussi avec les extraterrestres qui ont débarqué au Penjabi's. Je dégage le fusil de sa couverture.

– Arrêtez-vous ou je vous crame la tronche !

La voiture accélère soudainement. Sans plus regarder la route, le policier tourne son visage toujours aussi inexpressif vers moi.

– LÂCHEZ CETTE ARME ! VOUS N'AVEZ PAS LE DROIT DE MANIPULER CETTE ARME !

– J'ai dit : Arrêtez-vous !

Toujours sans regarder la route, le policier essaie de sa main droite de saisir le canon du fusil. Je tente de me dégager, mais sa prise reste ferme et tout à coup :

FFRRRRIIIICCCHHTT !

Le rayon laser vient perforer le pare-brise, après avoir vaporisé la tête du conducteur. La prise sur le canon se relâche soudainement tandis que la voiture fait une embardée. Je me jette en avant pour tenter d'attraper le volant, mais je n'ai pas accès à la pédale de frein.

Je vais me prendre le mur !

SCHBONK !

Fait la voiture en s'encastrant dans un réverbère tandis que Jim traverse le pare-brise. Ce qui, au passage, le tue. Allez au 13.

332

Un camion de pompiers traverse la place toutes sirènes hurlantes. Les passants restent indifférents. Moi, je me demande où il se rend.

Jim peut aller chez lui au 327 ou se promener dans le quartier au 292, aller voir Josh au 311 ou Randjani au 316.

20 HEURES

333

– Bon, une nouvelle sauvegarde serait de bon ton...

– Si nous survivons à tout cela, est-ce que tu penses que j'aurai des séquelles après avoir subi toutes ces morts violentes ?

– Hum... probablement. Mais c'est sans doute mieux que de rester enfermé dans un bocal, non ?

– Si tu le dis...

– Il n'y a qu'un moyen de le savoir ! Allez hop, retour à l'observatoire !

Retournez directement au 33. Vous pouvez prendre ce raccourci aussi longtemps que nécessaire.

334

Je me glisse dans la haie. Les drones passent aux alentours. Je vois, même à travers la densité du feuillage, des lueurs rougeâtres voler dans la rue et dans le ciel. Mais ils ne me voient pas.

Après plusieurs minutes angoissantes, les drones s'éloignent et j'entends leur vrombissement courroucé s'atténuer peu à peu avec la distance.

En revanche, mon fusil fait un drôle de « bip bip » qui va en accélérant.

Si Jim abandonne le fusil, allez au 361. S'il souhaite voir ce qui se passe, allez au 365.

335

Je suis extrait de ma cellule et menotté par deux policiers inexpressifs. Je me rends compte que personne n'a pris la peine de me fouiller. Le dictaphone est toujours dans ma poche et enregistre tout ce qu'il peut capter. Pas très conforme à la procédure.

On me balade dans les étages avant de me confier à un inspecteur tout aussi inexpressif qui m'attend devant une porte close qu'il ne tarde pas à ouvrir, sans m'adresser la parole.

De mon côté, je multiplie les commentaires surpris afin de donner autant de détails que possible au dictaphone.

À l'intérieur, un agent d'entretien au visage tout aussi neutre et poussant un chariot annonce d'une voix froide à mon accompagnateur que « la salle est prête ». Ce dernier s'écarte pour le laisser passer. Je ne peux pas m'empêcher de remarquer sur son chariot le balai-serpillière, le seau teinté d'un rouge sombre inquiétant et les chiffons en tas qui ressemblent furieusement à des vêtements.

Puis le pseudo-flic me pousse à l'intérieur.

Deux chaises se font face, une table entre les deux, un écran de télévision sur le mur en hauteur derrière l'une des chaises et une étrange machine ressemblant à un appareil photo sur un trépied. On dirait une salle d'interrogatoire.

– Qu'est-ce que vous allez me faire ?

Toujours pas de réponse. Le type me fait asseoir et va chercher le trépied. Il prend ainsi plusieurs clichés, de face, de profil, de dos.

– Vous faites quoi derrière moi ? C'est quoi, ces bruits ?

Toujours pas de réponse.

Il revient, pose la machine qui ne ressemble finalement pas tant que ça à un appareil photo à côté de moi. Ce qui s'apparente à l'objectif est braqué vers mon visage.

– Qu'est-ce que vous voulez à la fin ?

Il revient s'asseoir devant moi et… il tient une petite boule métallique dans sa main, qu'il examine avant de la remettre dans sa poche

– Qu'est-ce que c'est que… ?

En silence, il me désigne du doigt l'écran de télévision, se lève et s'éloigne. L'écran affiche :

KEEP CALM

AND GET

DISINTEGRATED

– Que…

La suite de l'enregistrement comprend le bruit d'un appareil photo qui se déclenche, puis comme celui d'une pastèque bien mûre qu'on exploserait avec une batte de base-ball. Pas d'image, mais il est difficile de ne pas imaginer qu'il s'agit de la tête de Jim faisant ce bruit-là, ce qui implique qu'il est mort, naturellement. Allez donc au 13 pour le vérifier.

336

C'est l'heure de la promenade des chiens, mais les rues sont étrangement désertes. J'entends néanmoins l'un d'eux aboyer. Intrigué, je me rapproche pour découvrir, au détour d'une rue, un étrange spectacle : au milieu de la voie, un gros chien, portant une laisse que personne ne tient, grogne et hurle en tentant d'attraper une sorte de ballon de rugby volant en suspension au-dessus de lui et qui évite les assauts du canidé.

Et puis soudain :

– [illegible] !

FFRRIICCCHHHTTTT !

Il n'y a plus de chien, vaporisé par un rayon rouge provenant de l'œil du drone.

Vous pouvez aller au 352.

Oh non ! La chose avance maintenant dans ma direction !

Vous pouvez aller au 342.

Allez au 359.

Je prends la fuite.

Filez au 355.

337

Trafic interrompu ! Je suis obligé de revenir à pied vers Wornwood.

Rendez-vous au 345.

338

– *FRICHT* toi-même !

Telle est la réplique qui me vient lorsque je pulvérise le drone d'un tir bien senti de mon petit fusil extraterrestre. *Hasta la vista, baby !* Oui. J'aurais dû dire ça plutôt.

À peine ai-je le temps de me réjouir que déjà j'entends le bourdonnement d'autres appareils qui viennent dans ma direction. Instinctivement, je me cache derrière une haie.

Allez au 334.

Allez au 372.

339

Oh non ! Pas question de me laisser embarquer par ces simulacres d'humains.

Je bondis et, profitant de la surprise, je parviens assez rapidement à prendre un peu d'avance. Personne ne crie ; il semble qu'on me laisse filer. J'entends pourtant une sorte de bourdonnement qui se rapproche…

Allez au 347.

Allez au 355.

340

Il y a des drones partout ! Et ils désintègrent les habitants !

Je me suis réfugié dans le Lavomatic sans réfléchir. Et ce n'est pas le meilleur endroit, car on peut facilement voir l'intérieur de la laverie depuis la rue à travers la vitrine. Je suis seul. Les clients ont déserté les lieux. Ainsi que Josh, mais ce dernier laisse souvent ouvert très tard.

Oh là là ! Vite ! Réfléchir vite !

Oui ! J'ai déjà vu faire mon pote : le placard sur le mur du fond au-dessus du distributeur de lessive en poudre, c'est l'armoire électrique. Un petit coup sur le disjoncteur et hop ! il n'y a plus que l'éclairage public pour projeter des ombres inquiétantes sur mon refuge improvisé.

L'énorme machine que Josh n'a pas encore fait réparer semble me toiser de son énorme hublot. Je sursaute : ça crie dehors. Et si c'était la bonne cachette ? Je tire sur l'ouverture et m'y glisse.

C'est tout juste à ma taille ! Je suis parvenu à refermer le hublot, ne laissant qu'une mince ouverture qui me permet d'écouter ce qui se passe. Le silence se fait. Tout se tait et semble attendre. Je vais rester là aussi longtemps qu'il le faut.

Quelques dizaines de minutes plus tard, j'entends des pas. Ils hésitent, puis se rapprochent. Deux jambes viennent se placer en face du hublot. Je réprime un cri de surprise. Ce n'est pas un drone ni une autre chose horrible, mais deux jambes bien humaines dans un pantalon de toile.

Alors que je m'apprête à me manifester, une main féminine introduit un objet sphérique dans le tambour de machine puis referme le hublot d'un coup sec !

– Hé ! Aidez-moi, je suis coincé !

Les deux jambes disparaissent. Ne sachant que faire et sentant la panique monter, j'attrape l'objet laissé par l'intruse. C'est...

– NOM DE ZEUS ! C'est une grenade !

Au bord de la crise cardiaque, je pousse de toutes mes forces sur le hublot. Impossible de l'ouvrir !

– Ne me laissez pas là ! Au sec…

BOUM. C'est tout ce que les témoins éventuels pourront entendre. Et sinon c'est le 13.

341

Les trams ne circulent plus vers Grey Hills ! Je proteste avec les autres usagers qui doivent s'y rendre. Mais pour le moment, je suis obligé de me laisser conduire vers Central Station.

Rendez-vous au 371.

342

Avez-vous récupéré le fusil aujourd'hui même au Penjabi's ? Si oui, allez au 338. Sinon au 355.

343

– AAAAHHHHHH !

– Allons, du calme, ça va repartir !

– Mais c'est HORRIBLE ! Je ne me rappelais pas ce que ça faisait.

– C'est plutôt tant mieux, non ?

– Ouais mais maintenant, je me rappelle. Il faut vraiment que je meure chaque fois ?

– Jim, tu ne fais que revivre ce qui s'est déjà produit. Oui, il faut en passer par là. Et autant de fois que nécessaire pour arriver à la fin.

– Je ne comprends pas.

– Tu m'étonnes.

– Et je ne relèverai pas ce commentaire désobligeant. Et au fait, on est où, là, en vrai ?

– Demande-toi plutôt quand nous sommes.

– Euh… et on est quand ?

– Je te le dirai quand tu seras plus avancé. Prends ça comme une motivation supplémentaire.

– Misère !

– Jim, ressaisis-toi ! Le destin de notre monde en dépend !

– Et c'est moi qui dois me farcir tout le boulot !

– On fait avec ce qu'on a !

– Hé ! Je ne te trouve pas très sympathique ! Pendant que tu restes à ne rien faire, moi je dois lutter contre je ne sais quels envahisseurs et me faire cramer la tronche la moitié du temps !

– Ah mais ce n'est pas vrai, ces jérémiades ! Si tu crois que ça m'amuse d'avoir le détail de tout ce qui peut t'arriver en une journée, tes histoires déprimantes, tes potes chelous. Franchement !

– QUOI !?

– Quoi, « quoi » ?

– Je suis vexé.

– …

– Vraiment fâché.

– …

– …

– Bon… tu sais… tu es quand même le dernier espoir de l'humanité.

– …

– Non, c'est vrai. Je le pense euh… vraiment.

– …

– …

– Sérieux ?

– Euh… Oui, oui, bien sûr.

– Tu ne te fous pas de moi encore ?

– Mais non… tout le monde a vraiment besoin de toi. C'est foutu sinon. Tu es notre héros. Celui par qui tout peut encore s'arranger.

– Hum… je pense que je vais y retourner. Si tout repose sur moi…

– Voilà ! Allez, on arrête de pleurn… de perdre du temps et on y retourne. Le ***reboot*** arrive.

– Oui… je… je vois… la matinée recommence.

– Que se passe-t-il ensuite ?

Retournez au 1.

344

Je hèle l'individu allongé sur la banquette de la cellule d'en face.

– Hey ! Qu'est-ce qui se passe avec la police ? Vous ne les trouvez pas bizarres ?

L'homme se retourne et se redresse mollement, l'air terriblement fatigué et il semble que je l'aie réveillé. Il passe sa main dans son épaisse tignasse grisonnante et se gratte la barbe, avant de tourner les yeux vers moi.

Allez au 354.

Yeux qu'il écarquille immédiatement, comme s'il avait vu un fantôme. Je tente d'engager la conversation.

– Ils vous ont traité comment, vous ? Ça fait longtemps que vous êtes là ?

Mais l'individu préfère se recoucher et me tourne obstinément le dos. J'ai beau insister, je n'obtiens comme réponse et au bout de nombreux essais infructueux qu'un laconique « Foutez-moi la paix ». Je finis par abandonner pour prendre mon mal en patience.

Qui finit par être récompensée au 335.

345

Il n'y a plus de tram. J'ai dû venir ici à pied. À cette heure-là, je ne peux guère aller que chez ma mère.

Allez au 349.

346

– Je voulais juste vous dire que c'est bon. J'ai compris. Je suis sur la bonne piste.

L'homme se lève et se rapproche des barreaux.

– C'est vrai ?

– Oui, j'ai bien compris le message.

– Attendez, attendez, il ne faut pas en dire trop ! *Les murs ont peut-être des oreilles* ! Il est possible que *quelqu'un enregistre* ce qui se passe.

– Oui, oui, ha ha ! Comment ça se passe, euh… de l'autre côté ?

– Mal ! Ils contrôlent tout ! Nous sommes sur le point d'être vaincus. En fait, il n'y a plus qu'un seul espoir de s'en sortir, si vous voyez ce que je veux dire !

Sur ces paroles, il m'adresse un large sourire édenté.

– Ma mission est finie, je peux mourir tranquille.

– Vous êtes sûr que vous…

– Oh oui. Et vous aussi. C'est comme ça que ça marche. Vous mourrez. On retrouve le truc des années après et zou ! Retour à l'envoyeur !

– Ah.

– Désolé d'ailleurs pour toutes les fois où on est obligés de vous tuer pour relancer le truc.

– Euh…

À ce moment précis, la porte donnant sur les cellules s'ouvre, laissant le passage à plusieurs agents de police qui viennent se planter devant moi.

Allez au 335.

347

Jim met les bouts. Choisissez un lieu que vous n'avez pas encore visité aujourd'hui dans le quartier au 7 à 20 heures.

348

– JIM HOWELL ? VOUS ÊTES ATTENDU.

– Ah bon ?

Toujours mon sens de l'à-propos.

Les agents me prennent par les bras. Je traverse tout le central de police et… me voilà en cellule. Il y fait sombre. J'imagine que je suis au moins en sécurité. Peut-être. Pour quelque temps encore… Tiens, je ne suis pas seul. Il y a un autre prisonnier dans la cellule d'en face.

Allez au 344.

349

La maison de ma mère semble déserte. Les portes sont ouvertes. Dwayne et sa Range Rover sont absents. Il y a des traces de feu un peu partout.

Que s'est-il passé ? Sans doute quelque chose d'horrible ! Je cours dans le salon, là où j'ai d'ordinaire toutes les chances de trouver ma mère, en face du poste de télévision.

Mais le spectacle que je découvre est tout autre. En lévitation au-dessus du corps d'un petit être vêtu d'une combinaison d'argent, un drone métallique hérissé d'antennes flotte en bourdonnant.

Je reste bouche bée tandis qu'il se retourne vers moi, me scrutant d'un œil rouge et menaçant.

– Qu'est-ce qui se passe ici ? Qu'avez-vous fait de ma mère ?

– [illegible], dit la chose.

Un trait de feu jaillit de son œil et me frappe de plein fouet.

Jim meurt sur le coup. Allez au 13.

350

Le tram s'arrête soudain. Nous venons d'avoir une panne de courant. Les passagers pestent contre cette interruption momentanée du service. Et nous attendons.

Longtemps.

Vraiment longtemps. Dans un silence ponctué par la toux nerveuse de ceux d'entre nous qui sont les plus claustrophobes – je m'inclus dans ce groupe.

Aucun message du conducteur. Bizarre.

Certains usagers, n'en pouvant plus, forcent l'une des portes et nous parvenons à sortir de la rame. C'est à ce moment que nous percevons les échos inhabituels de sirènes, de coups sourds, comme des explosions lointaines.

L'inquiétude se lit sur les visages. Soudain, deux avions à réaction traversent le ciel à basse altitude dans un bruit de tonnerre. Il se passe vraiment quelque chose !

Nous nous dispersons, tentant de rejoindre à pied un endroit qui nous paraîtrait sûr. Pour ma part, je n'ai que mon chez-moi, ou peut-être la maison de ma mère.

Si vous choisissez Copper Heights, allez au 356. Sinon, allez au 349.

351

Ça doit être le code. La seconde partie en tout cas.

Allez au 443.

352

Je reconnais la bestiole à son aboiement. Bien fait pour cette sale bête !

Sur cette considération entachée de rancune, reprenez au 336.

353

Il y a une fille sur le perron. Je m'y attendais. Le fusil à pompe, tout ça.

Elle écrase le paquet de chips. Sa main s'attarde dans le sac…

– J'en avais entendu parler quand j'étais petite, mais…

– Vous ne pouvez pas m'en dire un peu plus sur ce qui se passe ? Pourquoi la journée doit recommencer, et puis qui vous êtes ? Et qu'est-ce que c'est que cette façon de laisser à penser que vous n'avez pas mangé de chips de votre vie ?

Moment de silence où nous restons tous les deux immobiles.

– Sérieusement… les chips ? C'est vraiment le détail qui vous préoccupe ?

– Euh… pas forcément. Mais pour le reste, j'aimerais bien.

– Non.

– Bon, ben, j'aurais essayé.

– Faut pas m'en vouloir. Il est tard et vous avez…

– Échoué. Je sais. Je ferai mieux la prochaine fois. Allez-y, faites votre job… Ça va faire mal ?

Elle sort le fusil à pompe de son sac et me regarde comme si j'étais le dernier des demeurés.

– Ah ben oui, ça, un coup de fusil à pompe à bout portant dans la tronche, c'est sûr que ça pique. Vous allez bien douiller. Mais pas longtemps, remarquez. Si vous préférez, j'ai une grenade aussi.

– Euh… franchement je…

Pan ! et puis boum et re-pan ! et re-boum ! Jim est encore mort, mais ça, vous l'avez un peu vu venir, non ? Par conséquent, vous savez déjà que votre prochaine destination, c'est le 13.

354

– Hey ! vous êtes le gars qui est entré par effraction à Oldies !

L'individu, hagard, me fixe comme s'il venait de voir le Messie, ou un extraterrestre.

– Chut !

– Comment ça « Chut ! » ?

– Mais taisez-vous !

– C'est bien vous alors ?

– Mais, ajoute-t-il, se retenant manifestement de crier, vous allez vous taire à la fin !

Allez au 346.

Il se recroqueville sur la banquette et me tourne le dos.

– Vous pouvez m'expliquer ce qui se passe ?

– ...

– Hein ?

– ....

– Vous savez des trucs, non ? Allô ? Hé ! Répondez-moi.

Il se retourne à nouveau, l'air excédé.

– Mais vous allez vous la fermer, oui ! *Ils* écoutent peut-être ! *Ils* ne doivent rien savoir !

– J'étais sûr que vous saviez des trucs. D'où viennent ces « ils » ? Et pourquoi ma journée recommence-t-elle ?

– Ooh, non ! Ce n'est pas possible ! Vous ne me laissez pas le choix !

L'homme se lève, et se met contre l'un des murs de sa cellule, bien droit. J'observe bouche bée son manège. Puis il s'élance, tête la première, contre le mur d'en face.

Pok !

… fait sa tête en heurtant la cloison. Je réprime un cri en le voyant faire. Il est à quatre pattes. Une tache de sang macule le mur à l'endroit du choc. L'homme se redresse péniblement et revient à sa position de départ.

– Attendez, vous n'allez tout de même pas…

Pok !

Le prisonnier vacille sous l'effet de recul, titube et manque de tomber à terre. Son visage est en sang. Je crois un moment qu'il est trop sonné pour continuer. Pourtant, il revient à son point de départ.

– Arrêtez, vous allez vous…

Pok !

– … tuer.

Cette fois, il s'écroule sur le sol et ne bouge plus. J'appelle à l'aide. On finit par venir. Plusieurs agents de police viennent se planter devant moi et ignorent totalement le corps ensanglanté de mon codétenu.

Allez au 335.

355

Je cours à perdre haleine. Derrière moi, le bourdonnement du drone semble s'éloigner. Je me mets à couvert à l'angle d'une rue pour reprendre mon souffle et… oh non ! ce bruit !

Comment a-t-il fait pour me retrouver ?

Un drone m'observe de son œil rouge. De plus en plus brillant, de plus en plus br…

FFFRIIICHCHHHTT !!!!

Jim est mort. Des drones tueurs cherchent à l'assassiner et il faut le noter dans les INDICES si ce n'est déjà fait. Méditez sur les avantages et les inconvénients du progrès technologique et rendez-vous au 13.

356

Je me désole devant le spectacle le plus triste qu'il m'ait été donné de voir. Ma maison. Elle a été réduite en cendres. Il ne reste plus rien de l'endroit où ont vécu mes grands-parents et qui était devenu mon refuge.

Allez au 353.

Affligé, je n'ai pas remarqué que quelqu'un m'attend, assis sur les marches du perron, devant les ruines fumantes. Une femme. Vêtue d'un pantalon de toile et d'une veste sombre. Son visage a l'air plutôt joli dans la pénombre, encadré par de longs cheveux noirs et lisses, sous une sorte de casquette ou de béret. Elle semble occupée à faire un sort à un paquet de chips. Un sac de sport sombre est posé à ses pieds.

Elle fixe ses yeux sur moi.

– Je peux vous aider ?

Sans détourner les yeux, elle écrase le paquet de chips et le range dans le sac.

– J'en avais entendu parler quand j'étais petite, mais je ne pensais pas que ce serait aussi addictif.

– Je vous demande pardon ?

– Faut pas m'en vouloir. Il est tard et vous avez échoué… J'aurais préféré qu'ils vous chopent avant, mais ils sont partis faute de vous trouver ici. Alors c'est moi qui m'y colle.

– Que… beuh… quoi ?

– Sa main ressort du sac, tenant cette fois-ci un… FUSIL À POMPE !

– Ne le prenez pas personnellement, hein, mais il faut tout recommencer. Vous ferez mieux la prochaine fois. J'espère. Nous espérons tous.

– Quoi ? Mais laissez ce fusil tranqu…

Le bruit de détonation qui suit indique que l'interlocutrice de Jim ne l'a pas écouté. On peut aussi entendre un corps s'écrouler

sur le sol. Puis seconde détonation et autre chute. Jim est mort. Que quelqu'un l'attende avec un fusil à pompe est sans doute une information utile à noter dans les INDICES en fin de livre avant d'aller au 13.

357

Ces policiers ne sont pas humains ! Je bondis sur les marches et tente de m'échapper. Il y a peut-être une chance de s'en sortir.

Un coup de feu et une douleur cuisante dans la cuisse gauche me démontrent avec un très bon sens de l'à-propos que non. Je titube et m'effondre au sol. Tandis que je tiens ma jambe en hurlant de douleur, un policier s'approche, le canon de son arme braqué dans ma direction.

Je ferme les yeux en attendant le coup de feu.

PAN ! ***Jim est mort. Rendez-vous au 13.***

358

Impossible de rallier Crossing. Apparemment, il y a un problème avec le viaduc qui traverse la Slee.

Rendez-vous au 7 pour 20 heures et choisissez une autre destination.

359

Un drone tueur ! Il faut que je trouve un abri !

Allez au 367.

Retournez au 336.

360

Si vous étiez à 16 heures au Penjabi's cette même journée, allez au 364, sinon retournez au 368 et poursuivez.

361

Je jette le fusil dans la haie et m'éloigne rapidement. Je sens que j'ai bien fait, car, très vite, une explosion retentit là où j'ai laissé mon arme. Je me disais bien que je ne pourrais pas garder ça sur moi éternellement. Cela va tout de même attirer l'attention ; il faut que j'aille voir ailleurs si j'y suis.

Retournez au 7 pour 20 heures et choisissez un endroit où vous n'êtes pas encore allé aujourd'hui ou restez planqué au 363.

362

Ces gens ne sont plus humains ! Avant qu'ils aient eu le temps de comprendre, j'ai dégagé de mon blouson le fusil extraterrestre d'où pendouille encore la petite main alien.

L'instant d'après, je balaie les policiers truqués d'une généreuse décharge énergétique, réduisant en cendres celui qui se tenait le plus à gauche, la moitié de celui du milieu, coupant au passage en deux la carrosserie de leurs voitures.

Le troisième s'est couché à terre et dégage son arme. Il n'aura pas le temps de tirer avant que je le…

PAN !

Ah !

J'ai bien cru qu'il m'avait eu, celui-là. Un coup de laser plus tard et il n'est plus dangereux.

Me voilà seul dans les rues de Denton, armé d'un fusil laser pendant une attaque extraterrestre. Mes chances de survie ici (ou ailleurs en vérité) sont probablement proches de zéro.

Un bruit assourdissant déchire le ciel. Des avions de chasse ! L'armée est au courant et intervient… Je sais que je ne verrai pas l'aube pour connaître le résultat de cet affrontement. De toute façon, le moment n'est pas encore venu de passer à demain.

Je rentre chez moi en évitant les zones où il y a du grabuge.

Rendez-vous au 356.

363

Le temps passe. J'entends des sirènes de police, des coups de feu. Le ciel est soudain déchiré par le rugissement d'avions de chasse. L'armée s'en mêle ! Quand même ! Quelle catastrophe… Que va-t-il advenir de Denton ?

Je n'ai pas tellement d'endroit où aller. Profitant d'un semblant de calme, je retourne chez moi.

Allez au 356.

364

Va y avoir du sport.

Fusil laser au bras, je pousse d'un pied rageur la porte de la maison. À l'intérieur, deux aliens armés eux aussi mais visiblement surpris de me voir prendre l'initiative.

– Mangez-vous ça dans la face !

Avant qu'ils aient pu réagir, un trait de laser balaie le salon, désintégrant du premier intrus le torse et du second la tête. Ainsi qu'une bonne partie du mobilier.

C'est bien le *laser game*, en fait.

Je m'attendais à ce que d'autres guettent, et l'un d'eux apparaît en effet dans le couloir menant à ma chambre.

D'un coup un peu brouillon, je lui désintègre les jambes et plusieurs bras. Il s'écroule sur le sol en poussant des cris hideux. Dommage collatéral, la buanderie communique désormais avec le salon.

Je m'approche de lui, arme au poing. La chose au sol est toujours vivante, mais au vu des dégâts il ne doit plus en avoir pour très longtemps.

– Vous voulez quoi ? Vous venez d'où ?

L'alien semble vouloir parler, mais il est soudain secoué de hoquets. Je ne sais pas s'il s'agit de spasmes annonçant la mort ou… euh… Est-ce qu'il ne serait pas en train de se foutre de moi ?

Et c'est quoi ce clignotement bizarre sur mon arme ?

– [illegible], [illegible] ?

Le clignotement s'accélère avec et s'accompagne désormais d'un bip de plus en plus sonore. De plus en plus fort, de plus en plus rapide… quasiment en continu…

– [illegible] ! murmure l'alien dans un dernier souffle.

Gros bruit d'explosion à la fin de l'enregistrement. Jim est mort. Allez au 13.

365

Le son devient presque continu et…

BOUM !

Le fusil a explosé, emportant une partie de la tête de Jim. C'est assez moche, mais vous ne le verrez pas car vous vous rendez au 13.

366

Faire feu sur des policiers ? Le doute m'étreint.

Quoique. Vous pouvez aller au 362.

Retournez au 371 et poursuivez.

367

Je prends mes jambes à mon cou. Je connais bien ces rues et je devrais pouvoir fausser compagnie à mon poursuivant. Avoir désactivé la géolocalisation de mon téléphone aide sans doute beaucoup aussi…

Quelques minutes plus tard, je constate que j'ai semé cette machine de mort. Je peux, aussi discrètement que possible, me rendre chez moi, au Penjabi's ou au Lavomatic, voir à Slee Station pour tenter de m'enfuir de ce quartier. Mmh… peut-être vaut-il mieux rester caché quelque temps, à la réflexion.

Choisissez un lieu que vous n'avez pas encore visité aujourd'hui dans le quartier au 7 pour 20 heures ou restez planqué au 363.

368

Euh… la porte de chez moi est ouverte.

Allez au 360.

Je ne suis pas spécialement un héros, hein. J'ai plutôt tendance à me méfier. Alors je vais juste passer discrètement la tête et…

FFRRRRRIIIIICCCCGGGTTTTCHHHHHHHHHHH !

– 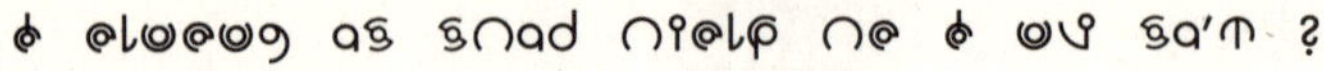

Jim est mort – apparemment sa tête a été désintégrée. Allez au 13.

369

Juste à la sortie du portique de la station, je me retrouve entouré par les agents contrôleurs de la société de transport. Mon titre est en règle. Je n'ai rien à craindre.

– VEUILLEZ NOUS SUIVRE, MONSIEUR HOWELL, me lance l'un d'eux d'une voix monocorde en me fixant de son regard froid.

– Mais je…

Vous pouvez aller au 339.

Quelques minutes plus tard, et malgré mes protestations, je me retrouve dans le local des agents, sous bonne surveillance. La police arrive.

Que va-t-il se passer ?

Pour le savoir, allez au 236.

370

Instinctivement, je me suis caché dans l'embrasure d'une porte lorsque j'ai remarqué les petites silhouettes brillantes qui se tiennent en faction devant l'entrée de l'épicerie. L'une d'elles semble beugler des ordres à ses comparses dans un sabir incompréhensible, avant d'entamer une sorte de conversation avec un étrange appareil ovoïde qui se tient en vol stationnaire à environ 2 mètres du sol.

Oh ! Le machin se tourne dans ma direction ! Quelque chose me dit qu'il vaut mieux que je file !

Allez au 347.

Allez au 355.

371

Le tram s'arrête en pleine voie. C'est la panique parmi les passagers : tout le monde reçoit des alertes à propos d'une attaque dont on ignore la teneur ou l'origine.

Le conducteur ouvre les portes et nous nous dispersons, chacun cherchant un abri à rejoindre le plus rapidement possible.

Dans les rues, c'est le chaos ! Il y a des drones partout ! Et ils tuent les gens ! Les voitures passent en trombe dans les rues, parfois stoppées net par un rayon dans une gerbe d'étincelles.

Je ne sais pas comment je fais pour arriver vivant jusqu'à la bibliothèque, qui me semble pour le moment le meilleur endroit pour échapper à la mort rouge qui s'abat sur les habitants de Denton.

En quelques bonds, j'ai franchi la colonnade et me suis précipité sur la lourde porte. Fermée ! Je crois qu'avec ma précipitation j'ai fait peur à la bibliothécaire qui était sur le point de sortir et qui a sursauté en me voyant surgir.

– Ouvrez-moi ! Je vous en prie, ouvrez-moi !

Mais je la vois prendre son téléphone et passer un appel, tout en me lançant un regard de défi.

J'insiste pour qu'elle m'ouvre puis, n'obtenant aucun résultat, j'essaie tant bien que mal de me cacher derrière les colonnes soutenant le perron du bâtiment, afin que l'on ne puisse me voir de la rue.

Quelques minutes plus tard, la sirène de police retentit. Serais-je sauvé ? Je risque une tête hors de ma cachette. Deux voitures se sont arrêtées sur le trottoir au bas des marches. Trois policiers s'en extraient. Je sens leur regard froid et dénué de sentiment peser sur moi.

Pourquoi ne s'en prennent-ils pas plutôt aux drones ?

Vous pouvez aller au 366.

Vous pouvez aller au 357.

Les policiers grimpent les marches, me saisissent par les bras et me forcent à monter dans leur voiture. Nous traversons le centre-ville, évitant les épaves carbonisées de plusieurs voitures en travers de la route. Dehors, des drones filent à toute vitesse dans les rues mais semblent nous ignorer tandis que nous roulons vers le central de police. Des coups de feu retentissent.

Quelques minutes plus tard, je me retrouve dans le commissariat.

Allez au 348.

372

Ils vont me trouver, de toute façon ! La meilleure défense, c'est l'attaque ! Je bondis hors de ma cachette.

FFRRRICCHTTT !

Un de moins !

FRRRRICCHHTT !

Deux de moins, plus que…

FFFRRRIICCHHT !

– [illegible].

Allez au 13.

Out of Denton

373

Est-ce le moment de se confronter à Dwayne ? Si oui, allez au 380. Sinon, retournez d'où vous venez.

374

Je risque une jambe par-dessus le parapet, en jetant un coup d'œil en contrebas. Ce n'est pas très escarpé. Heureux de quitter la route, je descends la pente et me retrouve rapidement sous le couvert des arbres.

J'ai gardé en tête la position approximative de la colline où se trouve la base. L'entrée du tunnel ne doit pas être bien loin de moi.

Soudain, je sursaute ! J'ai entendu du bruit, tout près ! Et j'ai cru voir quelque chose bouger !

Mon pauvre cœur bat la chamade. Ce n'était qu'un oiseau peut-être, s'agitant dans les fougères. Me promener tout seul dans la forêt n'est pas ce que je préfère. J'ai beau me raisonner, mes sens restent en éveil, à l'affût du danger, en tension.

Pourtant, c'est un bout de forêt anglaise où n'a jamais été filmé le moindre épisode de *Man vs Wild*. Je ne risque pas grand-chose sinon d'être attaqué par un écureuil sanguinaire.

Je chasse cette pensée aussi improbable que déroutante en découvrant enfin, derrière une clôture en grillage défoncé, un vieux hangar à flanc de coteau. Me frayant un passage entre les ronces, j'accède à une large entrée que barrait autrefois une porte coulissante qui aujourd'hui rouille paisiblement parmi les herbes folles.

L'intérieur est conforme à ce qu'on peut s'attendre d'un bâtiment laissé à l'abandon fréquenté autrefois par des punks désœuvrés en quête de solitude et aujourd'hui par des débutants en urbex. Il y a des bris de verre, quelques déchets en plastique que je préfère ne pas examiner, des gravats et des tags partout.

Et au fond, dans l'ombre d'une alcôve, une porte. Massive. Métallique. Avec une simple poignée et, sur le côté, un boîtier gris mal en point et vétuste arborant une fente, un clapet et quelques diodes.

Seule certitude : la porte ne s'ouvre pas facilement. J'ai beau m'y essayer à deux mains, tirer de toutes mes forces, elle ne bouge pas d'un pouce ! Je ne suis sans doute pas le premier à m'y être essayé. Le métal a gardé les traces de vaines tentatives d'ouverture au pied de biche. Le boîtier a dû souffrir aussi.

Je reporte mon attention sur lui. Si c'est le système d'ouverture, je ne crois pas qu'il fonctionne. Il faudrait qu'il soit alimenté pour commencer.

Vous pouvez aller au 381.

Je ne sais pas comment ouvrir cette porte. Il faut me résoudre à revenir sur la route.

Rendez-vous au 424.

375

Il s'agit sans nul doute du portail temporel mentionné dans le jeu vidéo au pub !

Retournez au 437 et poursuivez.

376

La porte claque derrière moi et me voilà quasiment dans le noir. Après quelques instants pour m'habituer à la pénombre, je constate avec un certain déplaisir que la commande d'ouverture de la porte, identique à celle qui se trouvait à l'extérieur, ne semble pas fonctionner.

Bref : il n'y a pas de retour possible.

Le tunnel s'étend devant moi, interminable, et éclairé faiblement par de minuscules diodes vertes espacées entre elles d'une dizaine de mètres. Ma progression est laborieuse. Au fur et à mesure de mon avancée, je suis de moins en moins rassuré. Il y a bien longtemps que personne n'est passé par ici et seul l'écho de mes pas vient troubler le silence qui règne en ces lieux.

De temps à autre, j'utilise la lumière de l'écran de mon téléphone pour y voir un peu plus clair, en essayant d'être économe, car je ne sais pas combien de temps il va me falloir pour rejoindre la station météo. Je constate au passage et sans grand étonnement qu'il n'y a aucun réseau. Qui viendra me secourir ici ? Gloups.

Et que faire si je me retrouve coincé ? J'essaie de presser le pas. La sensation d'oppression de me retrouver seul et isolé dans ce tunnel grignote peu à peu mon sang-froid et me rapproche inexorablement d'une bonne crise d'angoisse.

C'est donc avec un réel soulagement que je découvre une porte à son extrémité. Je ne saurais dire combien de temps cela m'a pris de parvenir jusqu'ici, tant ma perception du temps a été altérée par la crainte de flancher avant d'arriver au bout. Ah ben, mon téléphone m'indique qu'il est presque midi. Pas tant de temps que ça, en définitive.

La porte me résiste, mais je sens qu'elle peut s'ouvrir, comme si quelque chose la bloquait de l'autre côté. Elle ne me semble pas verrouillée. J'insiste avec une énergie que je ne me connaissais pas et… oui ! Dans un crissement strident suivi du fracas d'objets métalliques, la porte cède. Sans réfléchir davantage, je me glisse dans l'ouverture. Où ai-je pu bien arriver ?

Au 383.

377

Aux commandes de l'engin, j'essaie laborieusement de trouver la sortie de Denton sans provoquer d'accident.

Vous imaginez le défi que peut représenter pour moi le pilotage d'une Range Rover *modèle sport de 2006 avec le moteur V8 de Jaguar à compresseur volumétrique,* quoi que cela puisse bien vouloir dire.

Et pourtant, me voilà au volant de ce monstre que je guide avec d'infinies précautions dans les ruelles de Copper Heights, cherchant à rejoindre la voie qui, par-delà la Slee, me conduira enfin vers Slumber Vale !

S'il était tout juste 10 heures quand Jim s'est confronté à Dwayne, allez au 400. Sinon, allez au 389.

378

– Qu'est-ce que vous ne comprenez pas dans l'expression « portail temporel » ? me lance-t-elle en plissant les yeux.

– Ben, c'est comme dans *Retour vers le futur* ou *Terminator* ? Ça permet d'aller dans le passé, le futur et on peut changer le cours des événem…

– Vous vous foutez de moi, là, non ?

– Euh…

– Ça n'a strictement rien à voir ! Il n'y a pas de « voyage dans le temps » et autres inepties du même acabit. On *ne peut pas* voyager dans le temps ! La simple possibilité d'aller dans le passé crée un paradoxe. Si c'était possible, on aurait déjà été mis au courant, par les voyageurs du futur.

Ma machine n'a rien à voir avec ça. Elle crée et ouvre une porte non pas vers le futur, mais une projection du futur. L'avenir tel qu'il résulte de notre présent.

Si vous voulez que Cassandra développe ce point, allez au 392. Si vous vous demandez pour quelles raisons la machine a été créée, c'est au 399. Si c'était votre troisième question, allez au 405. Et pour savoir comment cela fonctionne, c'est au 417.

379

Je reste ce qui me semble une éternité dans mon placard, dans l'obscurité la plus complète, terrifié à l'idée de devoir ressortir et tomber nez à nez avec un laser et une mort certaine. Ni le temps ni les événements n'ont plus d'importance. Je perds pied. J'oublie où je suis, ce qui se passe.

Il est possible que l'arrivée d'un visiteur, en me faisant sortir de mes vaticinations funestes, m'ait empêché de sombrer complètement dans la folie. Soudain, l'adrénaline revient et reprend le contrôle. Par la très mince ouverture de la porte de mon placard, je découvre un policier en uniforme, muni d'une lampe torche, manifestement en pleine ronde.

Serait-ce mon salut ? Vais-je me signaler ?

J'ai à peine le temps de passer en revue ces options : l'homme passe inspecte les placards et arrive très vite au mien.

À l'ouverture de la porte, je suis aveuglé par la lumière, braquée sur moi.

– Euh… bonjour.

– QUI ÊTES-VOUS ? QUE FAITES-VOUS ICI ?

Quelle voix étrange ! Elle ressemble aux voix de lecture automatique, et encore celles-ci font passer plus d'expressivité.

M'habituant à la lumière, je découvre le visage froid aux yeux vides de mon interlocuteur, qui me tient en joue avec son arme. Il recule, le canon toujours dirigé vers moi, et agrippe de son autre main un talkie-walkie.

– INDIVIDU DANS LES RÉSERVES. SUJET MÂLE, LA TRENTAINE, TEE-SHIRT, *HOODIE* ET PANTALON LARGE.

L'appareil crachote et je ne parviens pas à comprendre la réponse, si tant elle qu'elle soit exprimée dans une langue compréhensible. Il continue de me tenir en joue, sans rien dire.

Au bout de quelques dizaines de secondes, le silence devient particulièrement gênant. Soudain, il ramène le canon de son arme près de sa tempe et tire avant de s'écrouler sur le sol.

Mais que s'est-il passé ?

Encore abasourdi, je me dégage de l'armoire. A-t-il répondu à un ordre en se supprimant ? Ou bien s'est-il un instant rebellé et a décidé d'en finir ? Le cœur battant et sentant vaguement une nausée s'installer, je regarde le corps dans son uniforme quasi intact. Et si… ? De toute façon, avec le bruit, quelqu'un va bien finir par arriver et nous trouver.

Je m'empare de son uniforme. Il est un peu trop petit pour moi, mais, par chance, les traces de sang ne sont pas très visibles sur le tissu marine. Je récupère l'arme, sans trop savoir où actionner la sécurité qui pourrait m'éviter de me tirer une balle dans le pied. En revanche, je dois laisser le képi sur place. Il est trop… Disons qu'il reste trop de morceaux.

Quelques minutes plus tard, muni de la lampe torche, je cherche le chemin inverse. Personne n'est venu vérifier ce que devenait le policier et je parviens à retrouver les portes battantes menant à la salle du portail sans effort ni mauvaise rencontre.

Jetant un œil par le hublot, je contemple la salle en cours de dégagement par les aliens, secondés par des policiers de Denton. Des corps en partie brûlés, ou plutôt ce qu'il en reste après un coup de laser, sont rassemblés en une pile macabre. Je crois être au comble de l'épouvante devant cette scène, mais une nouvelle vision me fait découvrir un degré de terreur encore supérieur.

Parmi les envahisseurs déambule une étrange créature mi-organique mi-mécanique, sorte de cyborg issu du croisement improbable entre l'homme et l'araignée. Juché sur un socle métallique d'où émergent une demi-douzaine de pattes articulées trône un bocal rosâtre dans lequel flotte un cerveau bardé d'électrodes.

Allez au 386. Sinon, continuez.

À quelques pas se trouve aussi la console de commande derrière laquelle Cassandra et moi nous étions cachés quelques heures auparavant. Allez Jim, c'est le moment d'avoir du cran…

Je pousse la porte et avance, essayant d'adopter la démarche d'un homme contrôlé par les aliens, en regardant fixement mon but, et distant de mon corps comme si c'était celui de quelqu'un d'autre.

Soit je suis désintégré dans les instants qui viennent, et la journée recommencera, soit je rentre le code et… bye bye, les aliens !

J'y suis ! Je jette un œil sur l'écran et je sélectionne « Init » comme Cassandra me l'avait demandé, avant de taper les six chiffres.

Rendez-vous au paragraphe dont le chiffre est obtenu en additionnant les deux moitiés du code.

380

J'attire Dwayne vers le garage sous un prétexte futile puis, m'étant assuré que nous y sommes seuls, je m'entends lui lancer un très direct :

– Espèce d'enfoiré !

Dwayne reste bouche bée, stupéfait de la manière dont son beau-fils s'adresse à lui. J'avoue être un peu surpris moi-même, étant d'ordinaire davantage porté sur une forme de réserve.

– Fumier ! T'as pas honte de toi ?

Il plisse les yeux et me toise d'un regard qui promet une réduction drastique de mon espérance de vie si je continue sur ma lancée.

– Salopard ! T'es vraiment qu'un grosse racl…

– Tu vas la boucler, gamin ?

Non. Ce n'est pas tant par un excès soudain de courage que parce qu'il est désormais impossible de faire machine arrière.

– Je sais tout ! Le fric que tu as dilapidé en paris stupides ! Les comptes à sec ! Les huissiers qui te tiennent à la gorge !

– Mais ferme-la, sale petit morveux ! T'es pas bien de crier comme ça ? Tu veux que ta mère refasse une crise ?

– Elle a bon dos, tiens ! Je pense au contraire qu'elle sera très intéressée de savoir où sont passées ses économies.

Dwayne me saisit par le bras.

– Viens par-là toi, on va s'expliquer !

Quelques instants plus tard, nous sommes dans la remise du jardin, derrière le garage. Je déballe tout : le bookmaker qu'il fréquente, ses dettes, les relevés de compte. Devant mon implacable compte rendu, Dwayne fulmine et se retient de hurler. Je ne l'ai jamais vu dans cet état de rage et je sens que sous sa colère quelque chose vacille.

– Et tu vas faire quoi ? Qu'est-ce que tu veux, au juste ?

Rendez-vous au 387.

Dwayne est aux abois. Difficile de savoir comment il va réagir. Il a peut-être besoin d'une porte de sortie pour ne pas péter complètement les plombs. Moi aussi d'ailleurs, car je commence à me sentir à l'étroit dans ce garage.

– C'est fini, Dwayne. Je vais en parler à maman.

Je me retourne rapidement pour activer la porte automatique mais suis inquiété par un bruit de quincaillerie derrière moi qui me pousse à me retourner précipitamment.

– Dwayne ! lâche cette pelle ! Qu'est-ce que tu vas f…

BONK !

BONK !

BONK !

SPLORCH !

– Gamin, je ferme ton clapet pour de bon.

Fin de l'enregistrement… Jim est encore mort. Rendez-vous au 13.

381

La fente du boîtier a dû en son temps accueillir des cartes perforées, mais elle est trop tordue aujourd'hui. Le clapet lui-même n'est pas en meilleur état. Toutefois, je découvre au-dessous une sorte de clavier mécanique de 10 rangées de 16 touches, toutes muettes et identiques.

Hum…

Si vous avez les trois cartes, souriez ! Vous savez où aller. Sinon, retour à la route au 424.

382

– AAAAAAAAAHHHHHHHHHHHHHHHHHHHHHHHHH !!!

– Allons, allons, tout va bien maintenant.

– J'ai encore la sensation de ces horribles pattes qui me rentrent dans les oreilles et qui forcent ! Quelle horreur ! Quelle horr… Hé, mais attends une minute !

– Oui ?

– C'était TA voix, là, non ? C'est toi qui viens de m'écraser la tête !

– Non.

– Assassin !

– J'ai dit non.

– Psychopathe !

– Ce n'était pas moi.

– Tueuse de geek !

– Le cycle va recommencer, tu sais ?

– Au secours !

– Un, deux…

Trois ! Ah non… 13 !

Mais notez avant cela dans les INDICES qu'une Cassandra arachnoïde attend près du portail.

383

Je suis dans une salle sans fenêtre et dont l'unique source de lumière filtre par le pourtour d'une seconde porte. Mes yeux, habitués à l'obscurité, n'ont aucun mal à identifier son utilité : il s'agit d'une pièce de stockage. Le passage par lequel je suis entré était d'ailleurs bloqué par une étagère métallique basse. Le tunnel devait être abandonné depuis si longtemps qu'il ne semblait plus utile d'en laisser l'issue directement accessible. J'ai reversé une caisse en plomb qui s'est ouverte et a déversé son contenu lorsque j'ai poussé la porte. Par chance, le bruit n'a attiré personne.

Apparemment, il s'agit de matériel électronique et... NOM DE ZEUS ! Des dictaphones ! Des dizaines de dictaphones identiques au mien ! Plus de doute maintenant, je suis sur la bonne piste !

Machinalement, j'en récupère un dans une poche. On ne sait jamais. Si je cassais celui-là...

En même temps, c'est stupide de faire ça : quand la journée va recommencer, il sera comme neuf.

Alors que je m'apprête à le reposer, je suis alerté par un bruit de pas qui se rapprochent. J'ai à peine le temps de me dissimuler derrière une pile de cartons que la porte s'ouvre et qu'un homme entre dans la pièce. Fort heureusement, il semble n'être venu ici que pour s'emparer d'une ramette de papier. Je peux l'observer à loisir tandis qu'il fouille dans des étagères chargées de fournitures de bureau. Le gars fait à peu près ma taille. Il porte une blouse blanche.

Dans une scène d'infiltration, il y a toujours quelqu'un qui se fait assommer par le héros afin que ce dernier puisse lui prendre ses vêtements et se fondre dans le décor. Cette pensée me traverse l'esprit au moment où je remarque un lourd et antique dévidoir de scotch qui semble avoir été remisé là jusqu'à la fin des temps, ou pour me servir...

Si Jim passe à l'attaque, rendez-vous au 390. Sinon, il est possible d'attendre son départ jusqu'au 397. Et même au 415.

384

Je cède au réflexe primordial de la fuite. Le temps passe soudain au ralenti, tandis que je fais volte-face, m'élançant dans le couloir. Un pas, deux pas, trois... Quelle est la portée d'un pistolet à impulsion électrique ?

GGRRRRZZZGGGG !

Probablement supérieure à 3 mètres. De quoi méditer jusqu'au 398.

385

– Mais c'est complètement fou ! C'est dingue ! C'est hyper-dangereux ! Qu'est-ce qui vous garantit que ce qui se trouve de l'autre côté du portail dans vingt ans ne va pas nous sauter à la gorge ?! Comment vous faites si l'avenir est tellement catastrophique qu'il contamine notre présent ?

Les yeux de Cassandra lancent des éclairs.

– Vous croyez quoi ? Que c'est un repaire de savants fous ici ? Bien sûr que c'est dangereux. C'est pour ça qu'il y a une sécurité.

– Et vous pouvez m'en dire plus ? Parce que ça n'a pas l'air de bien marcher, votre truc.

– Si vous m'en laissez l'occasion au lieu de vous énerver, je peux vous expliquer.

– Oui, mais ça m'énerve...

Cassandra me fusille du regard, puis reprend ses explications. Selon elle, le portail n'ouvre pas *vraiment* sur le futur mais sur une *projection* du futur. Cette projection existe réellement, continue-t-elle, me regardant sans ciller comme pour s'assurer que je la suis bien. Les deux côtés du portail sont en interaction. Des éléments de la projection peuvent traverser le portail *dans l'autre sens* et influencer le présent, ce qui crée une boucle de rétroaction. Mais comme il s'agit d'événements qui interviennent dans le *présent,* il n'y a pas de rupture de la chaîne de causalité. Pas de paradoxe.

Ainsi, nous pouvons voir le résultat de nos actions dans vingt ans afin de choisir ce qui nous conduit vers le meilleur avenir possible. Mais dans le même temps, le futur peut modifier le présent pour s'assurer d'arriver à lui-même ou s'améliorer.

C'est pour empêcher cela qu'une sécurité existe : la durée d'ouverture du portail est limitée à quelques heures. Si le futur est trop hostile et prend le contrôle, le portail se referme et on en reste là. En revanche, si tout va bien, il existe un code à entrer pour permettre de poursuivre l'expérience.

– Donc, en tout état de cause, aucun risque.

Mon dictaphone est pourtant la preuve du contraire.

– Hum… elle plisse les yeux. Je me demande si…

Cassandra me tend la main pour que je lui prête mon dictaphone, que je lui tends avec une certaine réticence, cet objet étant à ma connaissance la seule chose qui me permet de revenir à la vie chaque matin.

Si vous la laissez faire, allez au 429. Si vous préférez continuer à l'interroger, allez au 378 pour la questionner sur la machine temporelle, au 399 sur les raisons de l'expérience, au 411 sur les aliens. Si vous avez déjà posé trois questions, allez au 405.

386

C'est celle qui m'a déjà tué une fois ! Celle qui a la voix de Cassandra !

Retournez au 379 et poursuivez.

387

– Ta caisse. File-moi les clés.

Le visage de Dwayne affiche un rictus atroce, la poitrine soudain secouée de spasmes. J'hésite entre la manifestation d'une crise cardiaque et un rire dément.

– Tu veux ma voiture ? T'es sérieux ?

– Les clés et j'oublie ce que j'ai vu !

Ma demande semble l'avoir désarçonné au point que son attitude, qui penchait dangereusement vers l'imminence d'un homicide, donne désormais des signaux d'un projet toujours réel mais plus lointain.

– On peut savoir pourquoi t'en aurais besoin ?

– Ça ne te regarde pas.

Puis j'ajoute, ne sachant trop pourquoi :

– J'ai de grandes choses à accomplir ! Des trucs… importants !

Dwayne s'esclaffe de plus belle.

– Rien que ça ? répond-il après un rire mauvais. Ça m'étonnerait fort, mon garçon ! À quoi sers-tu, au final ? Tu n'es qu'un parasite qui vit aux crochets de sa mère, incapable de prendre sa vie en main. Aucun Howell n'a jamais marqué l'Histoire !

Atteignant les limites de la tension que je peux supporter lors d'une conversation houleuse avec un autre être humain, je tente de conclure par un piteux :

– Ouais ben l'Histoire, elle va changer !

Ce qui, j'en conviens, n'est pas la repartie de l'année.

Et malgré tout, à ma grande surprise, Dwayne me tend les clés.

– Prends-les donc si c'est ça que tu veux.

Je reste interdit. Il est bien sur le point de me prêter sa voiture ?

– T'attends quoi, là, au juste ?

Je les saisis sans vraiment comprendre ce qui se passe, du bout des doigts.

– Je te conseille de filer vite maintenant. Et d'éviter de paraître ici pendant un certain temps.

Je grimpe dans la quatre-roues motrices pendant qu'il actionne la porte automatique du garage. Je sens le poids de son regard tandis que je manœuvre maladroitement l'énorme engin. Ce qui laisse à Dwayne le temps d'articuler une dernière menace :

– Essaie de ne pas avoir d'accident en chemin, hein. La bête est capricieuse…, me lance-t-il, un sourire mauvais sur les lèvres.

Gloups ! Je m'éloigne aussi rapidement que je le peux tout en tâchant de rester bien au milieu de ma voie de circulation. Mais je m'arrête quelques rues plus loin.

Mon cœur bat la chamade… je l'ai eu ! J'ai la voiture ! Je vais pouvoir quitter Denton et aller du côté de Slumber Vale !

Alors en route, plus une minute à perdre… aarrrrgh !

Mais ? Qu'est-ce qui se p… aaaarrgh !

Filez au 135.

388

Argh ! Le portail doit déjà être ouvert ! Est-ce que ça vaut vraiment le coup d'aller là-bas ?

Si oui, allez au 436. Sinon, Jim retourne à Denton à pied. Poursuivez au 7 pour 14 heures.

389

J'avance avec mille précautions et sans dépasser les 30 miles à l'heure. Il y a peu de monde et je ne subis guère que quelques dépassements accentués parfois par un coup de klaxon rageur.

No stress, no stress, no stress…

Facile à dire. Cette voiture est un vrai tank pour moi qui n'ai vraiment pas l'habitude de conduire ce genre d'engin.

C'est curieux car je suis à peu près sûr que le véhicule que je viens de croiser et qui allait dans l'autre sens m'a dépassé tout à l'heure.

Tiens, même impression avec la voiture suivante ?

Le manège continue et à plusieurs reprises je constate que les voitures qui doublent la Range lancée à faible allure repassent invariablement dans l'autre sens. Quelques dizaines de minutes plus tard, la solution se présente : la route est bloquée par deux voitures de la police de Denton.

S'il était 16 heures ou plus quand vous avez quitté Denton, allez au 402. Sinon, continuez.

Je m'arrête tout à fait. Un agent s'avance vers moi et tapote la vitre côté conducteur avec son index replié. J'ouvre sans hésiter la fenêtre.

– La route est bloquée. Vous ne pouvez pas passer. Il faut retourner par Denton.

– Mais que se passe-t-il ? Un problème à la station météo ?

– Je n'en sais rien, monsieur. La route est bloquée.

Bon. Je suis au maximum de l'insistance auprès d'un agent de police. Il faut rebrousser chemin.

Au moment où je m'apprête à redémarrer, l'agent revient vers mon véhicule et cogne à nouveau à ma vitre. Je l'ouvre à nouveau.

– Oui, monsieur l'agent ?

– Dites-moi, puisque vous venez de Denton…

– Oui ?

L'agent se gratte la tempe avec son index.

– Vous n'auriez pas vu un chien… petit… blanc ?

Vous pouvez aller au 396.

– Ah non désolé, cela ne me dit rien.

Le policier soupire.

– Tant pis… Vous pouvez circuler !

Jim revient à Denton et dépose la voiture de Dwayne dans Wornwood. Retournez au 7, au créneau qui suit directement l'heure à laquelle vous avez quitté la ville.

390

Le type se retourne au moment où j'arrive sur lui et *bim* ! le dévidoir heurte sa tempe. L'homme s'écroule, inconscient. Qu'est-ce que je viens de faire ?

Je me hâte de lui enlever sa blouse et de l'enfiler. Mais soudain envahi par les scrupules, je me risque à tâter son pouls. Oh non ! Il ne bat pas ! Je place l'écran de mon téléphone près de son nez. Pas de buée ! C'est horrible : je viens de tuer quelqu'un !

C'était un gars un peu du même âge que moi, légèrement corpulent, qui aimait sans doute les jeux vidéo et l'*heroic fantasy*. Presque comme moi quoi. Avec un vrai travail, toutefois.

Bon, si la journée recommence, il sera vivant, hein ? Oui, il faut s'accrocher à cette idée ! Mais si j'arrive à trouver le Pr Matiz et que la journée ne recommence pas ?

Je suis un assassin !

Jim, Jim, Jim, calme-toi ! L'avenir de l'humanité est en jeu. Il faut trouver le portail au plus vite ! Et puis peut-être qu'avec un peu de chance je vais mourir avant de renaître, tout comme lui.

Toujours en émoi, j'entrouvre la porte et jette un œil à l'extérieur. C'est un couloir ; il n'y a personne. Je tente tant bien que mal de me donner une contenance et m'y engage, espérant laisser derrière moi remords et culpabilité.

La suite au 397.

391

– Je suis invité par le Pr Matiz et elle m'a demandé d'aller chercher…

– Vous allez venir avec moi et on va vérifier tout ça.

Et voilà comment Jim se retrouve au 398.

392

– Si c'est juste une projection, alors pourquoi ces aliens ont-ils l'air si… réels ?

Cassandra me regarde, consternée.

– Je crois qu'il va vous falloir des explications un peu plus basiques.

– S'il vous plaît…

– En essayant de faire vite tout de même. Vous voyez le voyage dans le temps ? Tel qu'on l'imagine, il ne peut pas exister. Le temps s'écoule dans une seule direction : l'avenir. Se rendre à un autre point du déroulé du temps, c'est imaginer qu'il peut y avoir plusieurs présents possibles : celui d'où je viens et celui où je me trouve, et, par extension, du présent tout le temps. Et cela crée des paradoxes, inévitablement.

– Comment ça ?

– Le paradoxe du grand-père, ça ne vous dit rien ? Si je voyage dans le passé et que je tue mon grand-père, comment puis-je exister dans le futur ? Or le futur existe toujours. Un futur dans lequel je suis bien vivante.

– Ben non, en retournant dans le futur, du coup, vous existez bien mais personne ne se souvient de vous.

Cassandra soupire.

– Mais non, voyons ! Ce n'est pas parce que moi seule vais dans le passé que le présent d'où je viens cesse d'exister tel qu'il est ! C'est du moins la conclusion logique si l'on suppose au départ qu'il peut y avoir plusieurs présents.

– Ou alors il faut imaginer des mondes parallèles où vous ne faites que vous déplacer vers une autre version du monde dans le futur duquel vous n'existerez pas car vous y avez tué votre grand-père.

– C'est possible aussi. Mais il reste à prouver que ces univers existent. Pour résoudre plus simplement ce paradoxe, il faut postuler qu'il n'existe qu'un seul présent. Celui où nous nous trouvons, en ce moment même. Ce qu'il y a au-delà du portail est également dans notre présent, même s'il s'agit d'une projection de notre avenir. Vous me suivez ?

– Euh...

– De sorte que les interactions que nous avons avec l'avenir ne concernent que le présent.

– Je ne suis pas sûr de...

– Nous ne modifions pas le présent : c'est la projection de l'avenir qui est modifiée en fonction de ce qui se passe aujourd'hui. La projection rétroagit avec le présent en avançant en même temps que lui. Si nous constatons qu'un volcan entre en éruption dans dix ans quelque part, nous pouvons prévoir l'évacuation des habitants. La prochaine fois que nous ouvrons le portail, l'éruption n'a pas fait de victimes. Vous comprenez ? L'avenir change en fonction de l'information que nous en tirons. Mais nous n'avons pas de raisons de nous limiter à des informations. Nous pouvons aussi faire venir des choses de cet avenir, des objets, des personnes.

Cassandra est à nouveau dans un état d'agitation que je qualifierais volontiers de « maniaque » si j'avais les diplômes de psychiatrie appropriés pour prononcer un diagnostic.

– Comme une version de moi avec vingt années d'expérience en plus !

Comme ce serait excitant ! les conversations que nous pourrions avoir !

– Ou des aliens qui ont débarqué pour envahir la Terre.

Cette remarque a le mérite de doucher son enthousiasme.

– Oui... des aliens.

Si vous voulez savoir pourquoi des aliens surgissent du portail, allez au 411. Si c'était votre troisième question, filez au 405.

393

– Non ! Nous devons rester ici ! Le portail reste ouvert malgré la sécurité. J'ai le code pour le refermer ! C'est maintenant ou jamais !

Le Pr Matiz me dévisage. Je fais confiance à sa faculté de comprendre et de s'ajuster très vite à une situation nouvelle. Elle ne tarde pas à me désigner la console de commande.

– Très bien ! Allons-y !

Mais à peine nous sommes-nous rapprochés qu'une décharge de laser, issue du portail, vient heurter l'un des pylônes soutenant le plafond de la salle, bientôt suivie de l'une des personnes en combinaison, elle-même aussitôt désintégrée par un petit poursuivant à quatre bras vêtu d'une combinaison argentée et armé de son mortel fusil laser.

Les aliens envahissent la salle. C'est la curée. Cassandra et moi nous mettons rapidement à l'abri.

Nous nous tenons l'un contre l'autre, ramassés derrière la console pendant que les tirs aliens désintègrent à tout va les fuyards.

– Le code, c'est...

– NE ME LE DITES PAS ! Si jamais je suis capturée alors que je connais le code, nous serons foutus. Et vous aussi, il ne faut pas qu'ils vous capturent !

La situation est compliquée cependant. Impossible de bouger sans se faire repérer.

Mais soudain, un tir mal ajusté rompt un pylône supportant plusieurs des projecteurs éclairant la salle, et qui viennent s'écraser sur le sol. À cette occasion, plusieurs personnes restées cachées tentent de profiter de la confusion pour s'enfuir, offrant de nouvelles cibles aux aliens.

– C'est notre chance ! crie Cassandra en se redressant. Je vais attirer leur attention, pendant ce temps, rampez derrière le vortex. Il y a une porte à double battant. Cela vous conduira à des réserves où vous pourrez vous cacher.

– Non, attendez !

– Trouvez un moyen de revenir ici et d'entrer le code à leur insu ! Il suffit de choisir « Init » dans le menu principal, puis entrez le code et ensuite sélectionnez « Décorrélation ». Ça n'a rien de compliqué.

– Mais comment ?

– Vous revivez la même journée depuis un moment maintenant, vous trouverez bien quelque chose !

– Mais !?

– Il n'y a pas de *mais*.

Cassandra bondit hors de la cachette et fait de grands signes aux aliens. « Hé, ho, je suis là ! » Ces derniers sont interloqués et semblent hésiter à tirer. Pendant ce temps, le Pr Matiz s'éloigne de la console, tout en narguant les petits êtres habillés d'argent.

Quand le moment est propice, je sors moi aussi de notre abri et rampe vers la porte à double vantail, que je parviens à passer sans me faire repérer, le cœur battant à tout rompre. Je ne peux pas m'empêcher de jeter un œil par l'un des hublots de la porte cependant.

Le calme semble revenu. À quelques mètres au-delà de la porte, Cassandra est retenue prisonnière par deux aliens. Un troisième tient une sorte de couteau dont il fait grésiller la lame par un mouvement de poignet. Celle-ci devient lumineuse comme le filament d'une ampoule à incandescence.

– [illegible] à àl-[illegible].

Elle est mise au sol, dans les cris et les protestations. Celui qui tient le couteau s'approche, l'attrape par les cheveux et…

Je me retiens de hurler devant ce spectacle odieux. L'alien, tendant la tête coupée de Cassandra à l'un de ses coéquipiers, ajoute :

– [illegible].

Fuir, fuguer, se barrer, décamper, sans demander mon reste. Mes pieds avancent tout seuls dans les couloirs sombres de Slumber Vale. Je finis par aviser une porte que je referme derrière moi, puis un placard presque vide, suffisamment grand pour m'accueillir. Je m'y fais une place et referme la porte.

Comment vais-je faire pour me sortir du pétrin où je me suis fourré ?

La réponse est – peut-être – au 379

394

Sans trop y croire, j'appuie sur les touches qui correspondent aux cases noires des cartes. Elles restent enfoncées. Je reconstitue d'abord le smiley puis le code et…

Bzzzzz ! CLANK !

Une diode verte s'allume sur le boîtier, un son annonce en même temps le déverrouillage de la porte. Je la pousse avec effort pour découvrir un long tunnel qui monte en pente douce, éclairé très faiblement par d'autres diodes.

Bon sang ! Ça y est ! J'ai trouvé l'entrée secrète de la base !

En avant !

Vers le 376.

395

La prétendue base militaire de Slumber Vale est un vaste bâtiment en forme de U à un étage dont les deux ailes encadrent un modeste parking.

Le bâtiment central est hérissé de pylônes portant ce qui est sans doute des appareils de mesure utiles à la prédiction de la météo, mais dont le nom et l'usage m'échappent tout à fait. L'ensemble est protégé par une clôture grillagée et accessible par un poste routier défendu par une simple barrière levante.

Pourtant, il y a bien eu des combats ici. Une fumée noire s'élève de plusieurs véhicules en feu, apparemment de la police. Je vois plusieurs corps au sol et d'étranges petites silhouettes argentées qui s'affairent dans la cour. De curieux appareils volants, à peu près de la taille et de la forme d'un ballon de rugby, bourdonnent au-dessus de la scène et semblent surveiller le secteur.

Il me faut quelques instants pour comprendre que rester bouche bée devant ce spectacle n'est pas la meilleure option. Je me jette sur le bas-côté de la route, à l'abri dans les fougères, afin d'observer plus en sécurité ce qui se passe ici.

Les aliens ont débarqué ! Et ils ont déjà fait le ménage autour d'eux. Que dois-je faire pour entrer dans la base ? Essayer une approche discrète, même si c'est sans doute un aller simple pour la morgue ? Ou bien regagner Denton ?

Dans le premier cas, allez au 401. Dans le second, au 406. Mais il y a aussi le 413 si vous avez le fusil alien avec vous.

396

– Avec une petite médaille en croissant de lune ?

Le visage de l'agent s'illumine.

– Vous l'avez vu ? Vous avez vu Kiki ?

Kiki…

– À la fête foraine. J'ai vu un chien comme ça qui se baladait.

– Oh ! Évidemment ! Le petit va être si content si je retrouve le chien ! Il est inconsolable depuis qu'on l'a perdu.

Sur ce, il grimpe dans sa voiture, allume son gyrophare et me crie :

– Suivez-moi !

Avant de démarrer en trombe. J'ai d'autres plans, cependant.

Rendez-vous au 436.

397

Le couloir, bordé de cloisons semi-ouvertes, donne sur des bureaux, tous déserts. Mes pas, amortis par une moquette beige, troublent à peine le silence des lieux. Il s'agit sans aucun doute d'un laboratoire de recherche, ce qui n'est guère étonnant dans une station météorologique. Je remarque néanmoins que nous sommes en sous-sol, car il n'y a aucune fenêtre. La plupart des ordinateurs et autres appareils sont allumés, les bureaux chargés de paperasse, des vestes encore suspendues à des portemanteaux. J'avise une tasse à moitié pleine, posée sur une petite table ronde près d'un distributeur de café. Elle est encore chaude. Comme si tous les occupants avaient très récemment quitté les lieux en bon ordre et en laissant tout en plan.

Profitant de l'occasion, je scrute les cartouches près des portes, espérant trouver celui du Pr Matiz, que je finis par découvrir à l'angle d'un couloir, à côté d'une porte fermée.

Même si je n'ai plus vraiment de doute, le professeur existe vraiment ! Je suis devant son bureau ! Ce dernier est vide, mais je peux probablement y glaner quelques informations intéressantes. Ouvrons donc cette p…

– Qu'est-ce que vous faites là ?

Argh ! Surgissant de l'angle du couloir, un agent de sécurité – si j'en crois son uniforme – vient de me surprendre.

Est-ce que Jim porte une blouse ? Si oui, allez au 403. Sinon, au 409.

398

Je suis enfermé dans ce bureau depuis des heures ; c'est fichu pour assister à l'expérience. L'agent de sécurité qui s'est occupé de moi a eu la bonté de me laisser mes affaires. Je n'ai toutefois rien qui puisse m'aider à sortir, juste de quoi patienter avec les rares jeux installés sur mon téléphone qui en d'autres circonstances m'auraient laissé indifférent. Mais là, pas de réseau, pas d'Internet.

À plusieurs reprises j'ai appelé, tambouriné sur la porte en espérant attirer l'attention de quelqu'un. Mais c'est comme si le bâtiment était complément désert. Puis il y a eu cette courte séquence où j'ai entendu comme un brouhaha et peut-être des cris. Et à nouveau plus rien. Là, je patiente encore en espérant que ma batterie tiendra jusqu'à ce que quelqu'un se rappelle mon existence.

Enfin, j'entends du mouvement et la porte s'ouvre sur le gardien. Alors que je m'apprête à lui demander si je peux repartir, je suis arrêté par l'expression froide et inhumaine de son visage. Entre après lui un policier de Denton en uniforme, au visage aussi inexpressif.

– NOUS ALLONS VOUS ÉVACUER. PASSEZ DEVANT.

Tétanisé par une peur inexplicable, je n'ose contester cet ordre. Nous traversons les bureaux silencieux et déserts. Au-dehors, la scène est surréaliste : des voitures de police en partie brûlées, d'étranges êtres habillés d'une combinaison réfléchissante avec quatre bras. Euh… J'ai la berlue ou quoi ? Et gisant sur le sol, çà et là, on dirait des…

– CONCENTREZ-VOUS SUR MOI ET AVANCEZ.

Sans trop comprendre ce qui se passe, je me retrouve à l'arrière d'une voiture de police restée intacte. Le policier s'installe à l'avant et nous quittons les lieux.

Pour le 414.

399

Cassandra lève les yeux au ciel.

– Mais imaginez les répercussions si vous pouviez voir les effets de vos décisions ! Ne serait-ce que pour le réchauffement climatique. Ce qui marche, ce qui n'a pas marché ? Et récupérer les technologies qui seront inventées dans le futur ? Les rendre disponibles dès aujourd'hui !

Cassandra s'emporte.

– Non seulement nous provoquons une accélération immédiate de la recherche scientifique, mais nous pouvons dans le même temps constater les conséquences de nos découvertes. Je prends un exemple : nous ouvrons une fenêtre vers notre avenir dans vingt ans et nous y découvrons les avancées sur l'ordinateur quantique, ou de la fission nucléaire. Nous récupérons cette technologie, tout de suite, sans les vingt années de recherche. En conséquence, notre futur change ! Si nous ouvrons à nouveau le portail, l'avenir qu'il permet d'atteindre tient désormais compte du fait que nous disposions de ces avancées aujourd'hui, tout en nous proposant le résultat de vingt nouvelles années de recherche ! C'est un accélérateur ! Une singularité ! En poussant le raisonnement jusqu'au bout, toutes les technologies imaginables deviennent accessibles de cette façon !

– Sauf si l'avenir qui s'y trouve est catastrophique…

– Non… Non ! il y a une sécurité !

– Et des aliens qui surgissent du portail et nous tuent tous.

Si vous voulez savoir ce qu'il en est de la « sécurité », c'est au 385. Si c'est plutôt l'horizon du portail à vingt ans qui vous intéresse, c'est le 423. Si c'était votre troisième question, allez au 405.

400

J'avance avec mille précautions et sans dépasser les 30 miles à l'heure. Il y a peu de monde et je ne subis guère que quelques dépassements accentués parfois par un coup de klaxon rageur.

No stress, no stress, no stress…

Facile à dire. Cette voiture est un vrai tank pour moi qui n'ai vraiment pas l'habitude de conduire ce genre d'engin. Que faire ? Continuer à pied ?

Si c'est votre décision, allez au 436. Sinon, poursuivez.

Bon… il faut bien se résoudre à continuer sur cette route. Elle devient sinueuse et plus étroite un peu plus loin, encaissée dans une vallée. Manque de chance, un autre automobiliste me rattrape, sans pouvoir me dépasser. Je tente de me contrôler et accélère un peu… 40 miles à l'heure…

Ah, mais c'est qu'il commence à me stresser lui ! Il me colle trop et j'ai peur, si je ralentis pour le pousser à me dépasser, qu'il me percute ou qu'il se rabatte trop vite sur moi… ? À gauche de la route, derrière la fragile rambarde, c'est le vide ! Certes, la pente n'est pas très encaissée, mais c'est suffisant pour… Oh ! je préfère ne pas y penser. 50 miles à l'heure…

Mes mains sont moites sur le volant. Il est malade, ce mec ! Il me colle, encore ! Il essaie de me dépasser en se déportant à droite, mais les lacets cachent ce qui arrive en face. D'ailleurs, il me semble qu'il est interdit de doubler ici. 60 miles à l'heure !

Qu'est-ce que je suis venu faire dans cette galère !? Mes mains tremblent et je crains de céder à la panique. La voiture derrière fait des écarts furieux pour tenter de dégager le passage. J'avise un renfoncement sur la droite juste avant un virage où je pourrais me garer et le laisser passer, mais il faudrait pour cela traverser complètement l'autre voie et on ne voit pas ce qui arrive en face à cause d'un virage et…

Allez au 412.

… J'y vais !

J'exécute précipitamment une embardée et… oh non, un camion en face !

[Bruits de klaxons, crissement de pneus et violent bruit de tôle, puis le silence.]

Je… je suis toujours vivant. Ma tête… Oh… la voiture est à moitié hors de la route et penche de plus en plus dangereusement vers le vide. Je suis bloqué ! Pas moyen de sortir et…

AU SECOURS !

Un grincement sinistre. La voiture bascule dans le précipice, avant de s'écraser en contrebas.

On dirait bien que Jim est mort. Notez au passage qu'il vaut mieux éviter toute manœuvre dangereuse dans les INDICES en fin de livre. Puis direction le 13.

401

C'est presque un miracle d'avoir pu m'avancer à proximité d'une entrée de la base sans avoir été repéré. Mais là, je crois bien que je suis bloqué, planqué derrière une voiture de police dont les occupants, ou plutôt ce qu'il en reste, jonchent le sol. Manifestement, il manque des morceaux et ça sent la chair brûlée. J'essaie de ne pas imaginer le massacre que cela a dû être.

Sans grand succès.

Quoi qu'il en soit, je suis bloqué. À quelques mètres derrière la voiture, deux aliens semblent en discussion dans un sabir qui m'est incompréhensible. Il y a quelque chose qui ressemble vaguement à un aboiement aussi, et qui approche. Je dois observer aux alentours. La solution est peut-être à portée de main.

Les options sont sous vos yeux. Jim peut tenter d'entrer discrètement par la porte à proximité au 425, se saisir du fusil alien à côté de la voiture au 419, ou tout simplement un moment plus propice pour passer à l'action jusqu'au 431.

402

Je m'arrête tout à fait. Un agent s'avance vers moi et tapote la vitre côté conducteur avec son index replié. Son visage est pâle et froid, inexpressif au dernier degré. Un sentiment de gêne s'empare de moi.

Allez au 407.

Mais je baisse quand même la vitre.

– DESCENDEZ DE VOTRE VÉHICULE.

Qu'est-ce que c'est que cette voix ? On dirait celle d'un robot. Ou d'un ordinateur malveillant type Skynet. Ou peut-être celle de Mort dans les bouquins du Disque-Monde. Quoi qu'il en soit, j'obtempère.

– RESTEZ DOS AU VÉHICULE.

L'agent me fixe. Ses yeux sont sans vie. J'essaie de ne pas défaillir. Tout en me fixant, il recule vers l'un de ses coéquipiers et murmure quelque chose à voix basse.

Puis l'un d'eux prend son talkie-walkie et crachote une question qui reste incompréhensible.

– 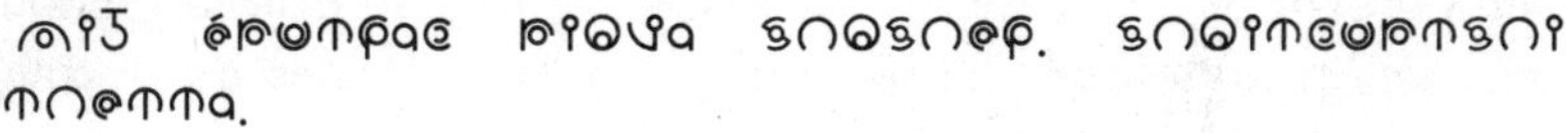

La réponse arrive quelques instants plus tard :

– 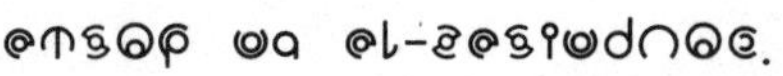

Qu'est-ce que c'est que ce charabia ? Les deux agents me fixent avec un regard qui pourrait résoudre la crise du changement climatique. Je dois agir vite !

Fuir au 420, ou ne pas fuir au 414. Il y a une troisième possibilité avec au 426, mais seulement si vous l'avez toujours sur vous.

403

Alors que je m'apprête à inventer un bobard improbable, l'agent ajoute :

– Vous êtes le nouveau ? Tout le monde est dans la grande salle pour l'expérience. Vous allez tout rater !

L'expérience ? Le portail ? Oh oui ! C'est ça que je veux voir. Mais peut-être aussi faire un tour dans le bureau du Pr Matiz avant.

Direction le 421 pour le portail. Le bureau est au 427.

404

L'assemblée fait soudain silence. Le portail est ouvert ! Un vortex bleuté tourne lentement dans l'arche. On n'entend plus guère que la vibration en émanant.

« LE PORTAIL EST STABILISÉ. T + 20 EN COURS. »

Nouvel élan de liesse à cette annonce avant que l'activité reprenne un cours plus normal, chacun s'affairant à ses tâches ou discutant avec ses voisins. Sur l'estrade, les deux explorateurs du futur marchent gauchement vers le portail, ne s'arrêtant que pour saluer le Pr Matiz.

Ils y entrent et disparaissent.

Chacun est désormais au travail. Je suppose que l'on attend désormais le retour des observateurs, mais j'ignore à quel moment ce dernier est prévu.

– Nous avons un peu de temps devant nous, maintenant, annonce l'un des deux agents.

– Ramenons-le en haut, lui répond l'autre, puis, s'adressant à moi : Nous allons vous garder au frais le temps que la police arrive. Vous serez bien avisé de rester calme jusque-là.

Abattu, je n'ai pas la force de résister. Les deux gardes m'entraînent dans l'indifférence générale et ce n'est qu'au moment de quitter la salle que quelque chose d'inattendu se produit.

Un trait d'énergie, rouge comme un coup de *blaster*, émerge du portail dans un bruit rappelant celui de la friture ou d'un arc électrique. La décharge percute un spot d'éclairage suspendu à la structure métallique du plafond, qui explose en projetant une gerbe d'étincelles.

C'est la stupeur. Je sens la poigne de mes gardiens se relâcher et j'hésite à tenter de leur fausser compagnie. L'un des deux explorateurs passés par le portail en émerge en courant. Il semble hurler quelque chose que sa capuche hermétique m'empêche d'entendre. J'ai à peine le temps de remarquer que sa tenue de protection semble avoir été roussie par le feu et porte de larges traces de sang quand mon attention est soudain captée par la chose la plus extraordinaire qu'il m'ait jamais été donné de voir. Dans cette version d'*aujourd'hui*, bien entendu.

À la suite du fuyard apparaît dans le vortex un être de petite taille, vêtu d'une combinaison écailleuse et argentée reflétant la lumière des spots et d'une sorte de casque de moto chromé étroit qui dissimule son visage. Il est armé d'un fusil au design futuriste qu'il tient de deux de ses quatre mains.

Attendez, combien de… ? Cet être n'est pas humain !

– [illegible] [illegible] [illegible], [illegible] ! annonce la chose avant de le mettre en joue.

Un trait rouge et sonore percute le fugitif, dont la moitié supérieure du corps disparaît dans un nuage de cendres rougeâtre. Puis un autre alien surgit du portail, suivi d'un troisième. Oh mon Dieu ! Ils tirent au hasard dans la salle !

C'est la panique ! Les deux agents lâchent leur prise et j'en profite pour me jeter à l'abri derrière une console de contrôle, rejoignant là l'un des chercheurs qui, auparavant, y était affairé. L'un des agents de sécurité, dans un geste héroïque et vain, charge les envahisseurs en pointant sur eux son pistolet électrique. Il est aussitôt réduit en cendres. D'autres aliens apparaissent. Dans la confusion la plus complète, nombreux sont ceux qui se ruent vers les issues et s'y massent, offrant des cibles faciles aux tireurs.

Entre deux traits de feu, j'entends ces êtres assassins discuter entre eux, dans leur langage incompréhensible :

– [illegible] !

– [illegible].

C'est un carnage ! Je risque un œil hors de ma cachette pour essayer de trouver la trace du Pr Matiz. Elle est sur l'estrade, au sol, suppliant de ses deux mains tendues un alien qui s'approche d'elle.

– [illegible], commente un autre.

Plutôt que de la désintégrer, il l'assomme d'un coup de crosse.

Pendant ce temps, d'autres envahisseurs continuent de passer le portail, accompagnés de drones ovoïdes bardés de capteurs et d'antennes, et qui ne tardent pas à se joindre au massacre, projetant de leur œil rouge les mêmes rayons ardents que les fusils aliens.

Comment vais-je faire pour m'en sortir ? La plus proche sortie est accessible, mais je serai à découvert. Le chercheur avec lequel je partage mon abri et qui semble tétanisé par la peur bloque le passage pour que je puisse aller dans l'autre direction chercher une issue.

Dois-je essayer de m'enfuir ? Ou attendre et rester à l'abri ?

Dans le premier cas, c'est le 416 et sinon le 410. Notez aussi dans les INDICES que le portail ouvre à midi .

405

Des pas dans le couloir ! Je fais signe à Cassandra de se taire. Nous restons quelques instants immobiles, à l'écoute. Les pas se rapprochent et s'arrêtent devant la porte, que quelqu'un ou quelque chose tente d'ouvrir. Mais celle-ci est toujours bloquée par l'armoire métallique.

La gorge serrée, osant à peine respirer, j'espère l'espace de quelques secondes où plus rien ne se fait entendre que les intrus vont passer leur chemin.

En vain ! Après une brève conversation dont je ne comprends pas le sens entre quelques petites voix aiguës, porte et étagère sont projetées en arrière dans une gerbe d'étincelles et un fracas du tonnerre. Cassandra et moi-même n'avons eu que le temps de nous ramasser sur nous-mêmes en nous protégeant les yeux par réflexe.

Dans l'encadrement de la porte se découpe maintenant la silhouette caractéristique d'un alien tenant un fusil laser.

– [illegible] ?

– [illegible].

– [illegible]…

FRRRRRICCCHTTT !

– [illegible] !

Rendez-vous au 13.

406

Demi-tour ! Je file aussi rapidement que possible de la base, mais je dois lutter en même temps contre la peur de basculer par-dessus la fine barrière qui signale aux corniches où il vaut mieux éviter de choir.

En conséquence, une voiture de police, sirènes hurlantes, me rattrape rapidement. Je me demande un instant si ces policiers vont être pacifiques jusqu'à ce qu'une balle tirée de l'arrière vienne éclater mon rétroviseur gauche.

Malédiction ! J'appuie sur l'accélérateur et manœuvre comme je peux dans les virages de la route de Denton. La voiture derrière moi gagne du terrain, même si les circonvolutions de la chaussée l'empêchent d'avoir une trajectoire assez stable pour me cartonner.

Je manque de me planter dans le décor et corrige *in extremis* ma trajectoire dans un crissement de pneus, avant de faire rugir à nouveau le moteur de la Range Rover. J'ai au moins l'avantage du gabarit de ma voiture, nettement plus imposante que celle des policiers.

Il s'en faut cependant de peu pour que je me prenne le volant dans les dents quand mon poursuivant percute le pare-chocs arrière.

La route est dangereuse, nous roulons à tombeau ouvert. C'est un miracle qu'aucun d'entre nous n'ait déjà fini en contrebas. Après plusieurs essais, la voiture des policiers renonce à venir au contact. Va-t-elle abandonner ?

Non ! J'entends à nouveau des coups de feu. Pas de dégâts dirait-on, mais… Ah ! Quelque chose claque derrière moi ! C'est un pneu ! Éclaté !

Au moment de prendre un nouveau virage, la voiture chasse sur le côté et vient défoncer la frêle barrière qui sépare la route du précipice. Nous tombons ! Je vois, horrifié, la voiture de police continuer tout droit sa course et basculer dans le vide à ma suite.

Aaahhhhh !

Jim meurt dans un terrible accident de la route après moult tonneaux. Rendez-vous au 13.

407

J'ai un mauvais pressentiment et ne veux pas baisser la vitre.

– DESCENDEZ DE VOTRE VÉHICULE !

Oh mon Dieu ! J'en étais sûr ! C'est un policier transformé en esclave docile par les aliens ! Que faire ?

Obéir au 414, ou décamper au 420. Il y a une troisième possibilité avec  ***au 432, mais seulement si vous l'avez toujours sur vous.***

408

J'appuie sur « Entrée » et… petit moment de flottement… la console renvoie un message : « *wrong password* ». Oh non ! Ça ne marche pas ! J'ai dû commettre une erreur.

Nouvel essai… Pas mieux ! Je n'ai pas accès aux commandes ! Ce n'est pas possible… l'information vient de Lee. Ça ne peut être que le bon code ! Il faut que j'essaie encore.

– JIM !

Mon prénom, amplifié par le système de sonorisation, résonne dans l'immensité de la salle du portail. C'est l'araignée qui me parle, depuis une autre console.

– Reste où tu es et ne touche plus à rien. Elle ajoute, s'adressant sans doute aux aliens : Emparez-vous de lui.

Pendant que je songe aux tourments que je pourrais faire endurer au Pr Lee si dans une vie future je mets la main sur lui, un petit groupe d'aliens accourt vers moi et m'encercle. Deux d'entre eux me saisissent par les bras et me délestent de mon arme avant de me traîner jusqu'à l'infâme cerveau-araignée qui me domine du haut de sa console, dardant sur moi quatre petits yeux rouges et brillants.

– Tu pensais faire quoi, là ?

– Je me demandais si la machine pouvait donner les numéros du loto.

Je me débats soudainement et grâce à l'effet de surprise, échappe à l'emprise des envahisseurs, avant de me ruer sur la chose robotique, sous l'effet d'un courage qui m'est d'ordinaire tout à fait étranger.

Peine perdue ! Les autres gardes ont tout le temps pour me tirer dessus et…

FRRRRICCCCHHHT !

Rendez-vous au 13. Notez au passage dans les INDICES en fin de livre que le code du Pr Lee ne fonctionne pas ✖.

409

– Et vous êtes qui ?

Tandis qu'il me pose cette nouvelle question, annonciatrice d'ennuis, l'agent recule d'un pas et fait mine de saisir le pistolet électrique accroché à sa ceinture.

Je n'ai qu'un instant pour réagir : me ruer sur lui, prendre mes jambes à mon cou ou essayer un bobard pour l'amadouer.

L'attaque mène au 439, la fuite au 384 et la ruse au 391.

410

Caché derrière la console, immobile : c'est la technique de survie qui me convient le mieux. L'angoisse de me faire repérer, que je partage avec mon partenaire improvisé, est un supplice. À tout moment, les drones peuvent nous repérer et nous désintégrer !

Au bout de quelques minutes, les tirs s'espacent, faute de cible à abattre.

Chaque instant de survie gagné semble interminable. Il reste peut-être une infime chance que les aliens ne nous découvrent pas et nous oublient. Je n'ose jeter un œil en dehors de ma cachette. Combien de temps s'écoule-t-il ainsi ? Une minute, deux, dix ? Une heure ?

Soudain, un nouveau brouhaha ! À nouveau des tirs et des ordres éructés dans le langage alien. Que se passe-t-il ? Je me risque, contre toute forme de prudence, à me redresser suffisamment pour voir ce qui se passe en bas sur l'estrade.

Un autre groupe a surgi du portail. Ce sont des humains ! Sales, hirsutes, habillés de loques et de fripes, mais armés d'armes à feu conventionnelles, ils s'affrontent ! Toutefois, le combat tourne rapidement à l'avantage des aliens. Les coups de feu au mieux déstabilisent les êtres en combinaison argentée, mais ne semblent leur faire aucun dommage. Leurs adversaires sont désintégrés les uns après les autres.

Mais il en reste trois ! Un homme barbu, un autre engoncé dans un imperméable informe, chapeau vissé sur la tête, et une femme en noir ! Ils sont parvenus à atteindre une issue, et ils s'échappent !

Je reste éberlué par ce manège. Mais je suis à peu près sûr de les reconnaître, enfin, de deviner de qui il s'agit : le premier est celui qui va se rendre à Oldies but Goldies pour y dissimuler la cartouche. Le deuxième, le mystérieux inconnu qui m'a donné une partie du code dans le cimetière. Pour la troisième, je ne suis pas sûr.

Notez où vous êtes et allez au 428.

Ces réflexions s'évanouissent alors que mon compagnon d'infortune esquive un mouvement nerveux. Je veux lui faire signe de se taire mais découvre à cet instant dans le reflet miroir de ses lunettes une lumière rouge émanant d'un objet qui doit se trouver un peu en hauteur derrière moi.

Oups. C'est sûrement un dr…

FFFFFRRRRIIHHHCHTT !

Jim est mort. Allez au 422. Notez dans les INDICES que vous avez vu les résistants du futur surgir du portail .

411

– Je n'ai strictement aucune idée de la raison pour laquelle des aliens surgissent du portail, concède Cassandra. Évidemment, la possibilité d'une rencontre du 3e type est toujours ouverte dans le futur. Qui peut savoir combien de temps ils ont mis pour venir jusqu'ici ? Peut-être sont-ils en transit depuis des siècles dans des vaisseaux intersidéraux, peut-être viennent-ils d'un système relativement proche. Néanmoins, je vois deux choses certaines.

– Et c'est quoi ?

– Pour commencer, ils ne sont pas si différents de nous. Ils sont vaguement humanoïdes, tirent sur tout ce qui bouge et veulent asservir tout le monde.

– Hum… Et sinon ?

– Ils n'ont pas la technologie que nous sommes en train de développer avec le portail temporel. Sinon, ils ne chercheraient pas à s'en emparer. Il leur suffirait de l'empêcher de fonctionner.

– Donc ils sont là pour en prendre le contrôle ?

– Et nous empêcher de prédire ce qui va se passer et nous préparer à leur arrivée, oui.

Jim médite sur cette réponse tout en préparant la question suivante. Sur la machine, c'est au 378, au 399 sur les raisons de l'expérience et au 423 pour l'horizon du portail à vingt ans. Si vous avez déjà posé trois questions, allez au 405.

412

La voiture continue de me coller, sans trouver le moyen de me dépasser. Je suis peut-être suivi par un candidat au suicide, mais, en ce qui me concerne, je m'en tiens à ce que mon véhicule reste sur sa voie sans dévier tant que je suis à l'intérieur.

Mais la personne derrière moi s'impatiente. Et quand nous approchons du virage où doit apparaître le fatal camion, voilà que mon poursuivant accélère, apparemment pour profiter du renfoncement pour doubler par la droite !

Oh, la vache ! Le gars avait à peine la place pour me dépasser ! Il s'est rabattu sur ma voie en me coupant la route et j'ai dû faire une embardée pour l'éviter, au moment précis où le camion apparaissait !

Je me suis violemment rabattu dans ma voie, venant frotter la paroi rocheuse sur tout le côté droit de la voiture, juste à temps pour éviter la collision avec le camion. Se quittant l'un et l'autre dans un furieux rugissement de klaxons, ils ont tous les deux disparu. Pour ma part, je me suis arrêté avant de couper le moteur et de m'effondrer sur le volant.

J'ai bien failli y passer une fois encore…

Une fois un peu de calme retrouvé, je suis sorti avec mille précautions de la voiture, bien amochée. Tant pis pour Dwayne.

Que faire ? Repartir ? Peut-être est-ce plus prudent de continuer à pied.

Jim repart à pied et va vers le 418.

413

COME GET SOME !

Avant que le premier alien sur mon chemin ait le temps de comprendre, il est déjà réduit à l'état d'un petit tas de cendres fumantes. *Idem* pour le deuxième.

L'effet de surprise ne joue plus pour tous les autres qui se dressent entre le bâtiment et moi. Déjà, plusieurs d'entre eux me mettent en joue et je dois rapidement me mettre à l'abri derrière la carcasse à demi calcinée d'une voiture pour ne pas être vaporisé.

Mais là, je suis bloqué !

Et ça chauffe ! Secoué par les tirs, mon abri de fortune ne va sans doute pas tenir bien longtemps ! Ce n'était peut-être pas une bonne idée de foncer dans le temps.

– , annonce l'alien qui s'était glissé derrière moi pendant que mon attention était attirée par les tirs incessants de mes adversaires.

– Ne tirez pas, je me r…

FFRRIIIIICCCCHHHHTTTT !

Jim est encore mort… Ah non tiens, continuez !

Le tir m'a manqué ! Il est passé juste au-dessus de moi ! Je riposte et renvoie l'alien *ad patres*. Les tirs s'arrêtent un instant. Sans réfléchir, j'en profite pour me jeter en direction de la porte.

Ouf. Ce n'est pas passé loin. Allez au 425.

414

Ma docilité légendaire à l'égard des forces de l'ordre a encore frappé. Me voici assis à l'arrière de l'une des voitures de police, transporté vers un avenir incertain. Ou pas. Le paysage défile vite tandis que j'angoisse en songeant à l'inexpressivité surnaturelle du policier au volant. Ce dernier ne prononce par ailleurs pas une seule parole de tout le voyage.

Un peu plus tard, me voilà enfermé dans un bureau sans fenêtre du central de police, attendant que l'on veuille bien s'occuper de moi.

Rendez-vous au 236.

415

J'attends patiemment le départ du laborantin et me glisse hors de ma cachette. Si j'en crois mes notes, il y a un stock de blouses par ici. Et en effet, je les trouve rapidement dans un carton, soigneusement empilées les unes sur les autres et protégées par un fin film plastique. J'en récupère une à ma taille et quitte les lieux, heureux de n'avoir pas dû commettre d'homicide cette fois-ci pour en récupérer une.

Rendez-vous au 397.

416

Je m'élance !

– 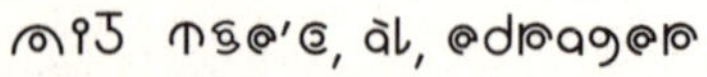 !

–  !

J'entends deux déflagrations derrière moi. Je manque de chuter dans ma fuite. M'auraient-ils manqué ? Non ! Les lasers n'étaient pas pour moi mais pour le mur au-dessus de la porte, qui se disloque et… Oh ! tout va s'écrouler sur mo… aarrrhhgg !

Quand la poussière se dissipe, il est temps d'aller au 422.

417

Cassandra lève un sourcil dédaigneux.

– Sérieusement, vous voulez savoir comment fonctionne le portail ?

– Ben oui, je…

– Vous vous y connaissez en gravitation quantique à boucles ? Vous avez en tête les dernières découvertes sur l'énergie noire ? Vous vous représentez correctement un espace de Hilbert ?

– Euh… ben…

– Alors non, je ne vais pas vous expliquer comment ça marche.

Retournez au 378 et faites comme si vous n'aviez pas posé cette question.

418

Contrairement à ce que j'avais pu penser au premier abord, marcher sur le bord de la route n'est pas vraiment dangereux. Il y a peu de circulation (et encore moins de volontaires pour me prendre en stop). J'ai au moins gagné un peu de temps en conduisant jusqu'ici.

Ce qui mène au 424.

Ou bien… au 430.

419

Je me saisis du fusil que les aliens ont bien imprudemment laissé traîner contre l'avant de la voiture, bondis devant eux et pousse un cri de guerre : « Mangez-vous ça dans la tronche ! »

Clic.

Clic !

Clic-clic-clic !

Mon index a beau insister, ça ne marche pas !

La stupeur de mes deux adversaires se change en une sorte d'hilarité secouée de spasmes.

– [illegible].

– [illegible].

Puis celui qui avait conservé son arme la braque vers moi.

– [illegible]

FFRRIIIIICCCCHHHHTTTT !

Jim est mort, une nouvelle fois. Rendez-vous au 13.

420

Et soudain, je pars. Je fuis. Je m'en vais, me tire, décampe, plie les gaules, mets les bouts, prends la poudre d'escampette. Bref, je me casse, et le plus vite possible.

En tout cas, c'est mon souhait : rejoindre rapidement le bord de la route, sauter le parapet et gagner au plus tôt le couvert des arbres. Si j'arrive jusque-là, j'ai une bonne chance de leur fausser compagnie.

Le premier coup de feu retentit dans mon dos bien plus rapidement que ce que j'aurais pu imaginer. Au tout début, j'ai l'impression que je n'ai pas été touché.

Puis ma jambe gauche se dérobe sous moi quand je veux poser le pied par terre. La douleur est si forte que je défaille. Un trait chaud me traverse la jambe. Je m'étale de tout mon long. Mon sang… il coule à gros bouillons de la blessure. J'en perds trop…

Tandis que j'agonise, des pas se rapprochent. Je tourne tant bien que mal le visage vers mon poursuivant, qui pointe toujours son arme sur moi.

– Att… attendez ! Finalement je me r…

BANG !

Nous nous échappons aussi, vers le 13.

421

Guidé par la signalétique qui indiquait obligeamment la « zone du portail », j'ai descendu quelques volées de marches puis parcouru un petit couloir avant de découvrir le site où l'expérience doit avoir lieu.

La salle est ovale et divisée en deux parties sur sa plus grande longueur. D'un côté, des consoles de contrôle étagées en gradins font face à une partie plus dégagée au centre de laquelle trône une arche bardée de câbles et entourée d'appareils dont j'ai peine à imaginer la fonction. Tout le personnel de la base semble s'être rassemblé ici : partout s'affairent les chercheurs ou les techniciens en blouse blanche. La lumière pleut depuis des projecteurs suspendus aux pylônes métalliques. L'ambiance est électrique et la tension palpable, comme si chaque être et chaque objet vibraient de l'imminence d'un moment important.

À peine audible dans le brouhaha, un porte-voix suspendu beugle « MISE EN ROUTE DANS 10 MINUTES ». On peut lire en dessous un compte à rebours égrenant les secondes avant le début de l'expérience.

Sans que personne me prête attention, je me dirige vers l'estrade pour observer de plus près l'étrange machine qui semble être le cœur du spectacle. Plusieurs techniciens sont occupés à vérifier des branchements et les câbles du portail, dont les ramifications au sol ont l'apparence d'un vaste réseau racinaire. Un autre groupe, dont les membres consultent nerveusement leurs notes, est en grande discussion. Mais aussi une femme brune, de taille moyenne, qui parle à trois techniciens, avant de désigner d'un geste impérieux une console puis de s'éloigner. Et si c'était elle ?

– Professeur Matiz !

Je crie et m'agite pour essayer d'attirer son attention. Mais il y a trop de monde. Je dois me frayer un chemin parmi la foule de blouses blanches, manquant de m'étaler de tout mon long en me prenant les pieds dans un amas de fils électriques et de câbles de données, sous le regard courroucé d'un homme qui se tient derrière une console. Ses invectives et mes excuses brouillonnes sont couvertes par le bruit de fond.

– Professeur Matiz !

Elle s'éloigne encore. Elle adresse en passant un sourire à deux hommes qu'une escouade est en train d'équiper de ces encombrantes combinaisons blanches de protection contre les dangers bactériologiques. Je grimpe sur l'estrade. Un homme vient à ma rencontre pour s'interposer, mais je presse le pas et l'esquive puis trébuche sur le pied d'un projecteur, que je rattrape de justesse avant qu'il se fracasse au sol. Pendant que je me redresse, je sens une présence nouvelle à mes côtés.

– Eh bien, qu'est-ce que vous me voulez ?

C'est elle ! C'est Cassandra Matiz. Elle me regarde de ses yeux verts, par-dessus ses larges lunettes qui reposent sur un petit nez retroussé sur lequel on peut distinguer quelques vagues taches de rousseur. Son regard me transperce et je reste coi devant ce visage encadré par de longs cheveux noirs ramassés en un chignon négligé que retient un simple crayon de papier en guise de broche.

– Vous êtes muet maintenant ?

– Je… Euh… vous êtes…

– La Pr Matiz, oui. Dites-moi ce que vous voulez si ça ne peut pas attendre. J'ai quelque chose d'assez important sur le feu, là.

– Il ne faut pas ouvrir le portail.

– Pardon ?

Allez au 434.

– Le portail ! Les aliens ! Ils vont arriver ! On va tous mourir ! Vous ne devez pas ouvrir le portail !

Le visage du Pr Matiz, qui auparavant reflétait un léger agacement, montre désormais les signes d'une vive irritation.

– Je ne me rappelle pas vous avoir vu récemment. Vous travaillez où exactement ?

– Je…

– Qui a laissé entrer un abruti de conspirationniste ?

Matiz, qui ne m'écoute plus, s'écarte et fait de grands signes à deux agents de sécurité qui s'approchent rapidement. Je reconnais celui que j'ai croisé tout à l'heure dans les couloirs et qui me lance un regard noir.

– Accompagnez ce monsieur dans les gradins là-haut. On discutera après.

– Non, attendez ! Vous allez commettre une terrible erreur !

Mais les deux hommes, bien plus solides que moi, m'ont empoigné les bras et m'évacuent sans ménagement sous le regard courroucé des spectateurs.

« TOUS À VOS POSTES », ordonne le haut-parleur.

Le compte à rebours affiche moins de deux minutes. Les deux hommes en combinaison de protection se sont approchés du portail. Le Pr Matiz, à qui l'on tend un micro, prend la parole :

– Mesdames, messieurs, je vais être brève ! Nous allons assister à la plus grande expérience de tous les temps, le couronnement d'années de recherche et d'avancées en physique hors du commun. Le futur s'offre à nous, littéralement. Dans quelques instants, nous allons ouvrir une porte et faire un saut de vingt ans dans le temps ! Kurt et Vaughn, nos deux volontaires, vont traverser le vortex et être les premiers à découvrir ce que l'avenir nous réserve.

La salle explose d'applaudissements et de cris d'encouragement. Pour ma part, tenu en respect par mes deux cerbères, je sens mon sang se glacer.

– C'est un projet majeur qui marquera l'histoire. Imaginez pouvoir disposer dès maintenant de découvertes et de technologies qui ne seront inventées que dans les vingt prochaines années, imaginez pouvoir constater les effets de nos décisions dans le temps pour pouvoir les infléchir et choisir un meilleur avenir ! Imaginez que nous pourrions trouver au-delà de cette porte les solutions à nos problèmes d'aujourd'hui !

» Mais le compte à rebours avance. Je me tais ici pour contempler avec vous l'histoire en marche !

Cassandra s'écarte. Un coup de sirène indique les dix dernières secondes du compte à rebours, que la foule scande à l'unisson. Dix ! Neuf ! Huit ! Sept !

Mon cœur bat la chamade.

Six ! Cinq ! Quatre !

Une vibration parcourt la salle tandis qu'un tourbillon bleuté se matérialise au centre de l'arche.

Trois ! Deux ! Un !

404 !

422

– Ça pique beaucoup, ce truc. C'est obligé d'avoir vraiment la sensation de mourir chaque fois ?

– Hélas, je ne vois pas comment y échapper.

– Et maintenant, que fait-on ? C'est reparti pour une journée entière.

– Oui... La séquence pour aller à la base avant l'ouverture du portail est assez nette : récupérer la voiture, descendre dans la vallée à mi-chemin et passer par l'ancien tunnel.

– Mais à quoi bon ? Si c'est pour être empêché de parler à Cass... de te parler ?

– Hé, petit génie, qu'est-ce que tu as maintenant dans ton dictaphone ?

– Euh... mais oui ! L'enregistrement de l'attaque des aliens !

– Va donc me le faire écouter quand tu auras à nouveau l'occasion de me parler. Ça devrait changer pas mal de choses.

– Bonne idée ! C'est reparti !

Notez aux INDICES en fin de livre que Jim a un enregistrement de l'attaque. Si vous pensez qu'il vous manque quelque chose, vous pouvez repartir au 7 et choisir un autre chemin, ou directement au 383 pour refaire la séquence depuis l'arrivée au laboratoire de recherche.

423

Pourquoi vingt ans et pas une semaine, un mois ? Cassandra poursuit ses explications : parce que la finalité du portail est de faire des découvertes scientifiques ! Nous avons besoin d'assez de recul pour que les recherches aient avancé par rapport à aujourd'hui et, par exemple, pour voir quelles sont les conséquences de décisions prises actuellement. Par exemple, est-ce que les mesures prises jusqu'à présent pour empêcher un réchauffement climatique ont servi à quelque chose ? À mon avis, non. Et d'ailleurs, je pensais qu'ils seraient tous grillés de l'autre côté quand nous l'aurions ouvert.

Imaginons de plus que nous découvrons une catastrophe, comme ici, l'invasion extraterrestre. Prévenus, nous avons la possibilité de nous préparer, voire de récupérer quelques technologies.

Je réplique que cela marche seulement si les aliens du futur ne prennent pas le contrôle du portail. Or, ils semblent bien y être parvenus. Cassandra grommelle.

Allez maintenant au 405.

424

La route, c'est bien. Sûr. Surtout à pied, en ce qui me concerne. Ça va me prendre du temps pour arriver à destination, mais au moins je serai vivant à l'arrivée.

Il y a très peu de circulation et j'avance tranquillement. Seule exception à ma quiétude, un peu après la mi-journée, une colonne de véhicules de police me dépasse toutes sirènes hurlantes.

Que se passe-t-il donc ? J'espère que ce n'est pas en lien avec la station météo.

Allez au 436.

Ou bien au 388.

425

Je parviens à me glisser jusqu'à la porte. Elle est ouverte ! Sans plus demander mon reste, je m'engouffre dans le bâtiment. Je n'y trouve que couloirs encombrés de cadavres à demi calcinés donnant sur des bureaux dévastés. Ceux qui ont fait ça ne font manifestement pas dans la dentelle.

J'aurais dû tourner immédiatement les talons, mais il me faut découvrir ce qui se passe, même si je dois mourir mille fois pour y arriver. J'entends des pas qui viennent dans ma direction et me dissimule derrière une cloison. Un groupe d'aliens, vêtus de leur combinaison argentée et armés de fusils laser, passe dans le couloir sans me remarquer. Ils sont précédés d'un drone à œil rouge et accompagnent deux policiers qui me semblent tout à fait humains, vivants et obéissants.

Sans chercher à comprendre, je m'échappe de ma cachette dès qu'ils ont pris assez de champ. Un peu plus loin, une double porte arborant une pancarte « Laboratoire Tempus – accès restreint » avec une serrure à code attire mon attention. *Tempus*… hum… y aurait-il un lien avec cette journée qui recommence ? En tout cas, la voie est libre : les battants sont largement ouverts et les grooms ont été détruits.

Une volée de marches qui s'enfoncent dans les profondeurs. Le fameux laboratoire est en sous-sol. Je dois bien descendre l'équivalent de cinq étages, croisant au passage les restes fumants des anciens employés de la prétendue station météorologique.

Bon sang ! Des pas, frappant les marches sur un rythme militaire ! Des aliens montent vers moi ! La panique s'empare de moi et je ne trouve rien de mieux que me coucher sur un cadavre pour faire le mort.

Chut ! Je me tais. Ai-je seulement une chance sur un million de les tromper avec un stratagème aussi rudimentaire ?

Vous le saurez au 437.

426

Le fusil est, caché sous un plaid sur le siège passager à l'avant. Pour l'attraper, je dois bondir à l'intérieur du véhicule. J'ai peut-être le temps avant qu'il m'arrive des bricoles et il n'y a qu'un moyen de le savoir.

Tentez le coup au 438 ou laissez-vous coffrer au 414.

427

Je me tourne vers l'agent en arborant malgré moi mon sourire le plus faux.

– Oui, oui, bien sûr, j'y vais ! Mais le Pr Matiz m'a demandé de lui rapporter la documentation sur le… euh… module de couplage de puissance… euh… négative.

– Ah ? Bon, ben, ne traînez pas alors. Ça a l'air d'être quelque chose, cette expérience !

Vous ne croyez pas si bien dire, monsieur l'agent de sécurité. Ce dernier s'éloigne, ayant semble-t-il la mission de battre le rappel auprès des retardataires. Je me trouve seul dans le bureau du professeur. Il est bientôt midi, heure à laquelle l'expérience semble devoir avoir lieu.

Le bureau lui-même est un capharnaüm épouvantable. Les papiers, notes et stylos colorés s'accumulent et s'enchevêtrent sur le plan de travail, parmi les tasses à café vides et les emballages de biscuits *shortbreads*. Le tour de l'écran de son ordinateur est presque entièrement entouré d'une couronne de post-it couverts de formules ou de notes incompréhensibles. Une chatte à pelage « écailles de tortue », rousse, noire et blanche et prénommée Michelle si j'en crois la légende du cadre photo posé en évidence sur un coin du bureau, semble m'observer de son œil vert avec désapprobation.

Je passe tout cela rapidement en revue avec l'impression qu'il n'y a rien ici qui puisse me servir.

Je ferai mieux d'aller assister à cette expérience que tout le monde est parti voir.

C'est au 421.

MICHELLE
351

428

S'il fallait parier, je miserais sur la fille au fusil à pompe qui m'attendra devant chez moi ce soir.

Retournez d'où vous venez et poursuivez.

429

Le Pr Matiz examine avec intérêt le dictaphone, puis écarquille soudain les yeux.

– Bon sang ! Mais c'est bien sûr ! Ça explique tout !

– Euh, pardon ?

– Votre dictaphone, là, c'est l'un des appareils qui a servi au calibrage du portail ! Comment ai-je pu ne pas le comprendre tout de suite ?

– Vous pouvez m'expliquer, parce que moi je suis encore loin de comprendre quoi que ce soit ?

– Ces appareils, me répond-elle vivement, c'est du matériel militaire réformé. On ne les utilise plus car ils sont radioactifs.

– Que… beuh… QUOI ?

Cassandra me répond que ce n'est pas la peine de m'inquiéter et que je suis peu exposé, vu que je ne reste au contact de cet appareil qu'une journée tout au plus. Les instruments électroniques des dictaphones contiennent un isotope bien particulier qui les rend, pour qui le sait, assez faciles à détecter. Ils ont donc été utilisés pour calibrer la machine et envoyés à différents endroits de l'espace-temps.

– Pour vous faire un topo simplement, tout se déplace. Si nous nous projetons dans vingt ans, la Terre, le système solaire, la galaxie elle-même ne sont plus au même endroit. Si nous souhaitons aligner l'arrivée du portail sur le même lieu que son départ, il faut déterminer la dérive temporelle. On en a donc envoyé un peu partout à T + quelques instants pour voir où ils arrivaient.

Cassandra marque une pause et reprend, les yeux brillants :

– Le vôtre est sans doute le résultat d'un dernier test fait ce matin, poursuit-elle, avant d'ajouter : Et c'est cela qui nous sauve !

Devant mon air ahuri, elle continue :

– Envoyer un objet par le portail, c'est comme ouvrir et fermer le portail pendant un bref instant. Rien ne peut passer sinon l'objet lui-même et il n'y a donc pas d'interaction réciproque possible. Mais, ajoute-t-elle, les coordonnées de l'objet restent accessibles pendant toute la durée de l'ouverture du portail. Et c'est là qu'intervient l'idée géniale : si on fait circuler des *informations* par ce point de coordonnées, alors l'interaction devient possible ! Même si le portail n'est pas ouvert !

Cassandra me saisit par le col de ses deux mains et approche son visage du mien, avant de déclarer, à demi extatique :

– En clair, c'est comme si on décalait l'ouverture du portail. Il y a maintenant rétroaction non pas à deux, mais trois moments dans le temps !

Elle me relâche, et, comme animée d'une énergie nouvelle sous l'effet de cette découverte, écarte grand les bras.

– Voilà pourquoi vous recevez de nouveaux enregistrements ! La personne qui a imaginé cela a créé une boucle de rétroaction. Nous tournons dans une boucle temporelle qui ne se résoudra que lorsqu'il n'y aura plus besoin de faire circuler des informations ! Lorsque le problème posé par l'invasion aura été résolu !

Quoique n'ayant pas tout saisi, je reste éberlué. Voilà donc pourquoi la journée recommence chaque matin : les résistants se servent du dictaphone pour empêcher l'invasion alien dans notre présent. Si j'arrive à trouver le moyen de refermer le portail, l'invasion se limitera à ce qui se passe dans l'après-midi.

Et Cassandra de conclure :

– Il n'y a qu'une seule personne assez brillante pour avoir une idée comme celle-ci ! Et c'est moi ! Moi dans le futur !

Rendez-vous au 435.

430

Je crois n'être pas très loin de l'endroit où la petite Layton a été retrouvée. Si c'est le cas, la vallée que je contemple de la route ne peut qu'être Slumber Vale. Et donc, l'ancienne base militaire devrait se situer tout juste de l'autre côté de la colline boisée qui s'élève devant moi.

Et si le tunnel était accessible ? Serait-ce un moyen d'arriver plus vite à la base ?

Si vous pensez que oui, allez au 374. Sinon, direction le 424.

431

Les deux aliens continuent leur conversation sans me remarquer pendant ce qui me paraît une éternité. Je reprends peu à peu l'espoir de pouvoir me sortir de cette délicate situat…

– Snirf ?

Derrière moi, de l'arrière de la voiture… comme le reniflement d'un gros chien… Je tourne tout doucement la tête…

Je dois faire un énorme effort de volonté pour ne pas hurler quand je découvre derrière moi une sorte de boule de fourrure vert-pâle à cornes rougeâtres, bardée de trois paires d'yeux surmontant une énorme bouche hérissée de plusieurs rangées de dents pointues.

Avant d'avoir pu esquisser le moindre geste, la chose se jette sur moi et plante ses dents dans mon cuir chevelu.

Et là, je hurle pour de bon.

Pendant que je me débats vainement au sol, tentant de desserrer l'étreinte mortelle de la bestiole qui enserre le haut de mon crâne dans l'étau barbelé de sa gueule, les deux aliens se précipitent vers moi et me mettent en joue.

– Au secours ! Aidez-moi ! Cette bête va me… aarrrgggggh !

Ils se ravisent et baissent leurs armes.

– [illegible]

– [illegible]

« Crac ! », c'est le bruit des os du crâne qui se fendent. « Splorch ! », c'est celui du cerveau, plus mou. « Miom, nom, nom ! », c'est le mâchouillage qui s'ensuit. Jim est mort, semble-t-il. Direction le 13 !

432

Le fusil est caché sous mon sweat sur le siège passager à l'avant. Un flot d'adrénaline m'envahit tandis que je souris complaisamment au policier en ouvrant la vitre de la voiture. Dans le même temps, ma main droite passe sous mon vêtement, dont j'extirpe l'arme à laquelle est encore attachée la main alien.

Le policier a compris. Il recule et fait mine de vouloir dégainer son pistolet, mais il est trop tard pour lui. La partie supérieure de l'agent de police se dissout en un nuage de cendres lorsque le faisceau laser rencontre le haut de son torse.

Je passe rapidement à l'état gazeux le deuxième agent et balaie la scène du regard pour vérifier qu'il n'y a personne d'autre dans les parages.

Apparemment, non. Néanmoins, les voitures de police barrent toujours la route et les clés semblent parties en fumée avec leurs propriétaires. Il va falloir continuer à pied.

Cela prend pas mal de temps. Je remarque un peu avant d'arriver une colonne de fumée qui s'élève dans le ciel. Il se passe des choses à la station météo ! Je poursuis mon chemin. Lorsque j'arrive à la station, la scène qui se déroule sous mes yeux tient de l'apocalypse.

Rendez-vous au 395.

433

Je roule désormais trrrrrèèèèèss lentement. Le moteur a un son étrange et je me demande s'il n'y a pas d'autres dégâts plus importants que de la tôle froissée.

Quelques véhicules me croisent dans la direction opposée, sans aucun respect pour les limitations de vitesse. Je fais bien d'être prudent !

Hélas, quelques dizaines de minutes plus tard, le moteur crachote et la voiture avance désormais à un rythme saccadé, tandis qu'une fumée blanche de mauvais augure s'échappe du capot. La voiture et moi, décidément... Je dois continuer à pied. Heureusement, il me semble n'être plus très loin.

Allez au 395.

434

« Mais le compte à rebours avance. Je me tais ici pour contempler avec vous l'histoire en marche ! » Vient ensuite un coup de sirène, puis le décompte : Dix ! Neuf ! Huit ! Sept... J'appuie sur avance rapide pendant que le Pr Matiz écarquille les yeux. *« LE PORTAIL EST STABILISÉ. T + 20 EN COURS. »* Liesse de l'assistance. Nouvelle avance rapide. Fureur de l'attaque en cours, hurlements et déflagrations de lasers : « 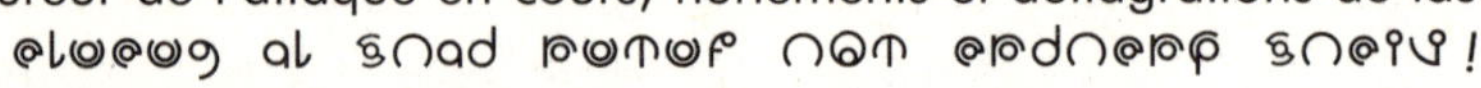 »

– Il va se passer quelque chose de catastrophique !

Cassandra a perdu son assurance.

– Non, ce n'est pas possible. Attendez...

Pas de discours cette fois-ci. Cassandra court vers une console de commandes, sous le regard étonné de ses collaborateurs, pour y pianoter quelques touches.

– Il n'y a pas eu de réinitialisation du système. Comment pouvez-vous avoir un enregistrement de...

La sirène annonce les dix dernières secondes, reprises par l'assistance. Le vortex se met en mouvement.

– Vous devez arrêter cette machine ! TOUT DE SUITE !

– Ce… ce n'est pas possible. La séquence est lancée et ne peut pas être arrêtée.

« LE PORTAIL EST STABILISÉ. T + 20 EN COURS », annonce le haut-parleur dans la liesse générale. Cassandra est livide. Les deux hommes en combinaison s'apprêtent à franchir le portail.

– Ils vont arriver. Il faut agir !

Si vous avez le code complet d'activation de la console du portail, vous pouvez aller au 393. Sinon, continuez.

– Venez avec moi !

Cassandra agrippe mon poignet et m'entraîne derrière le vortex en mouvement. Ses assistants nous regardent, vaguement inquiets mais trop occupés pour s'interposer ou simplement nous demander ce qui se passe. Nous franchissons une porte à double battant munie d'un hublot. Puis les aliens font leur apparition et tirent dans la foule.

– Fuyons !

Je me laisse guider. Un couloir, une porte, un autre couloir. Jusqu'à une pièce sans fenêtre, une sorte de réserve comme celle par laquelle je suis arrivé dans la base. Cassandra me demande de l'aider et nous poussons une armoire métallique pour bloquer la porte. Enfin, essoufflée, elle se tourne vers moi, me transperçant de l'acuité de son regard.

– Nous avons un peu de temps avant qu'ils nous trouvent. Racontez-moi tout. Et puis d'abord, qui êtes-vous ?

Et filez au 440.

435

Je lui fais part de mes doutes quant à sa survie pendant l'attaque, mais Cassandra balaie mes réserves d'un revers de main.

– Écoutez-moi, voilà ce que vous allez faire : si à ce stade vous n'avez aucune partie du code, allez d'abord dans mon bureau. Je me souviens de l'avoir noté sur un post-it avant de venir dans la salle du portail. Pour l'autre partie, il faut joindre le Pr Lee.

– Euh… où est-ce que je peux le trouver ?

– En ce moment, je n'en ai aucune idée. À partir de midi, il est injoignable, et cela fait partie de la sécurité. Je dois attendre son appel en fin de journée pour qu'ensemble nous utilisions le code. Mais le matin, il se trouve à l'observatoire de Grey Hills, où la première partie est générée. Vous devez le trouver et avoir obtenu le code complet avant midi. Peut-être même pourrez-vous faire en sorte que le portail ne soit pas ouvert du tout.

Elle me tend le dictaphone, qui contient désormais cette information capitale.

Vous pouvez noter dans les INDICES que le Pr Lee est à l'observatoire. Ensuite, allez au 405.

436

Il semble y avoir de l'animation au bout de cette route ! Après un virage serré, je remarque une colonne de fumée dans la direction de la station météo. Quelques dizaines de minutes plus tard, une voiture arrive en trombe ! Je me jette sur le côté pour éviter d'être percuté, dans un effroyable bruit de pneus crissant sur l'asphalte.

Qu'est-ce que c'était que ces chauffards ?

Une fois remis de mes émotions, je poursuis mon chemin. Lorsque j'arrive à la station, la scène qui se déroule sous mes yeux tient de l'apocalypse.

Allez au 395.

437

Incroyable ! Ça a marché !

J'ai cru mourir de peur quand j'ai entendu la troupe s'arrêter près de moi et comme ressenti leur attention qui se focalisait sur moi. Le dictaphone a enregistré leur conversation :

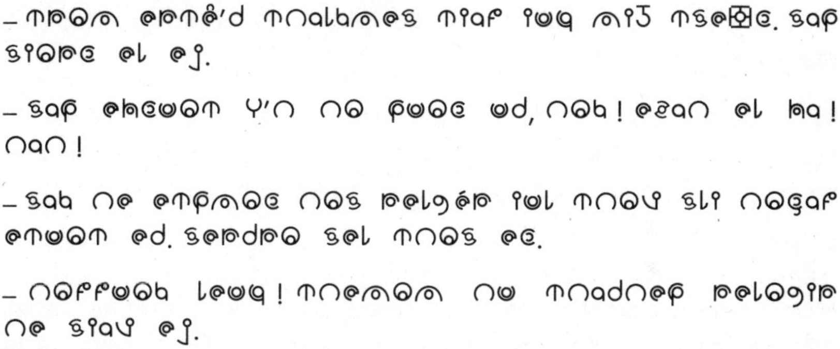

Puis ils ont continué leur ascension.

Bon. Je suis vivant. Je continue moi aussi, mais dans l'autre sens.

Quelques étages plus bas, je découvre une porte donnant sur une vaste salle en amphithéâtre. Un demi-cercle, bâti en gradins reliés par des escaliers, et garnis de machines qui ressemblent à des serveurs, de câbles d'alimentation ou de données, de bureaux encombrés de paperasse et de machines bardées de boutons clignotants et d'écrans dont j'ignore l'usage, fait face à un espace bien dégagé.

Je me cache derrière une console et observe à distance ce qui se passe en bas.

Au centre de cette esplanade, devant une console de contrôle, trône une machine intrigante rappelant le *Stargate* et manifestement en fonctionnement. Plusieurs petits hommes en combinaison argentée s'affairent à rassembler les corps des pauvres opérateurs de cette base (qui manifestement ne s'en tenaient pas à la simple étude des phénomènes météorologiques).

Allez au 375.

Du portail émerge un nouveau groupe d'aliens, accompagnés cette fois-ci d'une sorte d'araignée mécanique surmontée d'un bocal contenant… un cerveau humain !?

À propos de cerveau, le mien est en ébullition ! C'est beaucoup trop d'informations en même temps ! Ces choses viennent du futur pour nous envahir ! Et puis tous ces cadavres empilés sans ménagement ! Il y en a un – quelle horreur –, celui d'une femme probablement, dont le crâne a été décalotté et…

– BLEUARG !

Oups. Réaction humaine compréhensible, mais assez peu discrète. Quand je me relève, essuyant ma bouche, je comprends que tous les regards sont tournés vers moi.

La machine arachnoïde grimpe sur l'une des consoles. Avec l'une de ses huit pattes robotiques, elle agrippe un micro et le porte devant une sorte de haut-parleur, là où devrait se trouver sa bouche.

– JIM !

Mon prénom, craché par les enceintes disposées en couronne sur les pylônes qui soutiennent le plafond, résonne dans l'immensité de la salle du portail.

C'est ici que mon chemin s'arrête. Comme hypnotisé, je lève les mains au-dessus de ma tête en signe de reddition. Plusieurs aliens me désignent de leur arme et je ferme les yeux, m'apprêtant à être réduit en un nuage de cendres poisseuses. Mais rien ne se passe, sinon la même voix qui ordonne :

– enohpatcid ud nioseb snova suon. sap zerit en. Emparez-vous de lui et amenez-le-moi.

Je suis saisi sans ménagement par plusieurs de ces êtres en combinaison argentée et traîné en bas devant la console sur laquelle, menaçante, se dresse l'araignée mécanique. Un cerveau humain flotte dans le liquide rosé d'un bocal enchâssé sur une sorte de thorax de métal où se rejoignent des pattes articulées. Quatre petits yeux rougeâtres situés sur le pourtour de ce qui paraît être sa bouche me fixent froidement. Sur une nouvelle injonction, ma tête lui est présentée de face, à une dizaine de centimètres de ses yeux. Je réprime un haut-le-cœur en découvrant les filaments caoutchouteux qui relient le cerveau aux entrailles de cette machine.

– La Résistance avait besoin de te contacter pour nous empêcher de maintenir le portail ouvert…

Elle déploie ses deux pattes avant de part et d'autre de mon visage, les pointes touchant presque mes oreilles.

– Et toi, tu es venu tout droit te loger… dans mes griffes !

SCHTONK ! C'est le bruit des deux pattes qui se rejoignent. Un bruit un peu étouffé par la boîte crânienne où cette réunion a lieu, plus précisément au niveau de l'hypothalamus, une fois que les deux griffes sont passées par les oreilles. Vous imaginez bien que le cerveau de Jim n'est plus vraiment fonctionnel après ça, ce qui l'envoie au tr... Ah tiens, non, au 382 !

438

Le plan est simple : j'ouvre la porte, je bondis sur le siège passager, je m'empare du fusil, je m'extirpe du véhicule et redresse l'arme, prêt à faire feu, une *punchline* sur le bout des lèvres… et je découvre les deux policiers pointant leur arme vers moi.

BANG ! BANG !

They shoot him down. *Direction le 13.*

439

Banzaïïïïïïïïïïïïïïarrrrrghh ! C'est à peu près ce que je parviens à articuler tandis que 300 000 volts passent entre les deux aiguilles fichées dans ma poitrine.

Je ne me souviens pas de la suite.

Rien, en tout cas, avant le 398.

440

Je lui parle de la journée qui recommence, des morts successives, de la mort qui finit toujours par me rattraper et, surtout, du message laissé par la Résistance : trouver le Pr Matiz, trouver le code, celui qui permet de « rebooter » le portail temporel. Cassandra reste perplexe.

– Je ne comprends pas. Cela ne doit pas se passer comme cela.

– Que voulez-vous dire ?

Elle s'écarte et commence à tourner en rond, dos voûté et bras croisés, avec une nervosité manifeste.

– Cela défie toute logique !

– Mais que voulez-vous dire ?

Sans me prêter attention, elle reste ainsi à marmonner pour elle seule, évoquant une « sécurité », qu'il doit bien y avoir une explication rationnelle. N'en pouvant plus de ce manège, je viens vers elle et l'agrippe par les bras.

– Cassandra !

Elle continue.

– Cassandra !

J'ai beau la secouer, il n'y a pas plus de résultat.

– CASSANDRA !

Elle s'arrête et me fixe de ses yeux hagards.

– Que… quoi ?

– Vous pouvez bien m'expliquer ce qui se passe ? À quoi sert cette machine ? Ce qui ne va pas.

Je sens soudain qu'elle reprend ses esprits.

– Lâchez-moi.

J'obtempère.

– Et c'est « professeur Matiz ».

– Oui mada… professeur.

Allez au 441.

Voilà maintenant qu'elle m'observe.

– Pourquoi portez-vous la blouse de Peter ?

– Euh… je l'ai… empruntée.

Cassandra lève un sourcil.

– J'espère qu'il va bien. Si vous voulez passer pour un scientifique par ici, sachez qu'il y a tout un stock de blouses dans la réserve.

Je bredouille que c'est bien noté pour la prochaine fois, tâchant de garder une contenance.

Après une petite pause gênante, j'ose à nouveau poser une question :

Oui, mais laquelle ? Si vous voulez savoir ce que c'est que cette machine temporelle, allez au 378. Si vous voulez en savoir plus sur cette sécurité qui est censée prévenir tout incident, allez au 385. Si vous voulez savoir à quoi elle sert, allez au 399. Notez aussi que les blouses, il y en a plein dans les INDICES.

441

Si Jim a assommé quelqu'un avant de récupérer sa blouse et d'arriver ici, retournez au 440 et reprenez où vous vous étiez arrêté.

Sinon, c'est le moment de passer aux questions. Si vous voulez savoir ce que c'est que cette machine temporelle, allez au 378. Si vous voulez en savoir plus sur cette sécurité qui est censée prévenir tout incident, allez au 385. Si vous voulez savoir à quoi elle sert, allez au 399.

442

Ça y est. Nous y sommes. Le moment ultime. Je tape le code à six chiffres.

J'appuie sur « Entrée » et... petit moment de flottement... la console renvoie un message : « *access granted* ». Je pousse un soupir de soulagement. C'est le bon code. Il ne me reste plus qu'une chose à faire.

Mais une voix familière me glace le sang.

– JIM !

Mon prénom, amplifié par le système de sonorisation, résonne dans l'immensité de la salle du portail. C'est l'araignée qui me parle, depuis une autre console.

Non, pas encore ! Je regarde la console et cherche des yeux « Décorrélation ». Oui ! Je l'ai trouvé. Je sélectionne la fonction.

– Reste où tu es et ne touche plus à rien ! lance l'araignée puis, s'adressant sans doute aux aliens : Emparez-vous de lui !

Un petit groupe d'aliens accourt vers moi et m'encercle. Deux d'entre eux me saisissent par les bras et me délestent de mon arme.

Soudain ils s'arrêtent. Le bourdonnement du portail est désormais ponctué de soubresauts et le vortex s'agite. Comme pétrifiés, ils regardent la porte vers le futur pâlir et ralentir, avant de disparaître tout à fait.

« LE PORTAIL EST FERMÉ ! » annonce une voix par haut-parleur.

Victoire ! L'invasion est stoppée ! Je ne peux m'empêcher de pousser un cri de triomphe. Qui s'étrangle sur-le-champ quand je comprends que, bien que privés de leur base arrière, les aliens qui sont passés sont toujours présents et me tiennent à leur merci.

Reprenant leur assurance, les sbires de l'araignée resserrent leur prise avant de me traîner jusqu'à l'infâme cerveau qui me domine du haut de sa console, dardant sur moi quatre petits yeux rouges et brillants.

– Tu pensais faire quoi, là ?

Je suis à court de *punchline*. Avoir sauvé le monde, c'est bien. Survivre, tant qu'à faire…

– Donnez-moi ce qu'il tient.

J'ai toujours le dictaphone à la main. L'un des aliens s'en empare avant de le remettre à l'araignée, qui l'examine attentivement.

– [illegible] ?

– Oui.

– [illegible] ?

Le monstre mécanique est comme secoué de spasmes, d'abord ténus, puis de plus en plus marqués.

– Ah !

– Heu…

– Ha ha !

– Ça va ?

– HA ! HA ! HA

– [illegible] ?

– HAHAHAHAHAHAHAHAHAHA !

– Si ça ne vous dérange pas, j'aimerais bien vous laisser…

– Ça a marché ! Le plan a marché !

Hein ? quoi ?

– Quel plan ?

L'araignée descend de son piédestal et se dirige vers le panneau de contrôle, qu'elle escalade lestement avant d'y pianoter quelque chose. Le bourdonnement reprend. L'air s'électrise et un tourbillon bleuté se matérialise peu à peu dans le cercle du portail.

– Le plan pour récupérer le code !

– Mais…

« LE PORTAIL EST STABILISÉ. T + 20 EN COURS. »

Oh non… À l'opposé de mon désarroi, les aliens lèvent les bras en l'air et semblent se congratuler. La chose revient vers moi, triomphante, pour me tapoter la poitrine du bout de l'une de ses pattes de métal.

– Tu croyais quoi, Jim ? Tu avais l'espoir d'aider une pathétique armée de rebelles qui luttent dans le futur contre l'envahisseur ? Ha ha ha ! Il n'y a jamais eu de Résistance et il n'y en aura jamais ! Tous ceux que tu as vus n'étaient que des pantins avec un rôle bien défini : te faire croire que nous avions le contrôle du portail et te pousser à trouver le code pour nous empêcher d'envahir la Terre !

Mon sang se glace à mesure que je réalise ce qui est en train de se passer. La tête me tourne. Déjà, du portail parfaitement opérationnel, émergent deux par deux les premiers rangs d'une colonne de soldats aliens, avant-garde de l'invasion prochaine de la Terre. Mais non ! Ce n'est pas possible ! Je n'ai pas pu faire ça !

– Tu nous as bien aidés ! Grâce à toi, misérable humain, nous avons contourné la sécurité. Le portail est maintenant en notre pouvoir !

Puis elle marque un temps d'arrêt.

– Ah, j'allais oublier…

Me montrant à nouveau le dictaphone, elle ajoute :

– Tu n'auras plus besoin de ça !

– Non !

Elle le laisse tomber avant de l'écraser sous ses pattes, sans me quitter des yeux. Je chancelle, échappant à l'étreinte de mes gardes, et tombe à genoux sur le sol.

C'est fini. Fichu. Foutu. La journée ne pourra plus recommencer.

– Maintenant, notre triomphe est total !

L'un des aliens s'avance et demande :

–

– Je ne sais pas. Gardez donc sa tête pour les archives.

J'entends déjà le grésillement d'une lame énergétique dans la main de l'un des soldats qui m'entourent...

Rendez-vous au 444.

443

Il faut que je garde cette partie du code bien en tête. Il n'y a rien d'autre à voir ici. Sous le regard intimidant de Michelle, je quitte les lieux, espérant trouver la grande salle avant le début de l'expérience dont tout le monde a voulu être témoin.

En route pour le 421.

Much Out of Denton

444

– Et voilà. On est allés au bout.

– ...

– J'ai écourté le moment où on te coupe la tête. Je me disais que cela faisait assez ainsi. Et puis je passe les images de l'invasion, l'extermination des humains, tout ça. C'est dans le générique de fin et ce n'est pas vraiment agréable ni utile.

– ...

– C'est un échec. On a tout repassé ensemble et je ne vois pas ce qu'on peut en tirer. On est foutus, vraiment.

– ....

– C'est dommage. Si on avait su… Je t'ai dit que c'est l'ouverture du portail qui a donné la position de notre système aux aliens ?

– Cass…

– Je me disais bien. C'est à cause des propriétés de la matière noire. Quand le portail s'est ouvert, ça a créé une perturbation dans le champ quantique dont nous n'avions pas imaginé les conséquences sur le plan macroscopique. Une onde gravitationnelle !

– Cass !

– Eh oui ! Les scientifiques aliens l'ont détectée et ont trouvé la signature de l'onde intrigante. Ils sont allés regarder de notre côté… et ils nous ont vus. Une cible facile, à quelques années-lumière de leur monde, prête à être cueillie.

– Cassandra !

– Bref. Si on avait su comment arrêter la machine avant qu'elle soit lancée, on aurait même pu faire en sorte qu'il n'y ait jamais d'invasion.

– Mais Cassandra, arrête, écoute-moi plutôt !

– Hein ? Qu'est-ce qu'il y a ?

– Il y a un truc qui me chiffonne dans toute cette histoire.

– Ah ?

– Mais avant, j'aimerais que tu m'éclaires sur quelque chose.

– Je t'écoute.

– C'était quoi cette araignée qui attendait près du portail et qui a la même voix que toi ?

– Je peux te raconter tout ça si tu veux. On a le temps après tout.

– Et donc ?

– Eh bien, cette araignée, c'était moi.

– Que… QUOI ? Mais tu m'avais dit que…

– C'était moi, mais pas vraiment moi. Une autre version. Laisse-moi t'expliquer.

Rendez-vous au 446.

445

Donc, explique Cassandra, nous sommes ici aux archives de la Conquête. C'est une sorte de musée créé par les aliens pour célébrer leur victoire et aussi pour bien faire sentir à nous, pauvres humains, à quel point nous leur sommes inférieurs.

Ce sont donc des archives, en fait surtout des objets qui ont été récupérés à Denton. Elles ont servi à garnir les salles du musée et ce qui n'était pas directement utile est stocké dans un immense magasin. En particulier, tout ce qui était à Slumber Vale a été soigneusement récupéré, trié, étiqueté. Tu me suis ? Ça veut dire que le vrai dictaphone est ici, rangé quelque part.

Mais il y a mieux… les salles d'exposition contiennent une reconstitution de la salle du portail qui n'est autre que la salle d'origine elle-même. Oui ! La machine est là, et elle est en état de marche, prête à être réactivée ! Si nous arrivons à mettre la main sur le dictaphone et à atteindre la machine, nous serons sauvés !

Moi, je suis déjà dans le musée. Les aliens ont trouvé marrant de me coller là, pour bien me faire sentir à quel point j'étais responsable de tout ce qui s'était passé. Mais toi, tu fais partie des cerveaux qui sont stockés pour fournir l'équipe d'entretien. Je t'ai retrouvé là et, à vrai dire, tu n'as jamais été ailleurs qu'ici, à attendre d'être un jour réactivé. Pour le moment, j'utilise le réseau interne des archives pour parler avec toi, mais tout à l'heure, nous serons tous les deux sur place, si tu parviens à en sortir.

Donc, en résumé, tu trouves le dictaphone, tu sors des archives et tu me retrouves près du portail.

Bonne chance ! J'enclenche la procédure !

Rendez-vous au 458.

446

La journée allait être parfaite, raconte Cassandra. Pour la première fois dans l'histoire de l'humanité, nous allions maîtriser une forme de voyage dans le temps. En vérité, il s'agit plutôt d'une manière de prédire le futur de façon à l'éviter ou à en tirer des enseignements, mais passons.

Le Pr Lee avait néanmoins contraint Cassandra à mettre en place un système de sécurité. Le portail était ainsi programmé pour se refermer de lui-même, ce qui limiterait les conséquences d'une éventuelle influence néfaste de ce qu'il y avait de l'autre côté du portail. Lee serait introuvable avant l'ouverture du portail et chercherait à joindre Cassandra à la fin de la journée. Si elle ne pouvait être jointe ou refusait de prendre l'appel, le passage se refermerait. Dans le même esprit, les deux personnes qui devaient passer le portail porteraient des combinaisons protectrices et seraient décontaminées à leur retour.

Mais pour le Pr Matiz, ces précautions étaient inutiles – quoique je soupçonne qu'elle considérât tout ce qui pouvait se passer de mal comme un risque inhérent à son métier et pas vraiment comme quelque chose dont il faudrait se garantir. C'est ainsi qu'elle présida à l'ouverture du portail rayonnante de confiance, jusqu'à ce que des aliens en surgissent et entreprennent de tuer tout le monde.

Elle-même ne fut pas tuée. Sans qu'elle en sache immédiatement la raison, son cerveau fut prélevé et emporté de l'autre côté du portail, dans le futur, pour être aussitôt mis en bocal, greffé sur un corps d'araignée mécanique et connecté à une interface permettant de comprendre les envahisseurs et leurs intentions.

Dans un premier temps, Cassandra était trop en état de choc pour vraiment comprendre ce qui se tramait, leur révélant coup sur coup que le portail allait se refermer et que seul un code tenu secret pouvait désactiver cette sécurité. Hélas pour eux, elle n'avait aucune idée de l'endroit où pouvait se trouver le Pr Lee.

À mesure que les aliens posaient des questions, le Pr Matiz réalisa peu à peu quel était l'enjeu pour eux. Ils avaient envahi la Terre (à ce moment-là, elle ignorait depuis combien de temps). Technologiquement, ils nous étaient en tout point supérieurs, à l'exception précise du concept de portail temporel. Ils voyaient un grand avantage pour eux à en prendre le contrôle, mais également un grand danger : si nous étions capables de prévoir leur invasion, nous pourrions nous y préparer, connaître leurs tactiques, leurs objectifs, dérober leur technologie et, en somme, renverser l'issue du conflit.

Cassandra tenta alors de les berner, en leur indiquant que le portail pouvait les aider à résoudre ce problème. Qu'il était possible de l'ouvrir aussi plus loin dans le futur. C'était bien son intention, précisa-t-elle, mais pas pour les aider. En accédant à une nouvelle projection du futur, cette fois encore plus lointaine, elle comptait tomber sur une Cassandra qui aurait eu tout le temps de réfléchir à la bonne tactique à suivre pour éliminer ou contourner la menace posée par les aliens.

Elle programma donc une seconde corrélation pour vingt ans plus tard dans l'espoir d'y trouver une solution.

Elle était bien là, précisa-t-elle, de l'autre côté, mais devenue complètement folle.

Une araignée surgit du portail et dénonça aussitôt Cassandra auprès des aliens, prétendant, elle, avoir un plan pour contourner la sécurité du portail. Et depuis le temps qu'elle l'avait ruminé, cogité et s'était documentée, le plan était fin prêt, depuis l'utilisation du dictaphone qui avait servi pour le calibrage jusqu'aux puces de contrôle des prétendus résistants qui se feraient passer pour des résistants du futur afin de berner un humain et l'amener à découvrir le code puis le livrer sur un plateau.

Le plan était incroyablement tordu, pervers et signe d'un esprit ayant totalement perdu la raison. Par une sorte de miracle inversé, cependant, le dictaphone tomba entre les mains d'un certain Jim Howell. La suite est connue.

– Il y a donc bien deux Cassandra. Toi, et celle qui a surgi d'un futur encore plus lointain.

– Oui, et c'est elle la source de notre chute. Elle qui a tout manigancé.

– Tout de même, ce plan est... absurde. Il avait toutes les chances d'échouer... et est tellement tiré par les cheveux. Je veux dire... la cartouche ! Les faux résistants ! Il y aurait pu y avoir plus simple !

– Et pourtant ça a fonctionné, non ? Que veux-tu que je te dise ? Je deviens folle, apparemment.

– Attends… nous sommes combien de temps dans le futur, là ?

– À peu près trente ans après la Conquête.

La vache, trente ans !

– Mais toi, tu m'as l'air encore saine d'esprit pourtant.

– Je ne sais pas comment l'expliquer. J'imagine que si j'avais été seule, j'aurais dû perdre pied, n'ayant pour seule option afin de ne pas être submergée par la culpabilité que d'embrasser les objectifs de nos conquérants. Mais moi… j'ai vu quel était mon destin. Ça m'a sans doute donné la force de tenir et de continuer à chercher une issue. Enfin… j'espère.

– Raconte-moi la suite quand même.

– Puisque tu y tiens. À partir du moment où le dictaphone a été utilisé, une boucle de rétroaction s'est mise en place et les journées ont recommencé. Et c'était ça, l'idée vraiment géniale de l'autre Cassandra : créer une interaction supplémentaire de manière à pouvoir modifier le passé. Et elle avait confirmation que son plan marchait en récupérant le dictaphone après ta mort : il y avait déjà des enregistrements. Il n'y avait plus rien à craindre d'une fermeture du portail, car elle finirait par obtenir le code.

– Je maintiens que c'est tordu.

– Et une fois qu'elle est parvenue à ses fins, il a suffi de détruire le dictaphone. Fin de la rétroaction. Plus possible d'envoyer des informations dans le passé.

– Hum… à ce propos…

Rendez-vous au 457.

447

Le couloir d'accès au musée depuis les archives, et vice-versa. Il est, lui, conçu pour la circulation des aliens. On peut distinguer de nombreuses trappes métalliques sur les côtés. Le goinfrex est probablement derrière l'une d'elles, à attendre. Je préfère rester le cerveau au chaud et bien calé dans mon bocal, et je rebrousse chemin.

Retournez au plan en fin de paragraphe 458.

448

L1-L4K se trouve à l'entrée principale de la réserve de cerveaux, attendant qu'un nouvel ouvrier soit mis en service. À bien y repenser, il est étonnant que cette fonction ne l'ait pas déjà rendue complètement folle, même si d'évidence elle n'en est pas très loin.

Essayez-vous d'entrer ? Si oui, c'est au 449. Si vous avez parlé de W avec D0-R1S, vous pouvez aussi essayer le 450.

449

– Hé vous là, vous allez où comme ça ?

– Ben je me disais que…

– Vous avez des remords ? La vie d'ouvrier ne vous convient pas ? Il n'y a pas de retour possible ! Évacuez les lieux tout de suite !

– Ou quoi ? Vous êtes attachée au mur !

– Vous me prenez pour qui ? Je peux appeler nos maîtres quand je veux, et ils vous livreront au goinfrex. Si vous préférez, je peux aussi m'arranger pour le mettre sur votre chemin.

– Euh…

– Voilà ! Si vous avez envie d'en finir, une bonne chute depuis une étagère ou un petit tour dans le couloir. Mais pas dans la réserve ! Les cerveaux sont trop précieux pour laisser un petit nouveau se balader dans le coin.

– OK, OK...

Je rebrousse chemin, pataud.

Retournez au plan en fin de paragraphe 458. Si vous avez parlé de W avec D0-R1S, vous pouvez aussi essayer le 450.

450

Après un peu d'exploration dans les galeries attenantes, je remarque que plusieurs d'entre elles convergent vers la réserve cérébrale. Hélas, à l'endroit où elles devraient y déboucher, elles sont toutes fermées par une trappe bien verrouillée. Les galeries sont probablement destinées à la maintenance de la réserve, qui doit demander un soin bien particulier étant donné ce qu'elle renferme. Pour ma part, je n'ai aucun moyen de passer ces trappes.

J'ai pensé au début qu'il serait difficile de tomber sur W avec autant de passages possibles, mais, à force d'explorer, je me suis rendu compte que la plupart rejoignaient un autre conduit en direction du centre de maintenance. J'aurai sans doute plus de chances de croiser W en restant ici.

L'attente me semble interminable. Il n'y a rien pour me distraire et je n'ai aucune notion du temps qui passe. Je m'aperçois d'ailleurs que je ne ressens ni faim, ni sommeil, ni, à vrai dire, aucune envie d'assouvir le moindre besoin pressant. Je m'amuse un instant à considérer que le procédé du cerveau dans un bocal, s'il avait existé sur Terre avant l'invasion, aurait été un must pour une expérience *gaming* sans aucune interruption.

Mais voilà que je suis dérangé dans mes pensées par un discret trot métallique provenant de l'entrée d'une des galeries que je surveille. Une araignée mécanique en surgit soudain et s'arrête net en me voyant.

Si vous avez déjà parlé à W, allez au 451. Sinon, au 497.

451

– Bon sang, Jim, tu m'as fait peur ! Qu'est-ce que tu fais là ? La réserve n'est pas accessible aux ouvriers non autorisés.

– Salut Walter ! Je sais ; je ne faisais que t'attendre. Mais dis-moi, qu'est-ce que tu y fais, toi, dans la réserve ?

– Comment ça, qu'est-ce que j'y fais ? répond Walter, manifestement sur la défensive. Je suis chargé de la maintenance, tu sais bien.

– Et je crois aussi qu'il n'y a pas grand-chose à maintenir dans la réserve, dis-je, avant d'ajouter : Sinon l'espoir que Molly aille bien.

Les pattes de Walter flanchent.

– Comment tu es au courant de ça ?

– Les autres se doutent plus ou moins que tu n'es pas tout le temps fourré dans la réserve par hasard.

– Et qu'est-ce que tu vas faire ?

– Ben… rien. Je pense que c'est très bien que tu t'occupes d'elle. Mais moi aussi j'ai besoin de ton aide, Walter. Cela va être difficile de tout t'expliquer, mais j'ai un plan pour revenir en arrière, annuler l'invasion, faire comme si tout cela n'avait pas existé. Pour ça, j'ai besoin de ton accréditation !

Walter me fixe de ses yeux artificiels et reste silencieux quelques instants.

– Tu as déjà le mal du bocal alors que tu viens tout juste d'être réanimé.

– Mais pas du tout, je peux tout expliquer !

Je me lance alors dans une longue description des circonstances qui m'ont amené jusqu'ici. La journée qui recommence, le portail, les manigances de Cassandra pour reprendre toute l'histoire et tenter de trouver une parade, jusqu'à l'enregistreur.

– Tu comprends, Walt ? Si je réactive le portail, tout sera effacé ! Les aliens n'auront jamais l'indice de l'existence de notre monde et ils ne viendront pas nous envahir. Tout redeviendra comme avant !

Mais je sens Walter fuyant. Il ne semble pas partager mon enthousiasme. Je le vois, hésitant. Et bientôt vient la réponse que je craignais d'entendre : il ne peut pas m'aider, il ne peut s'appuyer sur le mince espoir que je tente de lui faire miroiter pour prendre le risque d'être repéré par les aliens et désactivé, il ne peut pas laisser Molly seule. Je proteste.

– Mais c'est le sort du monde qui est en jeu ! Tu ne penses qu'à toi !

– Ça fait des années que c'est comme ça ! Et toi, tu réapparais comme si tout était arrivé hier, et tu veux que je bouleverse tout, que je risque le peu de choses qu'il me reste ? Et Molly ! Il n'y a plus que moi pour prendre soin d'elle. Désolé, Jim ! Laisse-moi maintenant ; je ne peux pas t'aider.

Et il s'en va. Je le regarde partir. Le désespoir s'empare de moi, mais je n'ai pas d'yeux pour verser des larmes.

Allez au 452.

452

– Jim, interpelle Cassandra.

...

– Jim !

...

– JIM !

– Qu'est-ce que tu veux ?

– On garde le moral !

– Mais c'est foutu maintenant.

– Ton Walter, il ne veut pas nous aider parce qu'il préfère sa situation actuelle, celle où il est avec Molly. D'ailleurs, franchement, c'est un peu flippant.

– J'avais compris. Si c'est pour me dire ça, tu peux me laisser tranquille.

– Mais réfléchis, bon sang ! Il ne sait pas que dans le monde d'avant, Molly en pince pour lui, pour de vrai. Il faut qu'il le sache.

– Je ne vois pas bien comment il pourrait me croire. Il pensait que Molly l'ignorait tout bonnement.

– Ah bon, et comment tu sais ça ?

– Ben, c'est dans le dicta… Nom de Zeus ! Mais oui !

– Ah quand même !

– Quand j'aurai récupéré le dictaphone, je pourrai lui faire entendre la partie où Molly me confie ce qu'elle pense vraiment de lui.

– Ce n'était pourtant pas si compliqué.

– Alors c'est reparti !

Allez au 453 pour faire un point sur la situation.

453

Je dois retrouver le dictaphone pour convaincre Walter de m'aider. Mais comment faire ?

Si vous avez passé un marché avec B0-B1, allez au 454. Sinon, il vous reste des choses à faire. Retournez au plan en fin de paragraphe 458. Vous pouvez à tout moment retourner au 453.

454

Si vous avez discuté avec H3-L3N, allez au 455. Sinon, il vous reste des choses à faire. Retournez au plan en fin de paragraphe 458.

455

H3-L3N a une patte cassée et il n'y a rien pour la réparer à l'atelier de maintenance. Lui trouver une pièce de rechange serait le moyen parfait pour l'éloigner de la salle de consultation pendant les réparations.

Si S1-M0N n'est plus de ce monde, allez au 456. Sinon, retournez au plan en fin de paragraphe 458. Vous pouvez revenir au 455 si par malheur il arrivait quelque chose de fâcheux à S1-M0N.

456

Mais bien sûr ! Le goinfrex a essentiellement dévoré le cerveau de S1-M0N. Le reste, c'est du métal et du verre, et je parie que ça ne se digère pas.

– C'est W qui a nettoyé tout ça. Il faut aller l'interroger, dit Cassandra.

Quelque temps plus tard, je suis à nouveau dans les conduits dans l'attente que Walter repasse voir M. Par chance, il réapparaît assez vite.

– Qu'est-ce que tu veux encore ? me demande-t-il.

Je lui explique que H3-L3N a besoin d'une réparation pour l'une de ses pattes et qu'il y a peut-être quelque chose de bon à tirer de la tragique et inexplicable disparition de B0-B1.

– Ça se tente. Je n'ai pas encore trié ce qui reste de lui, mais il est possible que le goinfrex ait épargné une patte. Cette bête-là mâchonne tout, cela dit. Si ça se trouve, rien n'est fonctionnel.

– On va vérifier ça ?

– Attends-moi plutôt à l'atelier. Les restes sont conservés dans une zone qui ne t'est pas accessible.

C'est ainsi que nous nous retrouvons un peu plus tard à contempler un tas de ferraille sur l'un des plans de travail de l'atelier. Walter me dit que c'est tout ce qu'il a pu sauver. Toutes les pièces portent des marques de dents et certaines sont vraiment très déformées. Néanmoins, parmi celles-ci, une magnifique patte, à peine mâchouillée.

– Elle a l'air fonctionnelle, commente Walter.

– J'ajouterai que ça commence à sentir bon, commente Cassandra.

Je vais en avertir Helen, et le plus tôt sera le mieux.

Filez au 487.

457

– Hein ? Qu'est-ce qu'il y a ?

– Il y a quelque chose que je ne comprends pas.

– Ça m'étonnait aussi.

– Non, mais, écoute-moi je te dis. Ça ne colle pas.

– Comment ça ?

– Ce *jeu*, où je revis toutes mes journées.

– Oui ?

– J'ai l'impression que tout s'emmêle dans mon esprit. Mais, en fait, il n'est pas vraiment construit avec mes souvenirs.

– Je t'ai déjà dit. C'est une reconstitution faite à partir des infos stockées dans ton cerveau. Ce que tu as retenu des enregistrements quand tu en as fait un résumé au début de la dernière journée et les infos que les aliens ont conservées sur le Denton d'avant la conquête.

– Donc les seuls « vrais » souvenirs, ce sont ceux de la dernière journée. Celle où je leur livre le code.

– Tout à fait. Mais pourquoi...

– Il y a un truc qui ne colle pas.

– C'est-à-dire ?

– Ça ne s'est pas tout à fait passé comme ça.

Cassandra s'arrête un instant.

– Ah bon ?

– Tu te rappelles qu'en arrivant dans la station je suis passé par le magasin et que j'y ai trouvé le stock de dictaphones réformés que vous avez utilisé pour paramétrer le portail. Si tu revois la scène, tu dois te rappeler que j'en prends un avec moi.

– Oui, c'est juste avant d'assommer le pauvre stagiaire.

– Hum, oui, oui. Mais écoute : le moment où la mauvaise Cassandra s'empare du dictaphone avant d'aller ouvrir le portail. Eh bien…

– Eh bien quoi, nom de nom ?

– Ça ne s'est pas passé comme ça ! Moi, je me souviens d'autre chose. Tu vois, je crois que ceux qui ont reconstitué la scène ne se sont pas ici fondés sur mes souvenirs mais sur les témoins aliens qui étaient présents. En conséquence, ils ont omis un détail. À ce moment, je craignais que le dictaphone qui contient le code tombe entre les mains des aliens. Alors j'ai pris l'autre. Le dictaphone que je tenais à la main à ce moment-là, c'était celui du stock. Pas le vrai. Cassandra, enfin, l'autre, avant de le détruire, n'a pas pris la peine de vérifier ce qu'il y avait dedans.

– D'accord. Donc tu leur as remis un dictaphone vide et… NOM DE NOM !

– Oui.

– Le dictaphone existe toujours !

– Voilà.

– Mais ça change tout !

– Je me disais que ça pouvait être important.

– C'est plus qu'important ! C'est extraordinaire ! Fantastique ! J'espérais trouver quelque chose en te réactivant, mais là, c'est au-delà de ce que je pouvais imaginer ! Tu te rends compte ? Attends-moi, je reviens dans quelques minutes.

Cassandra se tait à nouveau. Ce n'est pas comme si j'avais vraiment le choix de faire autre chose qu'attendre… Quelques minutes plus tard, elle reprend la parole.

– J'ai enclenché ta réactivation. Tu vas te retrouver dans le corps d'une araignée. C'est génial ! On va leur jouer un coup dont ils se souviendront longt... En fait non, ils ne s'en souviendront jamais, mais peu importe. Écoute un peu : ...

Ça se passe au 445.

458

Impression étrange d'être comme emporté par une chasse d'eau. Je ressens une chaleur et quelques picotements désagréables à l'endroit où devrait se trouver le début de ma moelle épinière. La vision revient et – oh – je suis pris d'un vertige…

Heureusement que je n'ai plus d'estomac, car la nausée qui vient de me saisir est digne des meilleurs lendemains de cuite.

– Prenez le temps de vous adapter à votre réceptacle.

C'est une nouvelle voix féminine, différente de celle de Cassandra. Elle poursuit :

– Vos données d'intégration dans la réserve cérébrale sont assez anciennes. On dirait que vous faites partie des tout premiers capturés. Quel est votre degré d'information à ce sujet ?

Je suis dans une sorte de cavité aux parois de métal sombre. Devant moi, un passage ouvert et, sur le côté gauche, « bloblotant » dans un bocal de liquide rosé fixé au mur, un cerveau humain bardé d'électrodes. En regardant vers le bas, je constate sans étonnement être quant à moi muni de pattes robotiques, et non de mes bonnes vieilles mains.

Je réponds qu'il n'y a pas besoin de me faire un topo ni de prendre des pincettes, que je suis bien au courant qu'il ne reste de moi qu'un cerveau que l'on vient de placer dans le corps mécanique d'une araignée ouvrière. Mon interlocutrice est soulagée.

– Tant mieux. Vous n'avez pas idée des crises existentielles que je dois gérer quand les nouveaux réactivés découvrent qu'il ne reste d'eux que deux pintes et demie de matière grise.

Je salue intérieurement la survivance du système de mesure impérial même après la conquête extraterrestre.

– J'étais aux premières loges quand ça a commencé, pour ainsi dire. Je fais quoi maintenant ?

– Vous êtes ici aux archives de la Conquête ! Vous avez été activé pour travailler à la maintenance des lieux : vérification du classement, de l'état des objets et réparations si nécessaires. Je ne vois pas bien pourquoi vous avez été mis en service car nos effectifs sont déjà complets, mais qui suis-je pour mettre en doute les instructions ?

» Nos glorieux maîtres ont jugé approprié que l'entretien des archives et du musée commémorant notre défaite soit réalisé par nous-mêmes, afin que nous en ressentions pour toujours l'amère humiliation. Ha, ha ! Je vais vous faire un petit topo rapide puis vous aurez ensuite toute latitude pour prendre vos marques. Tout d'abord, votre nom. Si vous regardez au bas de mon bocal, vous verrez le mien.

Et en effet, comme gravé avec un objet métallique, on peut lire « L1-L4K ».

– Lilac ?

– Ne prononcez pas mon prénom trop fort ! Nos illustres conquérants ne tolèrent pas que nous puissions être considérés comme des individus. Mais conserver un prénom est, dans notre situation, quelque chose d'assez utile pour ne pas sombrer tout de suite dans la folie. Oui ! Nous avons trouvé cette parade pour dissimuler nos prénoms sous d'obscurs matricules. Notez le camouflage subtil ! Et bien que dans l'ensemble, nos puissants seigneurs se soient désintéressés de nous, ils continuent de nous tenir sous une bienveillante surveillance qui nous invite à la prudence. Votre araignée a été gravée de la même façon. Bienvenue aux archives de la Conquête, J-1M ! Vous noterez que la plupart du temps, nous nous contentons de la première lettre de notre prénom. Ne vous étonnez donc pas si on vous appelle J.

– Euh… merci. Je dois faire quoi ?

– Les autres ouvriers vous éclaireront sur le contenu du travail. Vous verrez, c'est passionnant ! Je vais me concentrer sur ce qui relève de votre sécurité. Vous devrez manipuler avec précaution tous les items archivés et prendre garde à votre propre intégrité physique. Nous avons un atelier de réparation, mais les pièces détachées sont disponibles en quantité limitée. Très limitée ! Mais moi, ça va ! Nos doux maîtres n'ont pas daigné m'en donner. Je suis à l'abri d'une panne de ce côté-là, n'est-ce pas ? C'est aussi dans l'atelier que de temps en temps vous pourrez remplacer le liquide nourricier dans lequel baigne votre cerveau et remplir les accumulateurs déchargés de votre araignée. Je vous recommande par ailleurs, si le temps vous semble long, de consulter les documents numérisés. Nous avons beaucoup de livres, films, séries – en fait, nous avons quasiment tout ce qui a existé –, n'hésitez pas à vous y plonger puisque vous, vous avez des pattes et que vous le pouvez ! C'est un bon rempart contre le mal du bocal, hein ? Veinard !

– Le quoi ?

– Bonne question ! Un pourcentage non négligeable des ouvriers réactivés finit par ne pas supporter cette vie et décide de se désactiver tout seul, par exemple en se jetant contre une paroi métallique dans l'espoir de briser le bocal ou en se jetant du haut d'une étagère. Mais ne vous inquiétez pas, hein ? Si vous suivez mes conseils, tout ira pour le mieux ! Regardez-moi, tiens, par exemple, trente ans que je suis collé au mur et je vais PARFAITEMENT BIEN. Et même si je le voulais, je ne pourrais même pas me supprimer. Coincée sur ce fichu mur, comme j'ai dit ! Précaution inutile ! Je n'ai AUCUNE ENVIE D'EN FINIR !

– Euh… OK. Je… vais y aller.

– Oui, c'est ça, partez, fichez le camp ! Faites bouger vos petites pattes ridicules et disparaissez ! Mettez les bouts ! Prenez du champ, allez au large ! Ah, attendez cependant, une dernière précaution : à moins de vouloir mourir rapidement – mais QUI LE VOUDRAIT ? –, évitez à tout prix de vous rendre dans les salles d'exposition du musée. Un goinfrex garde l'entrée. Vous vous feriez dévorer le ciboulot avant de comprendre ce qui vous arrive. De même, la réserve cérébrale, dont vous sortez tout juste, est interdite d'accès.

– Je vais y veiller, merci.

J'ai quitté l'alcôve en claudiquant pour rejoindre les archives elles-mêmes, à travers de minuscules galeries de la taille de conduits d'aération, mais parfaitement adaptées à mon nouveau corps. Assez vite, le maniement de mes pattes devient comme naturel. Il doit y avoir dans la partie robotisée des sous-programmes qui…

– Jim !

– Ah tiens, tu es toujours là ?

– Oui, je reste en communication. Mais pour ne pas être repérée, je vais me contenter du minimum.

– Je ne refuserais pas un peu d'aide. D'ailleurs, tu sais ce que c'est, toi, un goinfrex ?

– C'est un représentant dégénéré d'une autre espèce intelligente conquise par les aliens et ramenée à un stade quasi primitif. Une boule de poils verdâtre dotée de petits tentacules, de trois paires d'yeux et d'un énorme appétit. Le goinfrex adore tout particulièrement la cervelle. Tu vois le topo ?

– On dirait le nom d'un Pokémon.

– Comment ?

– Non, rien… Tiens, je viens d'en apprendre une bonne sur ceux qui restent trop longtemps dans leur bocal.

– Attention à ce que tu vas dire…

– Je pensais à l'*autre* Cassandra.

– Mouais… j'essaie de rester saine d'esprit, merci. Bref. J'ai téléchargé une carte des archives dans tes données. Tu peux t'en servir pour savoir quoi faire. À partir de là, c'est à toi de jouer.

– OK, mais je dois faire quoi déjà ?

– Un peu de concentration, Jim ! Trouver le vrai dictaphone, sortir des archives et utiliser le portail pour relancer la journée. C'est bon, tu vas t'en souvenir ?

– Ça va le faire.

– Parfait. Rappelle-toi que cette fois-ci, tu n'es plus dans un jeu. Pas de ***reboot***, de sauvegarde, rien. La mort, c'est pour de bon.

– Tu penses que je vais y arriver ?

– Écoute, jusqu'à présent tu as réussi à déjouer le protocole de sécurité que j'avais conçu pour le portail et permis la conquête de la Terre par une race extraterrestre. Donc oui, ça devrait être facile. Même s'il y a une chance non négligeable que tu foires tout.

– Je me disais bien que je ne devais pas poser cette question.

– Hé, hé. Allez, courage, les humains n'ont pas dit leur dernier mot. Je me tais maintenant.

Consultez le plan ci-contre. Les galeries vous permettent de vous rendre librement d'une salle à l'autre.

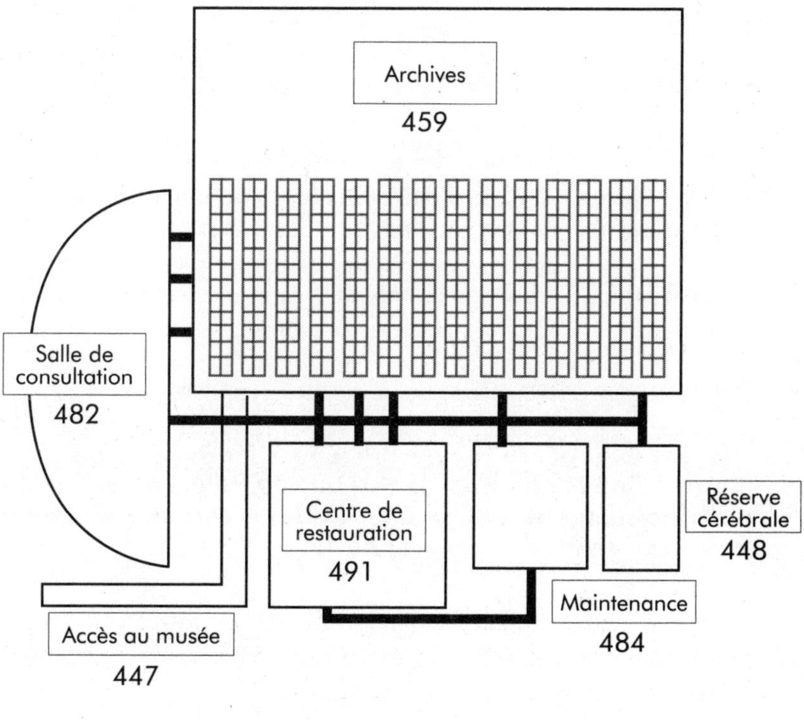

459

Si vous êtes déjà passé par ici, choisissez directement un interlocuteur parmi ceux qui peuvent encore être présents.

Les archives en tant que telles s'apparentent à une version futuriste d'un hangar d'une plateforme de commerce en ligne ou au libre-service de la célèbre enseigne de meubles à monter soi-même venue du froid, si vaste que je n'en distingue pas la fin. Sur d'innombrables étagères de métal, bien alignées et hautes de plus de 30 pieds s'entassent des objets de tout ordre.

– Oui, des objets et pas des documents. La technologie des aliens permet la numérisation de leurs données sur des supports de taille infime. Les archives non numériques, ce sont pour eux des objets qu'ils ont trouvé intéressant de conserver. Surtout ce qui concerne la conquête et notamment la prise de contrôle du portail.

– Et donc le dictaphone doit être là, quelque part.

– T'as tout compris.

La salle est faiblement éclairée par des diodes rouges et, çà et là, la luminescence rosâtre du bocal des ouvriers arachnoïdes qui travaillent ici et qui circulent, déplaçant des objets sur de petites plateformes motorisées. Apparemment, de nombreuses encoches sur le montant des étagères permettent aux ouvriers de grimper facilement comme des… comme des araignées.

Je distingue trois ouvriers à proximité. À qui vais-je parler ?

Vous pouvez engager la conversation avec les ouvriers présents sur l'illustration : le plus près de moi au 460, celui en hauteur au 462 ou le troisième au 461 ou aller explorer un autre endroit à l'aide du plan en fin de paragraphe 458.

460

Si vous avez déjà parlé à S1-MON, allez au 465.

Je choisis l'ouvrier le plus proche, un certain Simon, si je décode correctement le S1-M0N gravé sur sa patte avant droite.

– Hey, salut ! Moi, c'est J. Je suis nouveau ici et j'ai quelques questions si tu as un peu de temps.

– Ah salut, moi c'est S, fait S1-M0N en se tournant vers moi. Alors tu es nouveau, toi aussi ?

La voix est celle d'un jeune homme.

– J'ai été « activé » comme ils disent il n'y a pas longtemps et je n'ai pas encore vraiment compris ce qu'on est censés faire ici. L n'a pas été très claire – j'ai l'impression qu'elle ne va pas bien. C'était gênant ; je suis parti avant la fin de son discours.

– Ça ne te fait rien de te retrouver comme ça, sous la forme d'une araignée ?

– Bof… c'est sûr que c'est étrange au début, mais on s'habitue vite. On est protégés, en quelque sorte. Et je me dis qu'au moins on n'a plus à s'inquiéter pour le réchauffement climatique.

– C'est une façon comme une autre de voir les choses. Et les autres ? Tu les connais ?

– Ben, je connais surtout B. C'est l'un des plus vieux ici, et D, même si elle est un peu perchée. Moins que L. En tout cas, elle fait moins peur. Il y a aussi H dans les salles de consultation.

– OK merci. Et tu fais quoi, là, sinon ?

– Ben… je m'occupe comme je peux. Je regarde ce qui est entreposé. Il y a vraiment de tout.

– Tu n'aurais pas vu un dictaphone, par hasard ?

– Ça ne me dit rien. Je te dirai si j'en vois un.

Je laisse là mon interlocuteur. Qui aller voir ensuite ?

– Attends, le neuneu, là, si j'ai bien suivi, il est parti avant que L lui parle du goinfrex, non ? demande Cassandra.

– Je crois, oui.

– On peut donc vérifier si la menace est réelle en lui demandant d'aller faire un tour dans le couloir ? Il ne se méfiera pas.

– Hein ? Mais ça ne va pas, non ?

– Quoi ? Je te rappelle qu'on est là pour sauver tout le monde. Si on réussit, le gars retrouvera son ancienne vie. Tu préfères qu'il reste dans son bocal jusqu'à perdre la boule ?

Si vous écoutez Cassandra, allez au 466. Sinon, choisissez un interlocuteur à l'aide de l'illustration du 459 ou allez explorer une autre partie des archives en vous référant au plan en fin de paragraphe 458.

461

Si vous avez déjà parlé à B0-B1, allez au 467.

L'ouvrier nommé B0-B1, pour Bobby, est occupé à inspecter l'état d'un service à thé et ne répond que de manière distraite voire légèrement impolie à mes salutations. Celui-là semble agacé que je vienne le déranger dans son travail.

– Mais vous faites quoi au juste ?

– Attention, ne me bousculez pas ! Il est hors de question de mettre en danger cette précieuse porcelaine qui date de la conquête par nos puissants maîtres !

– À mon avis, ça vient de chez Ik…

– On voit bien que vous n'y connaissez rien, jeune homme ! Voilà des décennies que je travaille ici, m'assurant que tout est en ordre et que les archives sont parfaitement entretenues. Prenez-en donc de la graine ou, mieux, ne touchez à rien ! Vous risqueriez de casser quelque chose.

– Celui-là en tient une couche, croit utile d'ajouter Cassandra.

– Mais précisément ! Je suis fort aise de tomber sur quelqu'un qui connaît très bien les archives.

Au léger fléchissement des pattes de B, je comprends qu'il est sensible à la flatterie. Jouons sur cette corde.

– Je suis à la recherche d'un objet bien particulier. Seul un expert peut à mon avis me venir en aide. Quelqu'un qui non seulement connaît les archives mais qui sait en apprécier la valeur.

– Hum… il se pourrait que vous soyez tombé sur la bonne personne.

Je lui fais la description du dictaphone.

– Je vois parfaitement ce que vous voulez dire. Il s'agit du dictaphone par le truchement duquel le génie de nos maîtres a mis en œuvre un brillant complot visant à duper un humain pour obtenir le code du portail temporel et s'assurer de la victoire !

– Ah ! Alors vous pouvez me dire où le trouver ?

– Pfff, évidemment ! Il est exposé dans le musée !

– Non, évidemment, dans le musée c'est un dictaphone vide, ajoute Cassandra.

– Non, pas celui-là mais un dictaphone en tout point semblable.

B0-B1 me fixe avec attention.

– Il y en a toute une caisse quelque part. Mais pourquoi est-ce que cela vous intéresse ?

– Attention. Ça sent le cafteur à plein nez, signale Cassandra.

– Eh bien… Non, laissez tomber.

Je le laisse à son inspection.

– Il va falloir trouver quelque chose pour le faire parler.

C'est mon impression aussi.

En attendant, interrogez un autre ouvrier au 459 ou consultez le plan en fin de paragraphe 458.

462

Si vous avez déjà parlé à D0-R1S, allez au 471.

– Poussez-vous un peu, j'ai besoin de consulter cette rangée !

J'ai malencontreusement bousculé l'araignée que je tentais de rejoindre en hauteur. Je lis sur sa patte D0-R1S, pour Doris, donc.

– Bonjour, moi c'est J !

– Ah ! Bonjour J, moi c'est D. Poussez-vous un peu plus, s'il vous plaît.

D0-R1S est occupée à consulter des caisses contenant d'anciens DVD, principalement des films des années 1980 et 1990.

– Vous aimez le cinéma ?

– Ah ça oui ! Il n'y a pas grand-chose à faire ici et si on ne veut pas finir comme L, il vaut mieux avoir quelque chose pour s'occuper les méninges. Parce qu'il ne reste plus que ça, hein ?

Je ris un peu, surtout par politesse. J'interroge ensuite D0-R1S sur la raison pour laquelle elle ne les consulte pas directement dans les salles de consultation. Elle me répond que c'est bien évidemment ce qu'elle fait, mais qu'elle a besoin d'un contact physique avec les œuvres, de se souvenir que le monde où ils ont existé a bien été réel. J'acquiesce et en profite pour lui demander si, à propos d'objets physiques, elle ne saurait pas où je pourrais trouver des dictaphones.

– Le mieux est de demander à B. C'est le plus ancien ici et même s'il a un peu perdu la tête, il sait tout ! Soyez poli avec lui, il est un peu collet monté.

Je la quitte en la remerciant.

Vous pouvez aller voir B0-B1 tout de suite au 461 ou vous référer au plan en fin de paragraphe 458.

463

Comme on pouvait l'imaginer, c'est bien Walter qui vient de sortir de la trappe et entreprend le nettoyage des lieux. Je le laisse faire et m'en retourne dans les archives.

Consultez le plan en fin de paragraphe 458. Si vous avez déjà fait un point sur la situation depuis que vous êtes aux archives, vous pouvez aller au 453. Notez que S1-M0N n'est plus disponible.

464

H3-L3N ne cache pas son amertume : même parmi les ouvriers, la salle de consultation n'a pas beaucoup de succès. Pourtant, sont ici disponibles les archives complètes de YouTube jusqu'à sa fermeture, les historiques de tous les réseaux sociaux et tous les catalogues musicaux et vidéos des diffuseurs d'avant la conquête. Plus qu'il n'en faut pour occuper tout le temps disponible d'un cerveau pendant plusieurs siècles. Et je ne parle même pas de la littérature.

Ne passe régulièrement que D0-R1S, qui s'intéresse surtout aux vieilles comédies romantiques et à certaines fictions sirupeuses qui, selon H3-L3N, ne font que perpétuer de vieux clichés sexistes. Très rarement, elle accueille aussi un certain W, qui semble, lui, principalement focalisé sur de vieux films de fantasy ou de science-fiction. Et c'est tout !

Pour l'interroger sur D0-R1S, allez au 477, et au 494 pour W. Sinon, allez au 478. Vous pouvez aussi retourner consulter le plan en fin de paragraphe 458.

465

S1-M0N est toujours occupé à faire semblant d'être occupé.

Si vous souhaitez le convaincre d'aller explorer le couloir, allez au 466. Sinon, choisissez un autre interlocuteur au 459 ou allez explorer un autre endroit en consultant le plan en fin de paragraphe 458.

466

S1-MON n'a pas été difficile à convaincre. Je lui ai affirmé que les salles du musée étaient super. Il m'a d'abord répondu que les autres n'y allaient jamais et qu'on lui avait déconseillé d'approcher le couloir. J'ai balayé ses craintes en lui affirmant que le passage n'était pas surveillé et que c'était dommage de ne pas profiter des salles d'exposition et de passer tout son temps dans les archives.

À l'insu des autres ouvriers, nous nous sommes esquivés et voilà que nous nous trouvons maintenant devant le couloir d'accès aux salles d'exposition.

– Tu es sûr que c'est sans risque ?

– 100 % sûr. Passe devant. Tu ne vas pas en croire tes yeux.

S avance prudemment. Je suis derrière, prêt à décamper. Une sorte de ronflement est perceptible, sans que je puisse déterminer d'où il vient précisément. Le couloir file droit. Il est fait d'une paroi de métal avec, par endroits, des trappes suffisamment larges pour laisser passer des ouvriers (ou un goinfrex ?), toutes fermées. Je laisse du champ à S1-MON. Le couloir fait un angle et, soudain, le ronflement s'interrompt en un « *grumph* » interrogatif.

Une trappe s'ouvre et la chose surgit, tout près de l'ouvrier arachnoïde. Je me précipite en arrière pour me dissimuler dans l'angle du couloir pendant la bête verte referme son énorme gueule sur le verre du bocal qui contient le cerveau de mon pauvre compagnon. Le pauvre S1-MON pousse un hurlement. Dans un craquement sinistre, le verre se brise et…

Je ne peux pas rester témoin de cela plus longtemps et reste immobile, caché dans mon recoin de couloir. Seul me parvient un bruit immonde de mastication et de grognements, ponctué de bris de verre et de tintements métalliques.

Une fois le silence revenu, je risque un œil. La bête a disparu, laissant épars les restes de S1-M0N qui gisent sur le sol. Mais alors que je m'apprête à rebrousser chemin, une nouvelle trappe s'ouvre entre moi et les débris de mon naïf ex-collègue. Un ouvrier en surgit, portant une sorte de seau à serpillière et un aspirateur.

– Pfff… encore un candidat au suicide, l'entends-je grommeler.

Si vous avez déjà rencontré W, allez au 463, sinon, continuez.

Ce ton ! Il me rappelle quelque chose. Alors qu'il observe la zone qu'il s'apprête manifestement à nettoyer, j'essaie de distinguer la gravure de son nom. Hum… W-4-LT3R. Non ? Serait-ce possible ? Je sors de ma cachette.

– Walter !

L'ouvrier se tourne vers moi, et je jurerais qu'il arbore une expression d'incrédulité, ce qui est un exploit pour un cerveau baignant dans un liquide rose.

– Walter, c'est moi, Jim !

– Jim… Jim ? Mais… qu'est-ce que tu fais là ? Il s'est passé quoi ici ?

– Euh… Walt ! tu ne dois pas rester ici ! Le goinfrex va te dévorer !

– Ne t'inquiète pas pour moi, je suis accrédité pour travailler dans cette zone.

– Voilà qui est intéressant ! dit Cassandra.

– Cass, chut !

– Comment ?

– Euh, rien !

– Écoute Jim, je dois faire mon travail ici. Il vaudrait mieux que tu files pendant que je nettoie tout cela car toi, tu n'es pas accrédité. Et le goinfrex a vite faim.

– Oulah, oui ! Mais on se retrouve ensuite, hein ?

– Oui, oui…

La réponse manque de conviction et je m'en étonne. Il faut bien partir, cependant. Je laisse W ici et retourne dans les archives.

Vous pouvez aller explorer une autre partie des archives en vous référant au plan en fin de paragraphe 458. Notez que S1-MON n'est plus disponible pour discuter.

467

B0-B1 n'a pas l'air plus disposé à répondre aux questions que la fois précédente.

Si vous avez rencontré W et que vous souhaitez l'interroger sur lui, allez au 468. Sur L1-L4K, allez au 469. Sur D0-R1S, au 470. Enfin, si vous avez parlé de B0-B1 à H3-L3N dans la salle de consultation, allez au 481. Vous pouvez aussi retourner consulter le plan en fin de paragraphe 458.

468

J'interroge B0-B1 sur W-4-LT3R. Dans un premier temps, il daigne à peine me répondre. Il considère que c'est un tire-au-flanc et qu'il manigance quelque chose. Il a d'ailleurs déjà produit plusieurs rapports à L1-L4K pour avertir les aliens et constate avec regret qu'il ne se passe rien, ce qui lui permet au passage de pester contre L et de moquer son incompétence.

Mais peut-être le protège-t-elle, au contraire ?

Retournez au 467.

469

B0-B1 n'a rien à dire sur L1-L4K hormis qu'elle commence à perdre la raison et qu'il faudrait la remplacer par quelqu'un de plus compétent.

Retournez au 467.

470

Je découvre que B0-B1 a si peu d'estime pour D0-R1S qu'il est incapable de m'en dire quoi que ce soit.

Retournez au 467.

471

D0-R1S est toujours en train de consulter les pochettes des DVD, s'arrêtant cette fois sur *Dirty Dancing*, ce qui est touchant et peut-être un brin pathétique.

Si vous souhaitez lui parler de B0-B1, aller au 472. De H3-L3N, allez au 473. De L1-L4K, c'est au 474. Enfin, si vous avez rencontré ou entendu parler de W, allez au 475. Vous pouvez aussi retourner consulter le plan en fin de paragraphe 458.

472

D0-R1S évite autant que possible B, car ce dernier est souvent désagréable avec elle. Il semble particulièrement jaloux du fait que D profite régulièrement de la vidéothèque du centre des archives.

Retournez au 471.

473

H3-L3N est super ! Elle l'aide toujours quand elle cherche un film en particulier, même si D0-R1S sent bien qu'elle ne partage pas ses goûts en matière de cinéma.

Retournez au 471.

474

La pauvre va finir par craquer, c'est sûr. Il faut dire qu'à l'inverse de ce qu'on pourrait croire et bien qu'elle connaisse tout le monde, elle discute finalement avec assez peu de gens. D0-R1S essaie de lui faire la conversation de temps à autre.

Retournez au 471.

475

– Si je connais W ? Bien sûr que oui !

– Qu'est-ce que vous pouvez m'en dire ?

– W est quelqu'un de très timide ! Comme tous les grands romantiques !

– C'est-à-dire ?

– On le voit rarement et on pourrait presque dire qu'il se cache. En fait, moi je sais ce qu'il fait.

– Et ?

– Il passe le plus clair de son temps dans la réserve cérébrale, près du cerveau d'une certaine M.

– Ah bon ?

– Quand vous êtes dans la réserve, avant votre mise en service, c'est un peu comme si vous étiez dans le coma. W veille sur M depuis une éternité ! Depuis la création du musée, en fait. Je crois qu'il lui diffuse des films ou de la musique et qu'il lui parle. C'est L qui me l'a dit ! M n'a sans doute conscience de rien, cela dit, tant qu'elle n'est pas activée. Enfin, on ne sait pas tout sur les mystères de l'amour…

Si vous savez qui est W, allez au 483. Sinon, continuez.

– Il suffit d'aller dans la réserve cérébrale pour le trouver, alors ?

– Ah non, la réserve est grande et W peut s'y rendre parce qu'il est accrédité ! Pour tous les autres, c'est interdit. Même si cette histoire me fascine, je n'ai aucune envie de me retrouver devant un goinfrex par excès de curiosité !

Une envie que je partage. Je laisse D0-R1S à ses jaquettes de DVD.

– On ne peut pas y accéder mais ce W doit bien entrer et sortir de temps en temps non ? Il suffit de surveiller les galeries, indique Cassandra.

– C'est quelque chose à tenter.

Retournez au 471 ou consultez le plan en fin de paragraphe 458.

476

H3-L3N est toujours à errer dans la grande salle de consultation, mais les baies sont à nouveau fermées. Je vais l'interroger à nouveau sur les ouvriers qui fréquentent les salles de consultation.

Si vous avez fait la connaissance de B0-B1 dans les archives, allez au 479. Sinon, pour interroger H3-L3N sur D0-R1S, allez au 477 et, si vous avez entendu parler de W, au 494. Vous pouvez aussi consulter le plan en fin de paragraphe 458.

477

J'essaie d'engager la conversation sur D0-R1S, mais H3-L3N n'a manifestement rien de bien intéressant à dire sur cette ouvrière restée un peu trop fleur bleue.

Retournez au 476 ou en fin de paragraphe 458 pour consulter le plan.

478

En quittant les lieux par les couloirs, je suis pris d'un accès de mélancolie en pensant à tous ces cerveaux condamnés à devenir fous ou à se complaire dans les vieux rêves du cinéma.

Rendez-vous au plan en fin de paragraphe 458 pour choisir une nouvelle destination.

479

– Et pourquoi pas sur B0-B1 ? Je trouve curieux que ce vieux schnock ne fréquente pas ce lieu, me dit Cassandra.

– C'est vrai que c'est le profil type pour *Escape to the Country*, *Antiques Roadshow* et peut-être même *Storage Wars*.

– Je ne veux même pas savoir ce que c'est, ni comment tu connais tout ça.

Allez au 480 pour interroger H3-L3N sur B0-B1.

480

– Ce vieux pervers ! C'est lui qui vous envoie, alors ?

Il m'a fallu des trésors de persuasion pour dissuader H3-L3N de m'envoyer paître. D'après ce que j'ai pu comprendre de ce qu'elle a raconté dans sa fureur, elle accueillait volontiers B0-B1 il y a fort longtemps jusqu'à ce qu'elle comprenne qu'il venait surtout ici pour consulter des archives cinématographiques dont le peu de réserve britannique qu'il me reste m'interdit d'évoquer le contenu. Bref, il est désormais *persona non grata*.

Retournez au 476 ou choisissez une autre zone d'exploration en fin de paragraphe 458.

481

Je rejoins B0-B1 dans les archives, alors que ce dernier est désormais affairé à trier des petites cuillères à thé. Alors qu'il s'arrête sur une antique pince à sucre qui n'est pas sans évoquer nos pattes mécaniques, je l'interpelle.

– Quelle coincée, cette H ! Elle ne me laisse même pas consulter ce que je veux.

B0-B1 se tourne vers moi.

– Vous avez fait la connaissance de notre chère responsable du centre de documentation. Je me demande pourquoi les aliens ne l'ont pas encore mise hors service !

– Elle vous a fait du tort, on dirait

Je crois bien avoir touché une corde sensible.

– Peuh ! Elle abuse de son pouvoir de petit chef !

– J'ai entendu dire que vous avez même été privé d'accès aux documents numériques ! Quel scandale !

– Ah bon ? Euh… ces documents ne m'intéress…

– Si je vous trouvais un moyen d'y retourner, vous me rendriez un service ?

B0-B1 reste coi et semble me jauger de ses deux caméras. Puis il se décide :

– Contre l'emplacement des dictaphones, j'imagine ?

– Si c'est dans vos cordes !

– Bien sûr que c'est dans mes cordes ! Marché conclu !

– Je reviens vous voir dès que possible.

Et voilà !

Si vous avez déjà fait un point sur la situation au paragraphe 453, vous pouvez y retourner. Sinon, allez au plan en 458.

482

Si vous avez déjà parlé à H3-L3N, allez au 476.

La salle de consultation est une vaste demi-lune, ceinte sur son côté courbe d'une large baie vitrée à cet instant fermée par de gigantesques rideaux métalliques. La pénombre règne également ici, seulement rompue par les petites lampes vertes qui, bien alignées, signalent les tables de travail pour ceux qui viennent consulter les archives. Le mobilier est d'ailleurs à l'échelle des aliens, plus petit que ce que l'on aurait trouvé dans une bibliothèque faite pour les humains.

Sur une mezzanine, on distingue ce qui ressemble à des comptoirs d'accueil des visiteurs. Je devine en tout cas que cela doit en être la fonction. Quelques portes fermées signalent des passages qui sont inaccessibles aux ouvriers, qui peuvent seulement circuler dans les conduits prévus pour eux. Les concepteurs des archives ont sans doute pensé qu'il serait offensant pour les envahisseurs de croiser les vaincus ramenés au rang de main-d'œuvre servile.

Les lieux sont déserts et je distingue sur la mezzanine la lueur rosâtre et solitaire du bocal d'un ouvrier en poste sur le site, que je rejoins.

– Bonjour ! Je suis nouveau ici, et je m'appelle J. Et vous ? Vous vous occupez de quoi ?

Je remarque l'inscription H3-L3N sur l'une des pattes avant, que la créature retient bizarrement repliée. Helen ? Dans ce qui ressemble à une bibliothèque ? Se pourrait-il que…

– Vous êtes H, de la bibliothèque de Denton ?

– On se connaît ?

– Euh… j'ai fréquenté un peu la bibliothèque de Denton et…

– Et ?

Bon. C'est bien elle.

– Eh bien, rien de spécial. Vous avez un souci avec l'une de vos pattes ?

– Ça ? fait-elle en l'agitant. Notre dernier visiteur alien a fait tomber un microscope atomique à balayage. Je ne sais même plus pourquoi il voulait voir cette chose qui devait relever pour lui d'une technologie primitive. Bref, c'est tombé sur moi.

– Et vous ne la faites pas réparer ?

– J'aimerais bien, mais il n'y a plus de pièces détachées pour ça et les aliens ne permettent pas qu'on prélève une patte sur un ouvrier tout neuf comme vous par exemple. Du coup, j'ai une patte folle. Mais ce n'est pas très important. Il m'en reste assez.

Je l'interroge sur son travail ici. Apparemment, le lieu a été conçu pour les chercheurs qui s'intéressent à l'époque de la conquête. Ils viennent ici en consulter les archives numériques et physiques. Enfin, ils venaient. Car après s'être beaucoup intéressés à la période, surtout dans la mesure où cela flattait l'estime que les aliens ont d'eux-mêmes, ces derniers ont considéré ensuite que les faibles humains ne méritaient pas autant d'attention. La fréquentation du musée et des archives attenantes a chuté jusqu'à ce qu'il n'y ait quasiment plus personne.

– Peut-être allons-nous tous être bientôt désactivés ! ajoute Helen, sans que je puisse savoir si c'est pour le déplorer ou s'en réjouir.

– Oui… adieu Denton !

– Qu'est-ce que vous voulez dire ?

– Je pensais que…

– Vous croyez qu'on est à Denton ? Vous êtes mignon. Je ne voudrais pas trop vous ébranler, mais on est assez loin des Midlands. Et du Royaume-Uni, d'ailleurs.

– C'est-à-dire ?

– Les aliens appellent cet endroit ᗷ϶-ᔕᘓᒪᒪ◎∩. J'imagine que vous n'êtes pas très versé dans le langage de nos conquérants. Un équivalent dans notre langue serait « Nullos 3B ». Nullos, c'est le nom donné à notre système, qui traduit bien l'estime que les envahisseurs ont pour nous, 3, pour la troisième planète à partir de l'étoile et…

H grimpe avec difficulté sur une console et appuie sur quelques boutons. Un grondement se fait entendre et l'ensemble du bâtiment semble désormais vibrer. Les larges rideaux métalliques se replient, dévoilant une vaste baie vitrée donnant sur un paysage de collines basses et grises, nimbées de lumière, sous un ciel constellé où domine un magnifique clair de terre.

– … Et B pour la Lune.

Je reste – métaphoriquement – bouche bée pendant quelques instants. H3-L3N glousse.

– J'aime bien faire ça aux nouveaux. Ça leur en bouche un coin. Puis elle ajoute : Bon, vous vouliez sans doute me demander quelque chose ?

– Oui, oui mais… et la gravité ? Comment ça se fait que je n'aie pas remarqué le changement de gravité ?

– Vous êtes dans un squelette mécanique qui est beaucoup plus massif que votre corps d'origine, Sherlock. Vous vous seriez aperçu du problème si vous aviez fait tomber quelque chose.

Puis elle ajoute :

– Vous aviez peut-être quelque chose à me demander, sinon ?

Si vous souhaitez l'interroger sur les ouvriers qui fréquentent la salle de consultation des documents, allez au 464. Par ailleurs, si vous avez déjà fait le point sur la situation à un moment donné de votre exploration des archives, vous pouvez retourner au 455. Sinon, Jim remercie H pour le panorama et va poursuivre ses recherches ailleurs. Consultez le plan en fin de paragraphe 458.

483

Je n'ai pas beaucoup de doutes sur qui peut être cette M. Walter veille sur Molly même après la fin du monde !

Retournez au 475 et continuez.

484

Cette salle n'a pas été conçue pour être fréquentée par les aliens : le plafond en est trop bas, même pour eux. Les parois, tant des murs que du sol et du plafond, sont garnies de câbles électriques. On aperçoit une sorte de grand aquarium empli de la même substance rose que celle dans laquelle nagent les cerveaux des ouvriers, avec un système de cordons d'alimentation qui n'est pas sans rappeler les pompes à essence. Çà et là, des casiers contiennent ce qui ressemble à des pièces détachées de l'exosquelette arachnoïde grâce auquel nous pouvons travailler. Il y a des choses qui ressemblent à des outils, mais je serais bien en peine de savoir comment les utiliser.

– Le liquide nourricier produit également de l'énergie par osmose électrique. C'est fascinant. Les aliens ont spécialement conçu cet exosquelette pour la conquête, afin de nous réduire en esclavage, pendant leur voyage vers la Terre, explique Cassandra.

– Merci pour le cours, Cass. Je croyais que tu devais te limiter au strict minimum pour la conversation.

– Grrr...

En ce qui me concerne, je suis tout neuf et mon liquide est propre et riche en nutriments. Je ferais mieux d'aller voir ailleurs.

Si vous avez parlé à H3-L3N, allez au 485. Sinon, retournez au plan en fin de paragraphe 458.

485

J'ai beau chercher, pas moyen de trouver une patte dans le fatras des pièces détachées. Cela dit, H3-L3N m'avait prévenu !

Retournez au plan en fin de paragraphe 458.

486

Ah bon ? Vous êtes sûr que vous ne vous êtes pas trompé ? Retournez au 2 et, à l'avenir, ne suivez pas les indications dont vous ne connaissez pas le symbole.

487

H3-L3N bondit littéralement de la console où elle se trouve, au risque de s'abîmer une seconde patte, quand je lui annonce que Walter l'attend dans l'atelier de maintenance avec une patte presque neuve. Je la regarde s'éloigner, claudicante, par l'une des galeries. Pour ma part, je file aux archives.

B0-B1 ne perd pas de temps quand il apprend que la voie est libre.

– On se retrouve après, quand elle sera revenue ! a-t-il juste le temps de me dire.

Allez au 489.

488

Une fois le message préparé et enregistré, nous poursuivons. Sous un dôme de verre laissant apparaître un splendide clair de terre s'étendent les salles du musée. Ce sont surtout, m'explique Cassandra, des reconstitutions de scènes qui ont marqué cette conquête. Nous arrivons ainsi à une première salle où je ne peux m'empêcher de pousser un cri quand j'y découvre en grand nombre les silhouettes argentées des envahisseurs.

Cassandra me répond avec une certaine lassitude qu'il ne s'agit que de mannequins. Ceux-ci, regroupés autour d'une colonne constituée d'écrans holographiques, montrent du doigt des diagrammes, des images de la Terre et des données incompréhensibles pour moi. Il s'agit du moment où les aliens détectent une anomalie gravitationnelle et identifient la troisième planète tournant autour de ಽ⦾ιι◎∩, le nom qu'ils donnent à notre soleil, comme la source de cette perturbation.

– Celle-ci est liée directement à l'ouverture du portail, comme j'ai déjà dû te le dire et, par conséquent, si tu m'empêches de l'ouvrir..., me dit Cassandra.

– Les aliens n'auront jamais l'idée de regarder précisément dans notre direction, et donc ils n'envahiront pas la Terre. Oui, j'ai pigé.

Dans les salles suivantes, les aliens préparent l'invasion en affrétant de gigantesques vaisseaux. Cassandra précise que, bien que disposant d'une civilisation technologique bien plus avancée que la nôtre, ils n'ont pas découvert le moyen de voyager plus vite que la lumière. Il leur faut un peu moins de vingt ans pour arriver jusqu'à nous et là, surprise ! La Terre a déjà été conquise. Et par eux-mêmes ! Mais que s'est-il passé ?

Tout s'explique grâce à une installation humaine découverte à proximité d'une obscure ville des Midlands que rien n'aurait jamais dû sortir de sa paisible morosité : une machine à voyager dans le temps.

Quand les humains l'ont ouverte pour la première fois, ils sont tombés sur une projection de la Terre où cette dernière avait déjà été envahie. Les envahisseurs ont surgi du portail pour en prendre le contrôle, grâce à une habile machination. Et ce sont les aliens issus de la projection, ceux du futur, donc, qui ont pris le contrôle de la Terre, n'ayant par la suite plus qu'à attendre l'arrivée de la flotte d'invasion.

Le musée passe à peu près complètement sous silence le rôle de Cassandra dans tout cela. Outre le fait que la machine est issue de ses travaux, c'est également elle qui, capturée et transférée dans la projection, crée une seconde corrélation dans le futur, tombe sur une version devenue folle d'elle-même qui offre sur un plateau un plan machiavélique pour prendre le contrôle complet de la machine et permettre l'invasion.

Nous avançons encore pour parvenir à une dernière salle dont la reconstitution atteint un réalisme époustouflant : la salle où l'expérience temporelle a été initiée, identique dans les moindres détails à celle dont je me souviens, jusque dans les dégâts infligés par l'attaque des aliens et l'amoncellement des corps à demi consumés des spectateurs, au milieu des envahisseurs triomphants devant l'arche du portail.

– Il est temps de dire adieu à tous ces malotrus, souffle Cassandra. Ne perdons pas une minute de plus.

Nous approchons de la console de contrôle.

– Elle est toujours fonctionnelle, murmure-t-elle. Regarde ! Les coordonnées spatiotemporelles de l'envoi initial sont enregistrées. Il n'y a plus qu'à placer le dictaphone au milieu du portail et à l'activer.

– ET VOUS CROYEZ VRAIMENT VOUS EN TIRER AUSSI FACILEMENT ?

Horreur ! Cassandra et moi nous figeons soudain. Cette voix ! Surgissant de derrière la console, une nouvelle araignée fait son apparition et se jette sur moi. Surpris, je n'ai pas le temps de réagir, elle me renverse. Je lâche le dictaphone, qui s'en va voler un peu plus loin.

La suite est pour moi confuse. Il me faut un peu de temps pour me remettre d'aplomb tandis que les deux Cassandra – car c'est bien la seconde, celle qui est devenue folle, qui vient de littéralement me tomber dessus – s'affrontent tant par les gestes que par la parole :

– Enfin, je te tiens, traîtresse !

– Il est trop tard, tu as perdu !

– J'ai bien fait de te surveiller ! Maintenant, nos maîtres sauront vraiment qui tu es !

– Comment ai-je pu devenir un être aussi veule ? Ta docilité envers les aliens me dégoûte.

– Comment as-tu pu gâcher autant de potentiel ? Ta complaisance envers les humains me révulse !

Quand suis à nouveau sur mes pattes, les deux Cassandra en sont toujours à se battre et aucune ne semble avoir le dessus.

– Jim ! s'exclame celle de gauche. Aide-moi !

– Ne l'écoute pas, proclame celle de droite, c'est moi que tu dois aider !

Ah mais je ne sais pas du tout quoi faire, moi, elles sont identiques !

Que faire ? Aider celle de gauche au 493, celle de droite au 490. Ou tenter plutôt de récupérer le dictaphone au 496 ?

489

La réparation, dont je guettais l'issue pour pouvoir prévenir B0-B1 et lui laisser le temps de filer avant le retour de H3-L3N a duré un peu plus de temps que ce que j'avais imaginé et c'est un B0-B1 extatique que je retrouve dans les archives.

Après lui avoir précisé que je ne souhaite en aucun cas savoir ce qu'il a bien pu consulter pendant l'absence de la responsable, nous nous dirigeons vers une section éloignée des archives. B0-B1 fait mine de chercher son chemin un moment, avant de m'inviter à grimper sur une plateforme. Tout en haut de l'une des étagères, ils sont là, soigneusement rangés en boîtes individuelles dans un grand carton, les précieux dictaphones !

– D'après la fiche signalétique, ce sont tous les appareils qui ont été trouvés à la base de Slumber Vale après l'arrivée de nos révérés maîtres, précise-t-il avant de poursuivre : À l'exception de celui qui a réussi à berner les humains.

Je sens peser comme une sourde menace en l'écoutant. B0-B1 en saurait-il davantage sur ce qui s'est passé à l'ouverture du portail. Sait-il qui je suis ?

– Vous cherchez quoi au juste, dans ces appareils ? me demande-t-il en posant trois pattes sur le carton.

– Il commence à me courir sur le système celui-là, me glisse Cassandra.

– Je suis un passionné d'électronique, réponds-je, tout en agrippant le carton à mon tour.

– Ah bon ? Et ça a quoi de spécial ?

– Il va nous dénoncer. Tue-le ! me hurle Cassandra.

– Quoi ? Mais c'est une manie ! Déjà S1-M0N, et maintenant… ?

– Vous parlez à qui ? me questionne B0-B1, la voix devenue stridente, tout en affermissant sa prise sur le carton des dictaphones.

– À personne !

Je tire le carton vers moi, mais B résiste.

– Qu'est-ce que vous avez fait à S ?

– Tue-le ! crie Cassandra.

– Mais tais-toi, laisse-moi discuter !

– Je le savais, vous êtes en communication avec quelqu'un de l'extérieur ! Vous êtes un espion !

– Pousse-le ! supplie Cassandra.

– Traître !

– Ah, mais taisez-vous, tous !!!

Je veux arracher le carton des pattes de B, mais mon agacement décuple la force que je voulais donner à mon geste. B0-B1 est projeté en arrière et bascule au ralenti sur le rebord de la plateforme.

– Non ! a-t-il seulement le temps d'articuler, tandis que ses pattes battent frénétiquement dans le vide, sans parvenir à trouver une prise.

Je le regarde tomber, lentement, mais mortellement. Le bocal heurte en premier le sol et se brise, répandant son contenu aux alentours. Un silence s'installe, rapidement rompu par Cassandra :

– Une bonne chose de faite, si tu veux mon avis.

– Je ne vois pas en quoi et je n'ai pas envie que tu commentes.

– Est-ce que cela donne quelque chose d'utile au moins ?

Je passe rapidement en revue les dictaphones.

– Cass ! Les enregistrements ! Ils sont là ! Ha ! ha ! nous tenons le bon bout !Il ne reste plus qu'à retrouver Walter. Je redescends en évitant de marcher sur morceaux de B0-B1 et me dirige vers la réserve cérébrale.

Rendez-vous au 492.

490

Sans plus d'hésitation, je bondis sur l'un des mannequins d'argent et m'empare de la réplique de son fusil laser, avant de l'écraser sur le globe de verre contenant le cerveau de la Cassandra située à ma gauche. Le verre explose et libère le liquide rosâtre, qui se répand sur le sol, accompagné du cerveau qui s'écrase au sol dans un « *splortch* » sonore.

L'autre araignée ne perd pas un instant pour réduire en bouillie la cervelle de son adversaire à coups de pattes avant de se retourner vers moi.

– Tout ce génie utilisé à des fins aussi mauvaises ! Pouah !

Puis, se tournant vers moi :

– Bravo au passage : tu m'as reconnue sans hésitation.

– Hum… Oui… Ah… Bien sûr… Evidemment…

– Bon, on s'y met ?

Cassandra va placer le dictaphone au centre du portail, puis s'en écarte.

– Et maintenant ?

– Sauve le monde, Jim.

J'appuie sur le bouton.

Allez au 498.

491

Le centre de restauration est un ensemble de salles dédiées à la réparation des archives endommagées. Les pièces contiennent un système de transport des objets depuis la salle des archives et vers les nombreuses consoles équipées d'instruments dont j'ignore totalement les principes de fonctionnement.

Apparemment, tout est automatisé. J'imagine que nous n'avons accès à tout cela que dans la mesure où nous pourrions avoir à venir réparer une de ces machines si elle tombait en panne.

Retournez en 458 et choisissez une destination sur le plan.

492

Sans attendre davantage, je retourne dans les conduits à proximité de la réserve et appelle Walter à tue-tête jusqu'à ce qu'il daigne se montrer.

Il est d'abord furieux que je me montre aussi peu discret. Même si les aliens semblent indifférents à ce qui se passe désormais ici, il n'est pas impossible qu'il y ait des systèmes de surveillance automatisée ou des mouchards qui se feraient une joie de le dénoncer.

Mais je coupe court à la litanie de ses reproches :

– Écoute-moi, Walter ! Je sais que c'est difficile à admettre, mais je t'assure que j'ai un moyen de revenir en arrière, de revenir à la journée où l'invasion a commencé et de l'empêcher de se déclencher. Je sais que cela a l'air fou, mais il faut me faire confiance.

Je vois Walter à nouveau hésitant, sur le point de me répondre que même si ce moyen existait vraiment, il préférerait presque que rien ne change.

– Tu crois que Molly est en sécurité, ici avec toi. Je comprends que ton souhait est de la protéger à tout prix. Mais je crois aussi que ce souhait est empreint d'autre chose : que tu veux la garder près de toi, qu'elle dépende de toi.

Là, le corps mécanique de Walter a un léger mouvement de recul, ce qui signifie que j'ai visé juste et qu'il va me répondre. Je ne lui en laisse pas le loisir.

– Je ne te juge pas. Je me demande même si à ta place, devant par exemple m'occuper de Suzy, je n'accueillerais pas avec la même méfiance quelqu'un qui viendrait mettre en danger la position, même précaire, où je me trouverais à ce moment. Mais elle mérite mieux que cela, non ? Si tes sentiments sont réels pour elle, pourquoi la maintenir dans cet état de dépendance ? Pourquoi ne pas lui donner une chance d'être à nouveau libre ?

On pourrait croire qu'il est difficile à une araignée robotique d'exprimer des émotions et pourtant la posture de Walter a quelque chose de profondément mélancolique.

– C'est que… tu sais… Jim… avant… elle n'en avait rien à faire de moi. Ici, maintenant, c'est le peu qu'il me reste. Comment veux-tu que je m'en défasse ?

C'est à ce moment que je mets en route le dictaphone, pour lire l'extrait que j'avais préparé.

« Je n'en reviens pas… une déclaration dans les titres des DVD manquants… Qu'est-ce qu'il avait dans le crâne ? Je n'aurais jamais pensé y chercher un message quelconque.

– Tu connais Walter ! Il a déjà du mal à répondre au téléphone alors… dire ce qu'il a sur le cœur. Tu sais comme il est timide. Un peu dommage que ça tombe à l'eau du coup. Il va devoir se faire une raison, j'imagine.

– Je n'ai pas dit ça… C'est vrai que Walter n'est pas exactement le genre de mec qui m'attire d'ordinaire. En général, je les préfère un peu plus… on va dire… du genre viking. Enfin bref… Mais il a quelque chose de tellement naïf et innocent. Je ne comprends pas vraiment pourquoi, mais ça me touche… Bon, ben je n'ai plus qu'à lui tomber dessus et voir s'il a le courage de me le confirmer ! »

Je laissai planer un moment de silence avant d'ajouter :

– Te défaire de quoi ? La Molly que tu aimes t'attend là-bas. Et toi, tu attends quoi ?

Quelques minutes plus tard, j'émerge des conduits avec sur l'une de mes pattes le badge émetteur qui permet à Walter de circuler dans les zones interdites aux autres ouvriers, bien décidé à sauver le monde une bonne fois pour toutes.

– Minute papillon, dit Cassandra.

– Qu'est-ce qu'il y a, Cass ?

– J'ai préparé pour toi quelques fichiers à ajouter dans le dictaphone. Des bribes de la technologie alien, codées et compressées. Ça sera utile un jour s'ils viennent fureter du côté de la Terre. Va les récupérer à la bibliothèque. On se retrouve ensuite dans le musée.

Allez au 495.

493

Sans plus d'hésitation, je bondis sur l'un des mannequins d'argent et m'empare de la réplique de son fusil laser, avant de l'écraser sur le globe de verre contenant le cerveau de la Cassandra située à ma droite. Le verre se brise et le cerveau qu'il contenait tombe sur le sol dans un bruit flasque, au milieu d'une flaque de liquide rosâtre.

Cassandra se fige, surprise.

– Je le crois pas !

– Euh…

– Il a buté la mauvaise Cassandra !

– Oh non !

– Mais qu'il est nul !

– Qu'est-ce que j'ai fait ?!

– Dans la catégorie des débiles, t'en tiens quand même une couche !

Cassandra la démente est prise d'un fou rire :

– Impayable !

– Mais…

– Condamner l'humanité ! Deux fois !

– Ce n'est pas de ma…

– Je crois que je vais mourir de rire !

Je m'aperçois à ce moment précis que je tiens toujours le fusil entre mes pattes.

– Les maîtres ne vont pas y croire tellement c'est drôle... Eh, qu'est-ce que tu fais ?

La crosse s'écrase sur le globe de l'araignée, dont le contenu se répand à son tour sur le sol, pendant que s'affaisse le corps désarticulé de l'araignée désormais sans cervelle.

– Je corrige une erreur.

Une alarme retentit soudain. Bon sang ! il va falloir se dépêcher. Je place en toute hâte le dictaphone au centre du portail et reviens vers la console.

Au moment même où j'y parviens, une boule de fourrure verte en furie apparaît à l'entrée de la salle et se met à courir dans ma direction, gueule ouverte.

– *Not today*, ai-je le temps d'articuler, avant d'appuyer sur le bouton d'activation.

Allez au 498.

494

H3-L3N trouve que W est un personnage curieux. Très difficile d'accès, il parle peu et s'intéresse principalement à ce qu'on appelait la « culture geek ». Il est officiellement chargé de la maintenance des ouvriers et de l'entretien quand le nettoyage automatique du musée ne fonctionne pas. Par conséquent, on le voit rarement dans les couloirs. H3-L3N se rappelle que D0-R1S l'a aperçu il y a peu de temps.

Retournez au 476 ou en fin de paragraphe 458 pour consulter le plan.

495

Après avoir suivi les instructions de Cassandra, je traverse le couloir d'accès au musée de la Conquête, non sans une certaine appréhension. Mais aucun goinfrex avide de cervelle ne vient me bloquer le passage.

Tout ce qui m'attend de l'autre côté est une araignée tout excitée à l'idée de renvoyer les aliens sur leur planète.

– Ou plus exactement de faire en sorte qu'ils ne quittent jamais leur monde pour venir explorer le recoin de la galaxie où nous nous trouvons ! me dit Cassandra.

– Oui ! On y va ?

– Attends un instant. Dans quelques minutes, tu vas réactiver la machine et renvoyer le dictaphone à Denton, plusieurs années en arrière. Le temps pour nous va s'arrêter à cet instant précis. Nous n'allons plus exister tels que nous sommes. Nous n'aurons même jamais vécu ces moments et nous n'en aurons aucun souvenir. Il faut que tu laisses un message dans le dictaphone qui explique tout ça, et en particulier qui fasse en sorte que je n'active jamais la machine.

– Oui, évidemment… Je sais déjà ce que je vais dire !

Allez au 488.

496

Sans me soucier des deux araignées, je m'empare du dictaphone et m'empresse de le déposer au centre du portail.

– Non !

L'une des deux Cassandra rompt le combat et tente de se rapprocher de moi. Mais l'autre lui attrape les pattes et la fait trébucher.

– À bientôt, Jim ! me lance-t-elle.

Revenu à la console, j'appuie sur le bouton d'activation.

Rendez-vous au 498.

497

La gravure sur cette patte : W-4-LT3R. Serait-ce... ?

– Walter !

L'ouvrier me regarde de ses quatre yeux rouges, interloqué.

– Vous n'avez pas le droit d'être ici ! me lance-t-il d'une voix synthétique dont je reconnais malgré tout les intonations.

– Walter... C'est moi, Jim !

– Jim ? Mais...

– Je viens d'être commissionné comme ouvrier.

– Ah oui, tu...

Je devine à son hésitation que ma rencontre ne provoque pas chez lui un enthousiasme fou.

Notez que vous avez rencontré Walter et continuez au 451.

498

Notez dans les INDICES que Jim sauvé le monde . Puis rendez-vous au 1 puis au 2. Attention, quand vous aurez à vous rendre au paragraphe lié à cette icône, ajoutez au numéro qui vous est proposé ce fameux n°13 où vous vous êtes si souvent trouvé. Notez-le bien !

499

Allez à la FIN en fin de livre.

LAVOMATIC

500

– J'aimerais bien avoir ton avis sur un truc.

Josh peut aider Jim en suggérant des solutions pour certains problèmes plus difficiles à résoudre ou simplement en donnant son avis sur tel ou tel sujet. Si vous voulez que Jim interroge Josh, vous pouvez suivre l'indication qui suit l'une des icônes, à condition bien sûr d'avoir déjà noté dans les INDICES le sens de cette dernière.

Jim peut poser autant de questions qu'il le souhaite.

Une fois que vous en avez terminé, vous pouvez retourner au Lavomatic, au paragraphe correspondant à la plage horaire où Jim se trouvait pour interroger Josh.

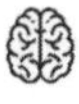 ***Allez au 507.***

 ***Allez au 508.***

Allez au 501.

 ***Allez au 502.***

 ***Allez au 503.***

 ***Allez au 504.***

Allez au 505.

Allez au 509.

Allez au 506.

501

– Tu sais ce que c'est, un acrostiche ?

– C'est un genre de figure de style, qui… je ne sais plus en quoi cela consiste.

– Tu devrais vérifier la définition, regarder ce qui est barré, ce qui ne l'est pas.

Retournez au 500.

502

Difficile d'expliquer à Josh ce que je veux sans évoquer l'attaque et l'existence des aliens. Je m'emploie laborieusement à inventer une histoire de serrure tactile qui ne s'ouvre qu'à l'aide d'un gant particulier si on place les bons doigts aux bons endroits. À partir de là, je donne une description des glyphes qui figurent sur le fusil et les gants.

– S'il faut apparier quelque chose, me répond-il, c'est qu'il y a sûrement un lien entre les signes que portent les doigts et ceux qui sont sur la serrure. Peut-être constituer des paires. Et voir si quelque chose apparaît à ce moment-là. Mais ce genre de sécurité me semble bien plus approprié pour une arme.

– Ah… Ah, ah, oui, c'est vrai.

Changeons vite de sujet.

Retournez au 500.

503

Affichant un demi-sourire, Josh m'affirme que tout le monde sait que les Windsor financent des expérimentations génétiques dans une base en Antarctique pour ressusciter la princesse Diana.

Retournez au 500.

504

« C'est à force d'échouer continuellement que l'on finit par réussir. »

Retournez au 500.

505

« Ah, les vieux jeux vidéo ! Tant d'heures passées sur des graphismes qui aujourd'hui nous piquent les yeux. Il y avait toujours des *cheat codes* dans mon souvenir, qui permettaient de débloquer des trucs cachés ».

Retournez au 500.

506

– Des drones te poursuivent ?

Josh me regarde, interloqué. Je lui explique que je me pose simplement la question de savoir, dans l'éventualité où une force armée serait équipée de drones et à la recherche de personnes en particulier, s'il y aurait un moyen de leur échapper ?

Le regard du propriétaire du Lavomatic se perd dans le lointain quelques instants.

– Hum… J'imagine que ces drones sont pilotés d'une manière ou d'une autre et qu'ils ont besoin de quelque chose pour donner ta position.

– Un centre de commande, quelque chose comme ça ?

– Oui… mais pas seulement. À mon avis, s'il fallait mettre en place un tel système aujourd'hui, le plus simple serait de passer par les téléphones portables. Tout le monde en a un et il est relativement facile de repérer quelqu'un à partir des antennes du réseau auxquelles le téléphone borne.

– Je n'ai qu'à l'éteindre alors, ou m'en débarrasser !

– Comment ?

– Euh… je *n'aurais* qu'à l'éteindre ou m'en débarrasser…

– Ah mon avis, tu ferais mieux d'en parler à Matthews. Il connaît bien ce sujet, je crois.

Matthews… Nous sommes en froid depuis un moment. J'ai peut-être une chance de le croiser à Wornwood, même si sur le moment je n'en ai pas trop envie.

Retournez au 500.

507

Josh ne croit pas qu'on puisse contrôler quelqu'un, mais si cela était possible, il est tout à fait évident qu'une force d'invasion chercherait à prendre le contrôle des individus qui lui seraient le plus utiles : les forces armées, des dirigeants, des notables.

Le regard de mon pote se teinte d'une légère inquiétude, sans que je puisse savoir si celle-ci porte sur l'état de ma santé mentale ou s'il devine la réalité de ce qui m'arrive.

– Mon seul conseil serait dans ce cas de les éviter.

Retournez au 500.

508

Je tente d'aborder la question de la vie extraterrestre. C'est un sujet que Josh connaît bien. Le fameux paradoxe de l'équation de Drake.

Je les connais aussi : le nombre de civilisations dans la galaxie avec lesquelles nous pourrions entrer en contact dépend du nombre d'étoiles, plus précisément du nombre d'étoiles dotées de planètes propices à la vie, du nombre où elle apparaît en effet et se développe sous forme intelligente et technologique. Il faut aussi imaginer qu'une part de ces civilisations peut ou veut communiquer et sa durée de vie. Comment expliquer que personne ne soit entré en contact avec nous alors qu'il y a plusieurs centaines de milliards d'étoiles dans la Voie lactée ?

– Tout l'enjeu porte à mon avis sur l'avant-dernier paramètre, poursuit Josh.

– Comment ça ?

– Quel est l'intérêt pour une civilisation de se signaler aux autres ? Imagine les Aztèques et les Incas envoyer un message aux monarques européens : « Coucou, nous sommes de l'autre côté de l'océan, nous ne connaissons pas la poudre et nous avons plein d'or. » On peut imaginer que la plupart des civilisations, si elles existent, se font discrètes, ce qui expliquerait pourquoi on n'en détecte aucune alors que le ciel abonde d'étoiles. Celles qui le font ont une durée de vie très courte.

Je songe aux disques des sondes *Voyager* et aux transmissions qui ont été tentées vers l'espace profond… La chance que quelqu'un ou quelque chose tombe dessus est heureusement infime… Et pourtant, ils sont bien là.

– Alors si la Terre est détectée, il se passe quoi ? Ils arrivent, ils prennent les ressources qui les intéressent ? L'eau ? La nourriture ? Nous réduisent en esclavage ?

– Ma comparaison avec les empires amérindiens n'était pas tout à fait juste. Les extraterrestres qui viendraient sur Terre ne seraient pas là pour les ressources : elles sont plus abondantes dans la ceinture d'astéroïdes, par exemple. Non. S'ils viennent, c'est parce que toute autre civilisation représente un danger. Un concurrent à éliminer. Au mieux, ce sera la colonisation. Au pire, la destruction.

Gloups.

Retournez au 500.

509

Un mystérieux demi-sourire apparaît sur le long visage de Josh.

– Un portail temporel, vraiment ?

J'essaie de trouver une formulation qui m'évite d'expliquer que la journée se rembobine chaque fois que je meurs.

– Tu vas sans doute me trouver cinglé mais voilà, je me posais quelques questions. Imaginons, je dis bien « imaginons », qu'une telle machine existe, ça rend possibles les histoires du type *Un jour sans fin*, tu ne crois pas ?

– *A priori*, non.

– Ah bon, et pourquoi ?

– Parce que cela pose des problèmes logiques. Pour le film dont tu parles, le personnage principal conserve la mémoire de ce qui s'est passé. Or ce n'est pas possible. Si la journée recommence à l'identique, le héros ne peut se souvenir de ce qui s'est passé avant, puisque sa mémoire est elle-même réinitialisée à l'identique.

Ah. Mais pour moi, il y a vraiment un *reboot* complet. Seul le dictaphone me permet de me souvenir de ce qui a déjà été essayé par moi dans une version précédente de la journée. Donc une telle machine pourrait expliquer ce qui m'arrive.

– Bon alors, c'est comme dans *Terminator* ?

– Pourquoi pas *Retour vers le futur*, pendant que tu y es ? Avec un robot qui vient d'un futur qui n'existe pas encore puisque la puce qui permet de le développer plus tard n'est inventée que grâce à sa venue ? Ou avec des photos qui s'effacent pendant que les événements changent ? Mais pourquoi a-t-on pris la photo s'il n'y a personne à mettre dessus ? Pourquoi ce n'est pas le cliché entier qui disparaît ?

– Hum… je vais laisser pour le moment passer ces propos désobligeants sur ces incroyables chefs-d'œuvre du cinéma car je veux continuer à t'écouter.

– Tu vois, Jim, le problème avec les voyages dans le temps, c'est que cela crée des paradoxes qui sont impossibles à envisager simplement. Si tu changes le passé, le futur d'où tu viens n'est plus le même. Peut-être n'existes-tu même pas. Dans ce cas, comment peux-tu venir du futur ?

– Je me dis que tu as une idée là-dessus.

Josh sourit de plus belle.

– Il n'y a que deux façons d'éviter les paradoxes. Soit tu considères que tu ne vas pas dans le passé ou dans le futur mais dans un univers alternatif. Dans ce cas, tu modifies le cours des événements dans l'univers où tu arrives mais pas dans celui d'où tu viens. Imagine par exemple un espace de Hilbert à n dimensions dont chacune correspondrait à…

– Euh, Josh…

– Ah, pardon pour les mathématiques. Bref. Autre option : les temporalités des deux côtés du portail temporel sont synchrones. Autrement dit : l'autre côté du portail n'est qu'une projection des événements. Un avenir possible en fonction de ce qui se passe en ce moment. Tu vas dans le futur, tu vois ce qui s'y passe, et tu reviens ensuite dans le présent. Si tu repasses le portail, les choses ont probablement changé en fonction de ce que tu as décidé de faire. Assez pratique pour développer rapidement des technologies, si tu veux mon avis. Il suffit d'aller les chercher !

Je suis perplexe. En quoi est-ce que cela explique ce qui m'arrive ?

– On peut faire de même avec le passé ?

– Compliqué. On retombe dans le problème des paradoxes. Cela ne fonctionnerait bien que dans l'autre sens.

– Mais… disons que si quelqu'un pouvait y arriver, quelles seraient les conséquences ?

Les yeux de Josh brillent de malice. Quand il est comme ça, j'ai toujours un peu l'impression qu'il conduit la conversation comme s'il voulait la mener à un endroit précis.

– À la rigueur, et en t'épargnant les maths derrière tout ça, on peut considérer que tous les instants où un tel portail serait ouvert sont simultanés. Si c'est dans un temps très court, ponctuel, à un instant donné, puis de manière continue, la simultanéité de l'ensemble implique en théorie qu'on peut se projeter vers le premier instant, donc vers le passé.

– Hein ?

– Mais la conséquence serait une perception déformée du temps, où tous les instants se mélangent tout en donnant le sentiment que, même fragmentés, les événements se déroulent tout de même dans l'ordre.

– Je t'ai perdu, là.

– Un peu comme si tous les événements semblaient morcelés, épars. Ce qui est amusant, quand on y pense, c'est que c'est exactement comme cela que sont organisés les vieux livres dont vous êtes le…

Mais je n'écoute plus. Ce que raconte Josh m'échappe. Il vaut mieux que je passe à autre chose.

Retournez au 500.

FIN

Le dictaphone contenait déjà un enregistrement :

« Salut Jim ! Avant que tu te mettes sérieusement à flipper parce que c'est ta propre voix que tu entends, je tiens à te dire que tu ne perds pas les pédales et que tout va bien se passer, à condition bien sûr que tu suives scrupuleusement toutes les instructions que je vais te donner.

Le monde est au bord de la catastrophe. À midi pile, une expérience va être lancée à la station de Slumber Vale. Tu dois absolument joindre le Pr Cassandra Matiz au numéro que j'indique plus loin. Dis-lui que c'est de la part du Pr Lee. Elle prendra l'appel. Demande-lui de ne pas initier le lancement de l'ouverture du portail et réponds-lui si elle t'en demande la raison que l'expérience va créer une perturbation dans le champ quantique en raison de certaines propriétés de la matière noire et que cette anomalie va conduire à une catastrophe. Dis-lui que tu te rends à Slumber Vale sur-le-champ et que tu lui donneras tous les éléments d'explication à ce moment-là.

Tu appelleras ensuite Dwayne et tu lui demanderas de t'accompagner à la station météo. Il refusera, évidemment. Mais quand tu lui annonceras que tu sais tout sur ses paris foireux et ses dettes, il acceptera de te rendre ce service. Là, tu remettras au Pr Matiz le dictaphone – en exigeant une copie des enregistrements ! Puis Dwayne te reconduira à Denton. À cette occasion, tu pourras lui dire que tu as un tuyau et qu'il devrait miser gros sur My Lovely Horse. S'il perd, il pourra vendre la maison. S'il gagne, il devra rembourser les dettes et disparaître du paysage.

Parle avec Matthews et dis-lui que tu regrettes d'avoir coupé les ponts avec lui. Tu iras aussi chez Suzy et tu lui diras enfin ce que tu as franchement sur le cœur. Tu seras surpris qu'elle veuille bien t'écouter. Il faudra aussi te rendre à Oldies, insister pour que Molly t'ouvre et lui dire qu'il y a un message dans la liste des DVD que Walter n'a pas rendus. Je ne t'en dis pas plus ; tu verras bien le résultat plus tard. Il faudrait que tu invites tout ce petit monde, pourquoi pas ce soir à The End of the World, comme au bon vieux temps.

Voilà. Tu peux écouter une partie des enregistrements qui suivent si tu veux, mais ne perds pas de temps avant d'appeler Slumber Vale. La meilleure journée de toute ta vie t'attend. »

...

Ne comprenant pas trop ce qui m'arrivait, j'ai noté le numéro et appelé le Pr Matiz, qui a accepté de ne pas lancer l'expérience avant de m'avoir rencontré, tout en maugréant sur le fait que j'avais intérêt à avoir des arguments de poids. Puis j'ai suivi les instructions.

Le vieux téléphone à cadran a sonné un peu plus tard, pendant que j'attendais que Dwayne vienne me chercher, en écoutant la suite des enregistrements du dictaphone. Comme prévu par les enregistrements, c'était mon éditeur qui m'appelait.

– Comment ça va ?

– Ça va très bien, Jim, merci. Tu sais, ici en revanche, on s'inquiète un peu pour toi.

– Oui, j'imagine bien. Je voulais m'excuser pour le retard et j'ai vu votre courrier.

– Ah bon ? Et…

– Il faut que je te parle d'un truc, Lester. J'ai eu l'idée d'une nouvelle histoire. Tu ne vas pas me croire quand je vais te dire de quoi ça parle.

INDICES

Quand le texte vous y invite, notez l'information importante que vous avez découverte à côté de l'icône qui la représente. Vous avez désormais la possibilité de suivre une indication qui suit l'icône en question si vous en rencontrez une. Retournez ensuite au paragraphe où vous étiez.

 ____________________

 ____________________

 ____________________

 ____________________

____

 ____________________

 ____________________

 ____________________

 ____________________

 ____________________

 ____________________

 ____________________

 ____________________

 ____________________

 ____________________

 ____________________

LE JOUR OÙ J'AI SAUVÉ LE MONDE

Indices

Vous êtes bloqué ?

VRAIMENT bloqué, pour de vrai ?

Trouvez de l'aide et toute la solution détaillée sur notre site Internet à l'adresse :

http://www.lisez.com/9791032403716

Vous pouvez retrouver l'auteur sur ses réseaux sociaux :

Twitter : @FrancoisLevin

Facebook : François Lévin auteur